Petra Pinzler

Immer mehr ist nicht genug!

VOM WACHSTUMSWAHN
ZUM BRUTTOSOZIALGLÜCK

Pantheon

Die Recherche zu diesem Buch wurde im Rahmen eines
Projekts der Stiftung Mercator unterstützt.

Verlagsgruppe Random House FSC-DEU-100
Das für dieses Buch verwendete FSC®-zertifizierte
Papier *Munken Pocket* liefert
Arctic Paper Munkedals AB, Schweden.

Der Pantheon Verlag ist ein Unternehmen der
Verlagsgruppe Random House GmbH.

Erste Auflage
August 2011

Umschlaggestaltung: Büro Jorge Schmidt, München,
Satz: Ditta Ahmadi, Berlin
Druck und Bindung: GGP Media GmbH, Pößneck
Printed in Germany 2011
ISBN 978-3-570-55163-9

www.pantheon-verlag.de

Wir können Probleme nicht durch
dieselbe Denkweise lösen, die sie geschaffen hat.

ALBERT EINSTEIN

INHALT

IMMER MEHR IST NICHT GENUG!

Wussten Sie schon? Sie leben in der Besten aller Welten! So gut wie heute ging es uns angeblich nie. Wieder ist unser Wohlstand im vergangen Jahr gewachsen, trotz der Finanzkrise sind wir reicher, haben mehr Autos, mehr iPods und größere Wohnungen als je zuvor. Super, alles gut, alle glücklich. Alle glücklich?

Sie waren sicher schon mal bei Tchibo. Ich schlendere dort regelmäßig vorbei, schaue nach all dem Krimskrams, den ich nie benötige, aber immer gut brauchen kann. Eines Tages hatte ich dort die Erleuchtung. Na ja, Erleuchtung ist etwas hoch gegriffen, aber egal: In der einen Hand hielt ich jedenfalls eine Blumenvase, in der anderen eine praktische Computertasche und plötzlich schoss mir durch den Kopf: Wenn das die Antwort ist, was war noch mal die Frage? Dann wurde mir klar: Sie lautete nicht: Was brauche ich? An dem Tag ging es nicht um die vielen Schnäppchen, nicht um die Laptoptasche, nicht um die Vase. Davon haben wir zuhause längst genug, Sie wahrscheinlich auch. Ich wollte in Wirklichkeit nur meinen Ärger verdrängen. An anderen Einkaufstagen suchte ich mal einen Zeitvertreib, mal eine kleine Belohnung. Immer aber ging es dabei auch um eine kleine Portion Glück. Raus kamen neue Vasen.

Auch dieses Buch handelt von der Suche nach Glück. Aber keine Bange, es folgt nun kein kluger Wegweiser zur privaten Selbstfindung durch Verzicht. Dafür gibt es kurzweilige Werke zuhauf, die Ihnen mit schönen Worten alles Mögliche verschreiben, Genügsamkeit, gutes Essen, Bewegung und allerlei andere Medizin. Dafür lesen Sie lieber die Bibel oder Aristoteles. Atmen Sie richtig, machen Sie viel Yoga. Oder legen Sie sich ganz einfach in die Sonne.

In diesem Buch geht es um mehr. Es geht um Sie und um uns, unserer Bedürfnisse, unsere Politik und unsere Gesellschaft. Es geht um unser aller Glück. Denn damit stimmt etwas nicht im Lande. Eine gute Gesellschaft ginge anders mit sich und ihrem Wohlstand um, sorgsamer, und eine gute Politik mit den Menschen und dem Land ebenfalls. Wir alle fühlen das und rätseln doch zugleich, wie die Sorge um die eigene Zukunft oder die der Kinder, das Misstrauen gegenüber den Volksparteien, die Angst vor dem Klimawandel, der Einkauf im Supermarkt und die Furcht vor dem Verlust des Jobs zusammenpassen. Es fühlt sich nur immer häufiger so an, als ob uns etwas zwischen den Fingern zerrinnt.

Dies hier ist der Bericht einer Suche. Wie können wir die Politik dazu bringen, sich stärker um unser Glück zu kümmern? Wie schaffen wir es, dass sich in diesem so ungeheuer reichen Land wieder mehr Menschen auch reich fühlen? Für dieses Buch habe ich mit Experten aus aller Welt über moderne Kriterien für mehr Lebensqualität diskutiert. Ich habe nachgeforscht, warum die Bundesregierung, die Europäische Kommission und viele Parteien dieses Thema so gern meiden und uns stattdessen lieber glauben machen wollen: Wenn nur die Wirtschaft wächst, wird alles gut. Ich berichte, welche Neuigkeiten es bei der globalen Suche nach Glück gibt. Wer die Nase vorne hat. Wie man Wohlstand besser messen kann. Warum sich die Ökonomen mit Händen und Füßen dagegen wehren, vom Thron gestoßen zu werden. Und wie der Wachstumswahn die Suche nach mehr Lebensqualität behindert.

Dieses Buch verfolgt das Thema auch in der deutschen Politik: Es beschreibt, welche Politiker weiterdenken und wie Vordenker in manchen Parteien versuchen, den alten Wunsch der Menschheit nach einem guten Leben neu in deren Programme einfließen zu lassen. Es stellt jene vor, die dieses Ziel mit Zähigkeit, Phantasie und ungeheurer Geduld immer wieder anmahnen. Und es erzählt, wie wir den Wachstumswahn privat und politisch mildern können, dadurch zufriedener werden und so ganz nebenbei vielleicht auch noch den Globus retten.

Sie runzeln jetzt wahrscheinlich die Stirn. Mehr Glück für alle, den Wachstumswahn beenden und nebenbei auch noch die Welt retten: Das scheint ziemlich viel auf einmal. Und zu Recht grummeln Sie wahrscheinlich weiter: Wie kann man nur so naiv sein, ausgerechnet von der Politik mehr Glück zu erwarten? Die da in Berlin sollen sich doch besser aus den intimen Bereichen unseres Lebens, aus dem Gefühlshaushalt raushalten. Das geht doch nur jeden ganz persönlich etwas an. Schließlich waren in der Vergangenheit vermeintliche Volksbeglücker oft genug am Ende fürchterliche Volksverhetzer. Mit Ideologen sind wir in diesem Land ein für alle Mal fertig. Zudem, ist Glück nicht sowieso etwas höchst Flüchtiges, dem Moment verhaftet und kaum planbar und damit für die Politik völlig ungeeignet?

Das stimmt alles und stimmt doch nicht. Denn es gibt mindestens zwei gute Gründe, warum wir das Unmögliche versuchen sollten, über Glück, Umwelt und Wachstum zugleich nachzudenken und das auch von der Politik verlangen müssen. Erstens: Wir werden tatsächlich immer unglücklicher. Offensichtlich fehlt es hierzulande immer mehr Menschen immer häufiger an den Zutaten, die ein Land lebenswert machen – ohne dass wir ausreichend nachforschten, welche das denn sind. Die Angst vor dem Abstieg hat die

Mittelschicht längst erreicht. Und selbst wenn viele der Sorgen nur eingebildet sein mögen, schauen wir eben nicht optimistischer in die Zukunft als unsere Eltern. Das hat Folgen: Von Jahr zu Jahr steigt die Zahl der Leute, die an Depressionen oder neudeutsch Burn-Out erkranken. Schon Schulkinder fühlen sich gestresst und haben Angst zu versagen. In einem Land, das reich ist wie nie zuvor, in dem die Wirtschaft boomt und dem es angeblich so gut geht, wie seit Jahren nicht, ist das absurd.

Hinzu kommt die Furcht vor dem Umweltgau: Ganz offensichtlich ruinieren wir durch unsere Art zu leben den Globus oder zumindest dessen Klima. Unsere Ökonomie macht uns zwar nominal reicher, aber in Wirklichkeit ärmer. Wir wachsen uns quasi arm, unser Vorzeigewirtschaftswunderland lebt auf Pump, ökologisch gesehen. Wir sind kein Modell für den Rest der Menschheit – zumindest nicht, solange wir nicht noch einen zweiten bewohnbaren Planeten finden und uns Scotty vom Raumschiff Enterprise irgendwann dorthin beamt. Und weil wir das ahnen, beruhigen wir uns kurzfristig mit Ökoeiern und Solarstrom – und fürchten zugleich doch immer mehr, dass es am Ende kein gutes Leben im schlechten gibt. Dass wir oder unsere Kinder irgendwann für unseren Lebensstil teuer werden bezahlen müssen.

Wie wäre es, wenn wir stattdessen beides zusammen dächten: die Angst vor dem Untergang und die Suche nach einem guten Leben? Wie wäre es, wenn wir die Erkenntnisse der modernen Glücksforschung, die in Deutschland noch kaum beachtet werden, mit denen der Ökonomen und der Umweltforscher zusammenbrächten? Dann ergäbe sich, was intuitiv mancher von uns schon lange spürt: Wir sollten unser Leben und unser Land ändern, und zwar nicht nur, weil das dem Globus hilft. Wir sollten es auch tun, um glücklicher zu werden.

Heute weiß die Wissenschaft, und langsam sickert diese Erkenntnis auch in die Öffentlichkeit: Es gibt glücklichere Nationen und weniger glückliche. Zufriedenheit, Wohlgefühl oder das, was schon bei den alten Griechen als »gutes Leben« verstanden wurde, ist nicht nur vom Zufall oder von den Genen abhängig. Man kann es lernen, zumindest ein wenig. Das »gute Leben« braucht außerdem einen gewissen Wohlstand, allerdings viel weniger, als wir schon haben. Ganz wichtig aber ist: Es ist leichter zu erreichen, wenn die Politiker, die Unternehmer, Gewerkschaften und Arbeitgeber, kurz, wenn die ganze Gesellschaft daran mitarbeitet. Es gibt gesellschaftliche und politische Rahmenbedingungen, die den Menschen guttun und, andere, die für sie schlecht sind. Und die lassen sich ändern.

Interessant ist, dass darüber kaum jemand redet. Welches Land gut wächst, geht durch alle Medien. In welchem Land die Menschen zufrieden leben, ist höchstens eine Meldung auf den bunten Seiten. Wir haben es zugelassen, dass Wachstum zum Synonym für Glück geworden ist. Mit fatalen Folgen: Mit dem Hinweis aufs Wachstum bewerten wir Staaten. Diejenigen, bei denen die Wirtschaft immer mehr produziert, gelten als Sieger im globalen Wettbewerb, und diesem Wettlauf ordnen wir alles unter. Mit Hinweis auf die Wettbewerbsfähigkeit werden Schulzeiten verkürzt, Autobahnen gebaut und Kohlekraftwerke verteidigt. Selbst die Familienpolitik der Bundesregierung ist laut Familienreport sinnvoll, weil sie »das Wachstum und die einzelwirtschaftliche Rendite« steigere. Wenn die Volkswirtschaft boomt, so der Konsens, dann schwingt da mit: Hoppla, jetzt geht's uns wieder besser.

In Wirklichkeit kann sogar das Gegenteil richtig sein. Bei vielen der oben erwähnten Maßnahmen ist der Zusammenhang zwischen Glück und Wachstum unbewiesen, und manche machen die Bürger sogar unglücklicher. Was nützt mehr Geld, wenn zugleich der Job immer stressiger wird, der Druck immer höher? Die meisten Politiker weichen aus, und Ökonomen gucken einen an wie eine kranke Kuh, wenn man fragt: Müssten wir nicht den Fortschritt und die Erfolge eines Landes ganz anders messen als mit Wachstum? Müssten wir nicht über unsere tief verwurzelte Angst vor dem Weniger reden und uns auf die Suche nach mehr Lebenslust machen?

Dies wird kein Appell zur Askese, kein kulturpessimistisches Werk voller Technologieverdrossenheit. Im Gegenteil: Es soll zeigen, wohin gerade der menschliche Drang nach Entdecken, nach neuem Erleben und die Fähigkeit, eigene Fehler zu korrigieren, uns führen können. Dabei kann die Glücksforschung eine bislang viel zu wenig beachtete Hilfe sein. Denn egal, welche Umfrage man nimmt, in einem sind sich alle Forscher einig: Glück hat nichts mit immer mehr Tischdecken und Kühlschränken zu tun, aber viel mit uns, unserer Politik und Wirtschaft. Nur haben wir das offensichtlich verlernt, sind Ökonomen aufgesessen, Ideologen und Märchenerzählern. Dieses Buch wird auch von deren Lügengeschichten erzählen.

Fertige Rezepte à la »Erstens, zweites, drittens, und glücklich ist das Land« wird es am Ende zwar nicht geben. Aber Sie werden ein paar interessanten Leuten begegnet sein, von den einen oder anderen guten Ideen aus fernen glücklicheren Ländern und interessanten deutschen Orten gelesen haben und dann hoffentlich meine Ungeduld teilen. »Empört Euch!«, schrieb der französische Autor und ehemalige Résistance-Kämpfer Stéphane Hessel im vergangenen Jahr, und sein Appell wurde weltweit gelesen, denn er forderte: Nehmen wir uns doch wieder als Bürger ernst und unsere Regierungen auch. Viel zu oft haben wir uns von denen in den vergangenen Jahrzehnten anhören müssen, dass nationale Politik in Zeiten der Globalisierung nichts mehr kann und wenig wollen darf. Gute Rahmenbedingungen für das mobile Kapital seien wichtig, das Volk müsse fit gemacht werden für den Wettbewerb aller gegen alle. Dabei ist heute längst klar: Immer schneller, immer höher, immer mehr macht nicht nur den Globus kaputt. Es macht uns eben auch nicht glücklicher, sondern es zwingt uns in die Tretmühle, und zwar jeden in seine ganz private.

Dieses Buch will zum Gegenteil ermutigen. Es will zeigen, wie die Gesellschaft lebenswerter werden kann, wenn nicht nur jeder für sich allein ein bisschen anders einkauft, mehr Yoga macht oder den Stromanbieter wechselt, sondern indem wir unsere Politik ändern und den Politikern einen neuen Auftrag geben: Macht uns glücklich!

ÜBER YOGAMATTEN, SPASSGURUS
UND DIE ALTEN GRIECHEN:
Wo wir das Glück suchen – und es nicht finden

Sie kennen das Gefühl. Sie bekommen zwei Einladungen und nehmen prompt die falsche an. Den ganzen Abend quält die Langeweile. Die bessere Musik, das gute Essen, die hübscheren Menschen sind garantiert auf der anderen Party. »Dort, wo du nicht bist, dort ist das Glück«: So hat schon vor gut 200 Jahren der romantische Dichter Georg Philipp Schmidt das entsprechende Gefühl dazu in einem Gedicht beschrieben, Schubert hat es sogar vertont. Schon immer lag das Paradies, so es denn als Ort auf Erden überhaupt zu finden ist, weit weg, gern in der Südsee, und war nur unter lebensgefährlichen Abenteuern erreichbar. Klar war dabei immer: Wer das Glück, wer den Weg nach Utopia erzwingen will, der hat schon verloren. Und doch hat uns das von der Suche nie abgehalten, ist Glück doch »alles, was wir woll'n auf Erden«, wie es uns Schlagersternchen Ramona in den 1970er Jahren vorträllerte. Sie löste das uralte Thema in Dur auf und hatte doch auch keine Antwort. Dabei sind die Fragen, was Glück überhaupt ist und warum es oft genug ganz anderswo steckt, so alt wie die Menschheit selbst.

Seit Jahrtausenden wird bereits nach dem bessren Leben gesucht, schon der griechische Philosoph Aristoteles beschäftigte sich ausführlich mit der Frage, wo denn das »gute Leben« zu finden sei, und Scharen von Philosophen taten es ihm nach. Aristoteles ging ganz selbstverständlich davon aus, dass alle Menschen nach etwas streben, das er *eudaimonia* nannte, also eine gute und glückliche Lebensführung. Dabei war dem Philosophen wichtig, zwischen den kurzfristigen Sinnesfreuden und einer sinnvollen Erfüllung des ganzen Lebens zu unterscheiden. Um Letzteres zu erreichen, empfahl Aristoteles die Ausbildung von Tugenden, nahm also indirekt an, dass eine moralische und damit für die Gesellschaft nützliche Lebensführung zu seelischem Wohlbefinden führe. Gut 400 Jahre später ergänzte der römische Kaiser Marc Aurel: Wohlstand allein könne nicht das Ziel des Lebens sein, zu viel Streben danach mache sogar unglücklich. Er hinterließ noch allerlei solcher Weisheiten. Ein bisschen moderner formuliert, könnte er damit heute noch auflagenstarke Ratgeber füllen.

Die Suche nach Glück existiert also nicht nur schon seit Jahrtausenden, mindestens ebenso lange tobt auch der Streit darüber, welche Rolle Schicksal, Einstellung, Vererbung, Religion, Politik und Wirtschaft dabei spielen. Wie stark ist letztlich doch der Einzelne für sein Schicksal und damit auch für seinen Gefühlshaushalt verantwortlich? Wie sehr ist die Gesellschaft, sind die anderen schuld am eigenen Unglück? Wie wichtig ist ein Minimum an Materiellem, wie viel ist zu viel? Bibliotheken sind voll mit den Disputen darüber, und wir kennen viele der Märchen, die mit diesen Motiven spielen.

Es war einmal. Wie so viele Geschichten mit moralischem Ende, beginnt auch jene vom »Hans im Glück« mit diesen Worten. Schon als Kinder lachten wir über den Kerl und staunen doch auch: Wie er als Lohn für sieben Jahre Arbeit einen Klumpen Gold bekommt, den gegen ein Pferd tauscht, das Pferd gegen eine Kuh, die Kuh gegen ein Schwein, das Schwein gegen eine Gans, und die Gans gibt er am Ende für einen schweren Schleifstein her. Zuletzt fällt ihm der in den Brunnen und da ruft er: »So glücklich wie ich, ist kein Menschen unter der Sonne.« Sein Glück findet er, als er allen

Besitz verschenkt hat. Wie kann der so verrückt sein? Denn anders als im Märchen von den Sterntalern, wird er am Ende für seine Gutmütigkeit nicht einmal reich beschenkt.

Glück durch Weggeben – auch dieses Motiv ist wahrscheinlich so alt wie die Menschheit selbst; ebenso wie die Frage nach dem richtigen Maß, zieht es sich durch die meisten Religionen. Christen, Buddhisten und Moslems suchen nach dem richtigen Verhältnis von Wohlstand im Diesseits und Seligkeit im Jenseits. Seien es nun die großen Weltreligionen, antike Philosophen oder die Märchen der Brüder Grimm – bei ihnen allen kann man sich bei der Suche nach dem Paradies auf Erden amüsieren, verlieren oder auch finden. Viele sind reich an Einsicht und Weisheit, manche bieten auch nur eine gute Geschichte, eine nette Pointe oder eine Binse. Doch die Moral ist klar: Reichtum allein sorgt nicht für Glück. Selig sind die, die geben!

Interessanterweise beschäftigen sich die meisten Erzählungen vor allem mit dem Ich, dem Einzelnen, und ganz wenige nur mit der Gesellschaft und deren Beitrag zum Glück. Zugleich sagt aber die jeweils höchst individuelle Art der Suche immer auch etwas über das kollektive Bewusstsein und über gesellschaftliche Moden aus. So einzigartig wir uns fühlen mögen und es unbestritten auch sind, so sehr wird unser Sehnen nach Sinn natürlich auch von den Angeboten unserer Zeit und den Erkenntnissen der Zeitgenossen geprägt. Im Mittelalter pilgerten die Massen zum Dom nach Köln, beteten und tranken danach in den Wirtshäusern den sauren rheinischen Wein. Im vergangenen Jahrhundert entdeckte die Oberschicht auf der Suche nach der Glückseligkeit die Psychoanalyse und legte sich auf die Freud'sche Couch. Dabei beruhigte zugleich der süße Glaube, dass die Melancholie oder die Depression letztlich doch nur der Beleg des eigenen Genies und damit einer guten Fügung war:

Musste nicht am Ende jeder große Künstler, jeder besonders begabte und sensible Mensch für seine Einzigartigkeit den hohen Preis des Unglücks zahlen? Dieser Topos ist so alt wie der Geniekult.

Heute, im Zeitalter des Wettbewerbs um Effizienz, der Blackberrys und der 24-Stunden-Verfügbarkeit versuchen wir eher, die persönlichen Höchstleistungen zu steigern und dabei oder dadurch so etwas wie Erfüllung zu finden. Wir machen Yoga, verbringen die Freizeit mit Wellness-Wochen und Fastenkuren – oder kaufen Bücher gegen den Burn-Out: In ihnen melden sich dann Psychologen, Pädagogen oder Ärzte zu Wort und verschreiben die vielfältigsten Arten von Glücksmedizin. Sie empfehlen das positive Denken, das richtige Leben, mehr Bewegung oder Lachen. Sie haben kluge, oft uralte Ratschläge, und natürlich auch jede Menge Banalitäten auf Lager. Manche standen schon im wohl allerersten Sachbuch zum Thema, das um das Jahr 1000 verfasst wurde. Damals schrieb der arabische Arzt Ibn Butlan ein Werk, das seinen Lesern konkrete Lebenshilfe geben wollte und damit erstaunlich aktuell ist. Er warnte, dass Glück im Übermaße genossen, zum Tode führe – wobei er sich damit wohl auf Völlerei und Drogensucht bezog –, und er riet zu Mäßigung bei der Lebensführung. Wer nach dem wahren Glück strebe, so Ibn Butlan, solle sich zudem mit weisen Menschen umgeben. Das war keineswegs als Scherz gemeint. Ebenso wenig wie die Empfehlung, dass genügend Schlaf, die richtige Ernährung und Sport, eine gesunde Heizung und Wohnung das Leben ungleich angenehmer machen. Ach, wie vernünftig.

Das geht auch unterhaltsamer. Zum Beispiel können wir heutzutage ins Berliner Tempodrom pilgern oder in die anderen großen Hallen der Republik, zu den Glücks-Shows des Arztes und Unterhaltungskünstlers Eckart von Hirschhausen, den die »Süddeutsche Zeitung« auch schon mal Dr. Hihihi taufte. Wenn der mit viel Ironie und auf bestechend amüsante Art empfiehlt, ab und zu mal einen Cent fallen zu lassen – weil es nichts kostet, aber einen anderen erfreut –, dann hat das schon hohen Unterhaltungswert. Der ehemalige Kardiologe, der »nicht mit Skalpell und Pinzette, sondern mit Worten operiert«, hat so »schon viele Leiden kuriert«. Das behauptet zumindest ein Artikel, mit dem sich Hirschhausen auf seiner Webseite präsentiert. Dort lächelt er, selbst ziemlich entrückt, trägt einen Anstecker mit der Aufschrift »Wellness-Bereich« an der Brust und wirbt für seine Mission: »Angeknackste und gebrochene Herzen zu heilen«. Wenn's hilft, warum nicht? Man muss ja nicht gleich noch sein Glückspaket kaufen, das auf den Ramschtischen der Buchläden liegt, neben dem Glücks-Popup-Buch, den Harmonie-Tees oder dem »Glück in kleinen Dosen«.

Interessant an solchen modernen Gurus ist: Sie greifen nicht nur auf alte Weisheiten zurück oder auf Sprüche, wie man sie seit langem schon in den Glückskeksen der chinesische Restaurants findet (damit die Gäste die Rechnung mit einem Lächeln bezahlen). Sie berücksichtigen auch Erkenntnisse, die erst in den vergangenen Jahrzehnten möglich wurden. Denn die moderne Glücksforschung ist eine vergleichsweise junge Wissenschaft. Erst in den letzten Jahrzehnten des vergangenen Jahrhunderts machte sie wirkliche Fortschritte und kämpft nun, wie alles Neue, noch kräftig mit der Ignoranz anderer Disziplinen – und mit dem Unwissen vieler Entscheidungsträger in Politik, Wirtschaft und Gesellschaft. Und weil die Erkenntnisse der Glücksforschung zudem oft in den tiefen Gräben zwischen den Ökonomen, Psychologen, Neurologen und Sozialwissenschaftlern entstehen, werden sie auch von vielen Traditionalisten in wissenschaftlichen Elfenbeintürmen der Ökonomie oder Politikwissenschaft bis heute nicht wirklich ernst genommen. Also bleibt es dem findigen Lebensberater überlassen, das Wissen zu nutzen und zu verkünden.

Es ist beispielsweise noch nicht lange her, da ging ein großer Teil der Wissenschaftler davon aus, dass die meisten menschlichen Empfindungen höchst subjektiv sind und objektiv nicht belegbar. Sicher, manche wünschten sich sehnlich das Gegenteil: Vom Glück und seinen Messungen träumte beispielsweise der Brite Francis Isidoro Edgeworth im 19. Jahrhundert. Er hätte viel für einen sogenannten Hedonometer gegeben, der der Wissenschaft seriös über den Gefühlshaushalt der Menschen berichten sollte. Doch solch ein Instrument blieb reine Phantasie. Zwar entdeckten auch schon im 19. Jahrhundert einige Ärzte, die Patienten mit Gehirnschäden untersuchten, dass sich bei Menschen mit einer verletzten rechten Gehirnhälfte eher positive Empfindungen verstärken. Sie schlossen daraus, dass positive Gehirnströme eher im linken, negative im rechten Stirnlappen sitzen und hatten damit wohl die ersten Hinweise darauf, dass Gefühle biologisch nachweisbar sind. Von der Messung der Hormone, der Hirnaktivitäten oder gar der Erforschung der Gene war man damals indes noch meilenweit entfernt.

Heute ist das natürlich anders: Wissenschaftler können inzwischen nachweisen, dass bestimmte Empfindungen sehr wohl auf biologischen Vorgängen beruhen: Leid, Trauer, Zufriedenheit – all das verstärkt oder schwächt Aktivitäten in bestimmten Gehirnregionen. Einer der bekanntesten Hirnforscher, Richard Davidson, sucht am Laboratory for Affective Neuroscience in Madison, Wisconsin (USA), seit langem nach Antworten auf die Frage: Welchen Zusammenhang gibt es zwischen Gefühlen und Hirnaktivitäten? Oder, um es in den Worten seines Forschungszentrums zu formulieren: Er untersucht die Mechanismen von »mind-brain-body interactions« (der Zusammenarbeit von Bewusstsein, Gehirn und Körper) und stößt dabei immer wieder auf interessante Zusammenhänge. So lässt sich beispielsweise messen, dass das Bild eines lachenden Menschen bei dem Beobachter spontan eine andere Hirnaktivität auslöst als das eines trauernden. Die Messergebnisse stimmen dann auch noch mit den Aussagen der Menschen überein, die über ihre Empfindungen befragt werden. Hat sie ein Bild fröhlich gemacht, dann passierte im Hirn (nachweislich) biologisch etwas anderes als bei einem traurigen Gefühl: Subjektives Empfinden und objektiv Erforschbares stimmen also überein.

Davidson will noch viel mehr erforschen, beispielsweise warum manche Menschen auf die Widrigkeiten des Lebens ganz offensichtlich sehr robust reagieren, andere wiederum bei kleinen Hindernissen zusammenbrechen. Er tut das, weil er letztlich auch nach Hilfen für die weniger starken, die traurigen und depressiven Menschen sucht – und nach den Grundlagen für seriöse Therapien.

Um dem Gefühlshaushalt auf die Schliche zu kommen, haben Hirnforscher inzwischen viele verschiedene Wege eingeschlagen. So haben sie zum Beispiel reihenweise Zwillinge untersucht wie der Amerikaner David Lykken an der University of Minnesota in Minneapolis. Lykken hat dabei herausgefunden, dass Gene tatsächlich eine Rolle für die Lebenszufriedenheit spielen. »Der Versuch, im Leben glücklicher zu werden, ist so vergeblich wie der abzunehmen«, brachte der Mann das einmal auf den kurzen Nenner – und bereute den Satz, sobald er ihn in der Zeitung gelesen hatte. Er glaube nicht, dass der lebenslange Gefühlshaushalt nur von ein paar Neurotransmittern abhänge, die quasi per Lotterie am Beginn des Lebens vergeben würden, sagt er heute und findet im Gegenteil: »Genetische Dispositionen lassen sich verändern.« Lykken stellt also eine Prägung durch Vererbung fest, doch er hält sie für veränderbar – durch entsprechendes Verhalten und Lernen. Also kann niemand seine schlechte Laune, seine ewige Unzufriedenheit oder sein Leiden am Leben allein mit den schlechten Genen entschuldigen, die ihm seine Eltern vererbt haben. Das wäre wohl auch zu einfach.

Die Debatte über Gene und Gesellschaft, die Macht der Vererbung und die Möglichkeiten des freien Willens – sie wird weiter toben. Der derzeitige Zwischenstand lässt aber wohl folgende Aussage zu: Menschen werden sicher auch durch ihre Gene geprägt, sind aber nicht durch sie dazu verdammt, immer im – mehr oder weniger gleichen – Gefühlszustand zu leben, also meist eher glücklich oder unglücklich zu sein. Zu diesem Ergebnis kommen jedenfalls viele der neueren Untersuchungen. Der Psychologe Ed Diener, auch er ist einer der Wegbereiter der Glücksforschung und lässt sich deswegen gern mit einem gelben Smiley-Luftballon fotografieren, hat beispielsweise herausgefunden: Der Teil seiner Studenten, der gute Freunde hat und zudem viel Wert und Zeit auf die Pflege dieser Beziehungen legt, ist deutlich glücklicher als andere. Da das Aktivitäten sind, um die man sich bewusst kümmern oder die man vernachlässigen kann, lässt sich der Gefühlshaushalt also tatsächlich bis zu einem gewissen Grad steuern; zumindest kann man Lebensumstände schaffen, die ein freudvolles Dasein wahrscheinlicher machen. Menschen können sich ändern und werden durch ihre Umgebung verändert: Da ist sich Diener sicher und bestätigt so die Mutmaßungen seiner frühen Vorgänger. Der Arzt Ibn Butlan lag vor tausend Jahren mit seinem Tipp, man solle sich mit klugen Menschen umgeben, offensichtlich gar nicht so falsch. Und auch Aristoteles' Idee, die Zeit am besten mit nützlichem Tun zu füllen, gewinnt heute neue Aktualität. Der Psychologe der Claremont Graduate University in Kalifornien mit dem für Deutsche so unaussprech-

lichen Namen Mihaly Csikszentmihalyi ist nach vielem Forschen zu Ergebnissen gekommen, das »Tun« zufriedener
macht als »Haben«. Förderlich für das Wohlbefinden sei zudem der »Flow«, ein Versinken in eben jenem Tun. Manche
haben den Flow beim Musizieren, andere beim Schreiben,
jene mit der glücklichen Berufswahl bei der Arbeit, wieder
andere beim abendlichen Beobachten des Himmels.

Auf der Suche nach Glück im Hirn und dem Paradies
auf Erden haben Psychologen meditierende Mönche in den
Kernspintomografen geschoben, Christen beim Beten von
Psalmen beobachtet und den Heilungsprozess von gläubigen
und ungläubigen Kranken verglichen. Sie haben gezeigt, dass
Yoga und andere Entspannungsmethoden, die von unterschiedlichen Religionen seit Jahrhunderten praktiziert und
gelehrt werden, tatsächlich gesünder, zufriedener und wider-
standsfähiger machen. Sie verändern unter anderem die
Hirnströme, womit ihre Wirkung wissenschaftlich nachweisbar ist. Eine ganze Kohorte nüchterner Naturwissenschaftler
hat sich heute auf der Suche nach noch mehr Wissen über
den Glauben gemacht und untersucht damit einen Bereich
des Lebens, den sie lange ignorierten.

Besonders bizarr und unterhaltsam wirken die Experimente des »Neurotheologen« Michael Persinger, weshalb sie
hier kurz erwähnt seien: Der Mann hat in seinem Behaviou-
ral Neuroscience Laboratory der Laurentian University in
Kanada bei Menschen quasi auf Knopfdruck religiöse Gefühle hervorgerufen, indem er mit magnetischen Feldern ex-
perimentierte. Viele seiner Probanden hatten Gotteserleb-
nisse, andere sahen Engel oder den Teufel – Ulrich Schnabel
beschreibt das höchst anregend in seinem Buch über »Die
Vermessung des Glaubens« und präsentiert dort noch viele
andere Beispiele. Er berichtet allerdings auch amüsiert, dass
Persinger an einem der berühmtesten Religionskritiker und

Atheisten scheiterte, dem britischen Biologen Richard Dawkins, der mit seinem Buch über den »Gotteswahn« für Wirbel sorgte. Dawkins ging nämlich, um endlich auch einmal zu glauben, ins Labor des Kollegen und spürte: Nichts! Inzwischen weiß man allerdings auch warum: Offensichtlich verstärkt das Gerät religiöse Gefühle. Menschen, die spirituellen und metaphysischen Erfahrungen gegenüber offen sind, fühlen sich angeregt. Die, die sowieso nicht glauben, glauben auch in diesem Labor nicht. Schnabels Schlussfolgerung: »Religiöses Erleben ist keine zwingende Reaktion des Gehirns auf bestimmte Reize, Rituale oder Meditationstechniken, sondern hängt entscheidend vom sozialen Kontext und von der persönlichen Einstellung eines Gläubigen ab. Wir sehen die Realität stets durch die Brille unseres Glaubens und unserer Vorurteile. Je nach Perspektive und Überzeugung kann sich ein und derselbe Sachverhalt völlig unterschiedlich darstellen. Kurz: Realität ist Ansichtssache.«

Doch stimmt das so? Und was hat das mit der Suche nach dem Glück zu tun? Wenn Schnabel richtig liegt und Realität nur eine Frage der persönlichen und höchst subjektiven Einstellung ist, dann müsste auch das Glück letztlich nur von der persönlichen Konditionierung abhängen – eine Prägung wäre dann vor allem in sehr jungen Jahren, durch die Familie oder die Gesellschaft möglich, dazu noch ein bisschen genetisch bedingt und letztlich nicht erklärbar. Mit Politik hätte das alles nichts zu tun.

Bei Fragen des Glaubens, nach der Begründung des Letzten und Einen, des Jenseits und Göttlichen mag das vielleicht noch stimmen. Doch bei der Suche nach den Grundbedingungen für ein erfülltes Leben stimmt es nicht. Denn da gibt es inzwischen eine ganze Reihe von Wissenschaftlern, deren Forschungsergebnisse in eine andere Richtung deuten – und die dezidierte Aussagen nicht nur über individuelle, sondern auch kollektive und damit für viele Menschen passende Grundlagen des glücklichen Lebens treffen, die Glück messen und daraus mehr als eine Ansichtssache machen.

Glück messen? Vielleicht muss man an dieser Stelle doch einmal eine kurze Wortklauberei betreiben: Das Wort »Glück« beschreibt im Deutschen gleich zweierlei. Zum einen das kurzfristige Hochgefühl, das von der spontanen Ausschüttung von Endorphinen begleitet wird, wie nach einer lang ersehnten Liebeserklärung beispielsweise oder dem Sechser im Lotto. Im Englischen wird dafür das Wort »luck« benutzt. Und zum anderen die Zufriedenheit, ein länger andauerndes Grundgefühl, das die Engländer mit »happiness« beschreiben. In diesem Buch geht es um Letzteres, um den dauerhaften Zustand – um das, was das Lebensgefühl oder die Lebensqualität nachhaltig und langfristig beeinflusst. Und um die Frage, wie sich dieses Gefühl der Zufriedenheit in den letzten Jahren verändert hat, wie es verbessert werden und ob es ein Maßstab für gute Politik sein kann.

Mit allen möglichen Versuchen haben die Neurologen inzwischen bewiesen, dass Menschen zwischen beiden Gefühlen, dem kurzfristigen Hochgefühl und dem Gefühl dauerhafter Zufriedenheit, klar unterscheiden können, was sich auch anhand ihrer Hirnaktivitäten nachweisen lässt. Der israelisch-amerikanische Psychologe Daniel Kahneman hat sich jahrzehntelang damit beschäftigt, wie man zwischen kurzfristigen und langfristigen Empfindungen unterscheiden kann. Wie andere Forscher auch kommt er zu dem Ergebnis, dass Menschen ihre Emotionen nicht nur klar benennen und durchaus zwischen einem kurzfristigen Hoch und einer langfristigen Zufriedenheit – also dem schon von Aristoteles als Eudaimonia bezeichneten Zustand – zu differenzieren wissen. Wenn man sich das mit einem Beispiel verdeutlicht, klingt es schon fast wieder banal: Ob uns der

Ärger über die kaputte Spülmaschine, die Erkältung oder das zu frühe Aufstehen den Morgen verderben oder ob wir an wirklich grundlegenden Übeln leiden, an Hunger, Krankheit oder mangelnden Perspektiven: Wir wissen es. Wir wissen, ob uns das Leben mal eben ein sonniges Hoch bietet oder eine langfristige Zufriedenheit. Über die kann man zwar auch spotten, der irische Dramaturg George Bernard Shaw hat das meisterlich getan: »Glück ein Leben lang! Niemand könnte es ertragen: Es wäre die Hölle auf Erden«, sagte er einmal. Doch ist das nicht am Ende nur die Koketterie des Künstlers? Gemeinhin wäre man doch eher froh, wenn die Lebensbedingungen in der Gesellschaft so sind, dass sie einem die Chance auf ein gutes Leben ermöglichen. Das persönliche Recht, darauf zu pfeifen und kreativ (oder unkreativ) unglücklich zu sein, wäre dadurch ja nicht eingeschränkt.

Kahneman erhielt jedenfalls für seine Arbeit 2002 sogar den Nobelpreis – allerdings den für Wirtschaftswissenschaften. Der wurde erst später als all die anderen Nobelpreise gestiftet und gilt bis heute nicht als ganz »echter« Preis. Doch dass ausgerechnet dieser Wissenschaftler diese Ehrung (zusammen mit dem Ökonomen Vernon L. Smith) bekam, zeigt, dass sogar manche der konservativen und wegen ihres vorherrschenden Menschenbildes oft zu Recht kritisierten Wirtschaftswissenschaftler durch die Erkenntnisse der Hirn- und Verhaltensforscher umdenken müssen.

Die einfachste Art und Weise, den Gefühlshaushalt von Menschen zu ergründen (und dabei auch zwischen langfristigem und kurzfristigem Glück zu unterscheiden), ist übrigens immer noch die Befragung. Die ist nicht nur viel billiger als die Untersuchung des Hirns. Sie hat auch in den vergangenen Jahren wieder an Relevanz gewonnen – eben seit die Wissenschaftler nachweisen konnten, dass es zwischen subjektiver Empfindung und objektiver, messbarer Erkenntnis überraschend viele Übereinstimmungen gibt. Außerdem wissen die Forscher heute immer besser, wo sie bei den Antworten vorsichtig sein müssen. Die sind nämlich nicht nur stark von der Art der Fragen, sondern auch von kulturellen Eigenarten abhängig. In Ländern wie Korea, in denen Stress eher positiv gesehen wird, fällt die Antwort logischerweise ein wenig anders aus als in Lateinamerika, wo das Bekenntnis zum wunschlos zufriedenen Leben offensichtlich eher von der Gesellschaft akzeptiert wird. Zudem tendieren die meisten Befragten bei einer Skala gern zur Mitte: Kaum einer bezeichnet sich etwa als rundum zufrieden oder völlig unzufrieden mit dem eigenen Leben. Stellt man allerdings Zeitreihen auf, befragt Menschen eines Landes also über Jahre hinweg und vergleicht diese Daten, dann spielen diese Effekte keine Rolle mehr, und die Aussagen werden vergleichbar. Dann lässt sich klar sagen, ob sich etwas zum Positiven oder Negativen verändert hat.

Als Prototyp einer Glücksumfrage wird immer wieder gern und oft eine Studie aus Texas zitiert. In der nutzten Daniel Kahneman und seine Kollegen die »Tages-Rekonstruktions-Methode«. Dafür wurden 1018 Frauen ausgewählt, die einen Tag lang bei allen Aktivitäten ihren jeweiligen Gefühlszustand beurteilen sollten – beim Telefonieren, beim Essen, beim Aufpassen auf die Kinder und bei der Arbeit, sofern die Frauen berufstätig waren. Sogar während des Geschlechtsverkehrs sollten die Frauen auf einer Skala von 1 bis 10 ihr Glücksempfinden bestimmen. Vorab: Der Durchschnitt beim Sex liegt bei 4,7 und damit – obwohl enttäuschend niedrig – höher als bei jeder anderen Tätigkeit. Essen, Gebet oder Meditation und das Zusammensein mit Freunden bekommen auch noch eine relativ hohe Punktzahl. Fast ganz unten auf der Skala liegt die Arbeit. Das erklärt sich wohl dadurch, dass viele der Frauen relativ schlecht bezahlter, langweiliger Fabrikarbeit nachgingen. Die größte Unzufriedenheit wurde allerdings beim Pendeln zwischen Arbeit und Heim gemessen, das Haus weit draußen im Grünen wird offensichtlich täglich mit hohem Frust auf langen Wegen, im Stau oder in überfüllten Bahnen bezahlt.

Doch die Forscher (mit deren Erkenntnissen man spannende Bücher füllen könnte) wollen viel mehr als den punktuellen Gefühlshaushalt von Menschen erforschen. Denn es ist zwar interessant, dass Menschen ganz offensichtlich beim Sex sehr zufrieden und beim Pendeln höchst genervt sind – Städtebauer, Verkehrsplaner, Bahnausstatter und auch die Familien, die über einen Umzug ins Umland nachdenken, könnten aus der zweiten Information so ihre Schlüsse ziehen. Doch auf der Suche nach der langfristigen Zufriedenheit, nach dem Glück und seinen Grundbedingungen geht es um mehr, eben um das, was Aristoteles das »gute Leben« nannte.

Man kann es gar nicht oft genug betonen, weil es wohl bis heute in der breiteren Öffentlichkeit und auch in der Politik viel zu wenig bekannt ist: Allein diese ernsthafte Suche seriöser Wissenschaftler nach Belegen dafür, dass die Zufriedenheit jedes Einzelnen von objektiv messbaren und damit gestaltbaren Bedingungen abhängt, ist schon höchst spektakulär.

Wenn Forscher aber zudem noch zuverlässige Ergebnisse vorweisen können, dass sich Lebenszufriedenheit messen lässt und es objektive und veränderbare Gründe für mehr oder weniger glückliche Menschenleben gibt, dann ist das eine echte Sensation. Und die müsste eigentlich Folgen haben – in den Ministerien und im Parlament in Berlin, in der EU-Kommission in Brüssel oder auch nur im Rathaus in Pinneberg. Dann könnten die Politiker vielleicht wissenschaftlich untermauerte Glücksförderung betreiben. Ganz im Ernst. Nur, was genau bräuchte man denn dafür? Welche Zutaten benötigt das gute Leben? Und wie lassen die sich politisch beeinflussen? Kurz: Gibt es glücklichere Gesellschaften und unglücklichere?

AUSGERECHNET DÄNEMARK:

Warum die Menschen in manchen Ländern
viel zufriedener sind als in anderen

Catherine Austin Fitts ist Amerikanerin und misst Glück –
an einem Kinderlächeln. Stellen Sie sich einen Augenblick
einen warmen Sonnentag vor, ein Kindergesicht, strahlende
Augen, die Zunge leckt an einem Eis. Man braucht nicht
lange nach Klischees vom Glück zu suchen: Das ist eines,
natürlich. Es ist hübscher als Sonnenuntergänge, und es
führt, wie so manches einfache Bild, weiter, als man denkt.
Frau Fitts hat nämlich zum Kindereisglück eine Theorie entwickelt und damit eine Möglichkeit, Glück zu messen: Den
Popsicle-Index. Der ist nach dem in den USA so beliebten
Wassereis benannt und zeigt an, wo man glücklich, gut und
zufrieden wohnen kann. Ermittelt wird er, indem die Bewohner eines Stadtviertels gefragt werden: Glauben Sie, dass ein
Kind hier gefahrlos allein Eis kaufen gehen kann? Je mehr
Nachbarn diese Frage bejahen, desto höher ist der Popsicle-
Index und desto lebenswerter die Gegend.

Damit Kinder allein zur Eisdiele spazieren können, muss
vieles stimmen: Es muss überhaupt erst einmal einen solchen
Laden geben. Man muss zu Fuß dorthin laufen oder mit dem
Fahrrad fahren können. Es dürfen nicht zu viele Autos durch
die Straßen jagen, es muss zuverlässige Fußgängerampeln geben. Die Gegend muss sicher sein. Kurz: Das Viertel wird
eines sein, so entworfen oder so gewachsen, dass Familien
gerne dorthin ziehen und sich wohl fühlen. Es wird wohl weder mitten im Geschäftsviertel der Großstadt liegen noch in

einer Industriegegend, noch wird es eine der ganz toten Vorstadtsiedlungen sein, in der alle das Auto für den Einkauf im Supermarkt und die Fahrt zur Arbeit brauchen. Ein einfaches Eis lässt also ziemlich viele Rückschlüsse auf die Lebensqualität zu. Fitts, die sich auf ethische Kapitalanlagen spezialisiert hat, rät ihren Kunden nur zu Aktien, die ihren Popsicle-Index potenziell erhöhen.

Der Popsicle-Index ist natürlich eine Spielerei. Und doch, wenn man überlegt, was das Leben lebenswert und ein Land besser macht, dann wäre das Eis am Stiel vielleicht nicht einmal der schlechteste Maßstab für eine glückliche Gesellschaft. Auf der Suche nach seriöseren Messungen des Glücks landet man indes bald auf der Internetseite des World Value Survey (WVS). Der bezeichnet sich selbstbewusst als »die weltweit umfassendste Untersuchung von politischem und soziologischem Wandel«. Tatsächlich haben sich beim WVS renommierte Sozialwissenschaftler aus aller Welt zusammengeschlossen, um soziale und kulturelle Veränderungen in ihren Gesellschaften zu dokumentieren. Sie fragen nach Werten und Verhalten, nach Glauben und Gefühl. Regelmäßig wollen die Wissenschaftler von den Menschen wissen, was sie bewegt und was sie vom Leben wollen. Und ob sie glücklich sind.

Zum ersten Mal fanden die Studien 1981 statt, seither wird immer wieder nachgefasst. Unter anderem müssen die Befragten auf einer Skala von eins bis zehn ankreuzen, wie zufrieden sie mit ihrem Leben sind. Menschen aus 88 Ländern werden heute befragt, womit fast 90 Prozent der Erdbevölkerung erfasst sind. Im Laufe der vergangenen drei Jahrzehnte ist so ein höchst interessantes Bild über den Zustand der Nationen entstanden und darüber, ob sie sich heute besser oder schlechter fühlen als früher.

Sieger aller Klassen ist: Dänemark! Ausgerechnet dieses

kleine Land im Norden Europas schlägt den Rest der Welt. Laut WVS sind die Menschen in Dänemark mit ihrem Leben zufriedener als die Einwohner aller anderen Staaten. Ausgerechnet im Land von Knäckebrot, Hot Dog und roter Grütze, von Schnaps und Hering, wo man für das bizarre Essen nicht einmal dauerhaft von der Sonne entschädigt wird, dort, wo sich der Winter lang und schmuddelig dahinzieht und heftige Debatten um Integration, Mohammed-Karikaturen und das Zusammenleben von In- und Ausländern toben, die Rechtspopulisten stetig an Stimmen gewinnen und man demnächst vielleicht schon bis über 70, also bis weit ins hohe Alter hinein, arbeiten muss, führen offensichtlich mehr Menschen ein angenehmes Leben, ein besseres als an den meisten anderen Orten auf diesem Globus. Zumindest behaupten sie das selbst. Und das schon länger. Denn Dänemark liegt in den Statistiken der Glücksforschung seit Jahren ganz weit vorn.

Ansonsten sind die Ergebnisse des WVS ausgerechnet für den Westen ernüchternd. Die Menschen in vielen dieser Länder sind mit ihrem Leben heute nicht zufriedener als ihre Eltern. Und das obwohl die Wirtschaft in den Industrieländern seit Jahrzehnten kräftig gewachsen ist, es einem größeren Teil der Bevölkerung also rein materiell heute so gut geht wie nie. Wir leben in einem Wohlstand, von dem unsere Eltern oder gar unsere Großeltern kaum zu träumen wagten. Lesen Sie heute einmal eine ältere Version des Märchens vom Schlaraffenland: Jeder gut sortierte Lebensmittelmarkt bietet fast alles, wovon dort geträumt wird und manches nur deswegen nicht mehr, weil wir es längst satt haben. Wen gelüstete es heute noch nach süßem Brei? Und wer will, dass ihm die gebratenen Tauben in den Mund fliegen und die Schweine mit einem Messer im Rücken vorbeilaufen? Heute leiden doch immer mehr Menschen in den Industrieländern nicht an zu wenig Essen, sondern an zu viel oder zumindest zu viel kalorienreichem, also an Schlaraffenland-Ernährung.

Trotzdem geht das Glücksgefühl in Großbritannien, Belgien, Österreich und, ja, tatsächlich auch in Deutschland sogar zurück. Zwar ist die Veränderung nicht dramatisch, doch immerhin. Ganz offensichtlich hat sich unsere Lebenszufriedenheit schon lange vom Boom der Börsen und der wachsenden Produktion von Gütern und Dienstleistungen abgekoppelt. Das eine hat mit dem anderen nichts zu tun. Da mag der Dax in den Abendnachrichten noch so sehr nach oben sausen und der Wirtschaftsminister mit immer neuen Sprüchen dem Aufschwung huldigen: Unser Glück wächst damit noch lange nicht im gleichen Tempo.

Das gilt übrigens für die USA noch weit mehr als für uns. In den Vereinigten Staaten gibt es die wohl längsten und umfassendsten Datenreihen. Die Meinungsforscher von Gallup haben schon 1946, also bereits kurz nach dem Zweiten Weltkrieg, angefangen, ihre Bürger zu befragen. Amerikaner lieben Statistiken. Doch diese kann ihnen eigentlich nicht gefallen, oder zumindest in ihren Hauptaussagen nicht. Denn interessant an den amerikanischen Zahlen ist vor allem eines: Obwohl die USA seit einem halben Jahrhundert den weltweit wohl größten Wirtschaftsboom erlebt haben, viele Amerikaner reicher wurden, als sie es sich je hätten träumen lassen, die Häuser heute größer, die Autos schneller und die Shopping-Malls bunter sind, werden die Menschen schon seit langem nicht mehr glücklicher. 1948 sagten auf die Frage von Gallup 38 Prozent der Befragten, sie seien »sehr glücklich«. Diese Zahl bleibt mehr oder weniger bis heute gleich, auch durch all die Jahre, in denen es in Amerika besonders stark boomte. Sie blieb sogar auf demselben Niveau, als das scheinbar nie enden wollende goldene Zeitalter des Internet-Hypes herrschte und sich der Dow Jones zu immer neuen

Höhen aufschwang. Die Zahl der »mehr oder weniger glück-lichen« US-Bürger stagnierte. Trotz enormer technologi-scher Errungenschaften und Produktivitätsfortschritte sind die USA mitnichten ein Land, in dem sich die überwiegende Zahl der Menschen ungewöhnlich gut fühlt – oder zumin-dest deutlich besser als vor einigen Jahrzehnten.

Diese Aussagen würden einen nicht überraschen, wäre Amerika das Paradies – würden sich also fast 100 Prozent der Menschen als ziemlich glücklich bezeichnen. Dann wäre es kein Wunder, wenn das Glück nicht mehr wüchse. Denn anders als Einkommen, das (zumindest theoretisch) nach oben unbegrenzt wachsen kann, ist dieses Lebensgefühl nicht unbegrenzt steigerbar. Zufriedener als zufrieden geht einfach nicht. Doch von diesem Zustand sind die USA ja bei einer Quote von 38 Prozent augenscheinlich weit entfernt – da wäre noch Spielraum nach oben. Der amerikanische Publi-zist Bruce Stokes schwang sich im Juli 2011 zu der Feststel-lung auf: »Heute sind die Amerikaner zutiefst unglücklich. Ihre düstere Stimmung reflektiert ihre Desillusionierung und ihr tief empfundenes Gefühl, dass das Land im Nieder-gang ist.« Stokes prophezeit sogar, dass der nächste Wahl-kampf über die Frage geführt werde, wer den Niedergang am besten manage. Der Artikel von Stokes war entstanden, weil kurz zuvor die OECD, die Organisation für wirtschaftliche Zusammenarbeit und Entwicklung, einen neuen Index ver-öffentlicht hatte. Der belegte zwar, dass die USA wirtschaft-lich immer noch in der Ersten Liga spielen, bei vielen ande-ren Faktoren, wie dem guten Lebensgefühl, der Sicherheit, oder der Balance zwischen Arbeit und Freizeit, aber nicht. Also liegt die Schlussfolgerung nahe, dass ein rasantes Wirt-schaftswachstum allein (auf das das Land ja zurückblickt) wenig mit dem Wohlbefinden zu tun hat; zumindest gibt es in den USA und in den anderen Industrieländern über die vergangenen Jahrzehnte keinen statistisch nachweisbaren Zusammenhang mehr.

Bei so viel Stagnation klingt es fast wie ein Widerspruch, wenn die Autoren des World Value Survey trotzdem klar sagen: »In den meisten Ländern, die der Survey untersucht, ist das Glück gestiegen.« So deutlich formuliert es zumindest Ronald Inglehart, ein Politologe der University of Michigan, der seit Jahrzehnten über gesellschaftliche und persönliche Werte und deren Veränderungen forscht. Die Erklärung für das vermeintliche Paradox ist relativ einfach. Viele der vom WVS untersuchten Länder waren noch vor nicht allzu langer Zeit bitterarm. In den vergangenen Jahrzehnten ist jedoch deren Volkswirtschaft gewachsen, auch wenn es natürlich Rückschritte gab. Steigt aber das Volkseinkommen von fast nichts auf ein bisschen, steigt auch die Lebenszufriedenheit der Bürger. Ganz offensichtlich sickert selbst bei einer enorm ungleichen Verteilung des Wohlstands und schreiender Ungerechtigkeit in einem armen Land, dessen Wirtschaft boomt, ein wenig Reichtum nach unten durch. Und wenn das so ist, können sich mehr Menschen genug zu essen kaufen, sich neu einkleiden und den Besuch beim Arzt bezahlen. Kein Wunder, dass deren Lebensgefühl steigt. Ein bisschen mehr Wohlstand erhöht das Glück. Oder umgekehrt formuliert und damit noch eindeutiger: Armut macht auch unglücklich!

Schaut man sich internationale Vergleiche an, so belegen sie das ganz klar: In vielen afrikanischen Ländern sind die Menschen mit ihrem Leben eindeutig weniger zufrieden als wir in Europa. Der Mythos vom Glück des bedürfnislosen, einfachen, armen und naturbezogenen Lebens kann danach also höchstens auf Völker zutreffen, die mit dem Rest der Welt keinen oder wenig Kontakt haben und zugleich ihre Grundbedürfnisse befriedigen können: Weil sie genug Jagd oder Fischgründe haben, weil die Natur sie ernährt und sie viele Bedürfnisse und Krankheiten der modernen Welt nicht kennen. Nur, wo gibt es die heute noch? Für den Rest der Menschheit ist tiefe Armut jedenfalls eine Geißel. Wenn Menschen hungern, sie krank und elend leben, ist das nichts, was man in irgendeiner Weise romantisch verklären sollte. Und wenn kein Geringerer als der Schriftsteller Samuel Beckett schreibt, die Tränen dieser Welt flössen in immer gleicher Menge, dann klingt das zwar wunderschön. Doch ob es so ganz richtig ist? Manche Tränen lassen sich jedenfalls schon trocknen, wenn die Menschheit das nur will und für genug Reis im Topf sorgt. Doch hat ein Land das geschafft, ist der Hunger weitgehend besiegt, kommt offensichtlich irgendwann der entscheidende Wendepunkt. Manche Forscher setzten ihn bei einem durchschnittlichen Jahreseinkommen von 15 000 Euro an. Die genaue Höhe ist jedoch letztlich egal. Viel wichtiger ist die grundsätzliche Erkenntnis: Wenn Länder reicher werden, muss irgendwann nicht mehr vor allem der Mangel bekämpft werden. Auf einmal geht es offensichtlich eher darum, das Bestehende zu bewahren oder sogar den Überfluss richtig und gerecht zu verwalten. Und, schwupps, wächst das Glück nicht mehr mit steigendem Sozialprodukt – zumindest ergeben das die Umfragen in einer Vielzahl von Ländern. Dann macht mehr Wachstum in einem Land das Volk nicht mehr quasi automatisch glücklich.

Die Gründe dafür haben Forscher natürlich lange und ausgiebig diskutiert. Warum kann man einen Zusammenhang zwischen Wirtschaftsboom und steigender Zufriedenheit für einen Teil der Länder finden und für einen anderen nicht? »Vielleicht liegt es daran, dass das Überleben plötzlich selbstverständlich ist«, mutmaßt Inglehart. Das würde bedeuten, dass zwar die existentielle Bedrohung des Lebens durch Hunger, Kälte und Krankheit ein Volk unzufrieden macht, der Sprung vom Fahrrad zum Auto für alle hingegen nicht glücklicher. Ist der Magen voll, lösen jedenfalls Werte wie Toleranz, Demokratie oder Umweltschutz die Überlebenswerte ab, so Inglehart. Es sei sicher, dass ab einem gewissen Niveau an Wohlstand in jeder Gesellschaft »die nicht ökonomischen Aspekte des Lebens plötzlich an Bedeutung zunehmen, also die Frage, wie gut die Menschen leben«. Oder anders gesagt: Wenn die dringendsten materiellen Bedürfnisse erst einmal erfüllt sind, werden wir zu Postmaterialisten, zumindest hin und wieder. Der Nobelpreisträger Mohammed Yunus, der die Idee hatte, Menschen durch Kleinkredite aus der Armut zu helfen, hat das oft genug beobachtet: Haben die Armen erst einmal das bittere Elend, den Kampf gegen den Hunger hinter sich, würden sie »politischer«: »Sie werden aktiver, fordernder. Sie machen sich auf den Weg.«

Auch die Daten von Inglehart lassen diese Interpretation zu. In den Entwicklungsländern, denen es in den vergangenen Jahren besser ging, sei längst nicht nur der wachsende Reichtum dafür verantwortlich, dass sich die Menschen besser fühlten. Viel zu lange habe die Wissenschaft bei der Interpretation der Antworten, die Menschen auf die Frage nach ihrem Glück gaben, auch die in armen Ländern existierenden »immateriellen Werte« unterschätzt. Oft genug sei nämlich in den Ländern, in denen die Glücksdaten nach oben weisen, auch das Freiheitsgefühl der Menschen gewachsen und damit etwas höchst Immaterielles. Auch dort leben nicht nur Materialisten. Braucht es dafür noch mehr Beweise als die Ereignisse in der arabischen Welt, in Ägypten, Tunesien, im Jemen und in Libyen, Anfang 2011? Dort waren es nicht die ganz Armen, die zuerst auf die Straße gingen. Es waren junge Leute, die oft sogar etwas gelernt hatten, die zwar nicht hungerten, sich aber ohne Chance auf einen Arbeitsplatz und damit ein halbwegs gutes Leben sahen und deren Wut, dagegen nicht einmal protestieren zu dürfen, langsam aber sicher stieg. Bis sie explodierte und die Freiheitsbewegungen überall Straßen und Plätze eroberten, um die alten Despoten zu vertreiben. Es ging dabei nicht nur ums Brot, sondern immer auch um Würde und Freiheit.

Der Schweizer Ökonom Bruno Frey kommt durch die Analyse unterschiedlicher Studien zu ähnlichen Schlussfolgerungen: Wachstum und Freiheit und damit ein Leben in demokratischen Verhältnissen mache die Menschen zufriedener. In den vergangenen 20 Jahren sind eben viele Länder auf der Südhalbkugel reicher und demokratischer geworden, selbst wenn sich Wirtschaftswachstum und Demokratisierung nicht automatisch bedingen. Doch in vielen Gegenden Lateinamerikas, in Asien und auch in einer Reihe afrikanischer Staaten regieren heute Demokraten, und das ist (bei allen offensichtlichen Mängeln) ungleich besser als viele der Militärdiktaturen oder autokratischen Regime, die dort vorher das Sagen hatten. Heute haben mehr Menschen nicht nur mehr zu essen, sondern sie können auch wählen: nicht nur den Regierungschef, sondern auch ihr Essen und ihre Art zu leben. Frauen haben größere Freiheiten, Homosexuelle werden seltener diskriminiert, Kinder dürfen mehr lernen. Es leben heute mehr Menschen in größerer Freiheit als je zuvor. Überhaupt sei die Welt, so Inglehart, ein toleranterer und damit auch lebenswerterer Ort geworden. Was nicht heißt, dass sich nicht noch vieles verbessern ließe.

Welchen Weg nimmt die Debatte über das Glück damit? Von der biologistischen Sicht auf die Menschen hat sie sich mit diesen Thesen schon meilenweit entfernt; die Suche nach den Voraussetzungen für ein glückliches Leben wird interessant und spannend, weil sie sich plötzlich mit den Zuständen der Gesellschaft und der Politik befassen muss. Nicht nur die Gene, »der Lebensumstand bestimmt das Glück«, sagt Inglehart ganz klar. Das werde schon dadurch belegt, dass die

Unterschiede im Glücksempfinden zwischen den Ländern weit größer sein können als innerhalb eines Landes. So seien die Dänen viel glücklicher als beispielsweise die Russen. Das aber bedeute, so Inglehart: »Wer genetisch argumentiert, geht davon aus, dass die glücklichen Dänen genetisch komplett verschieden sind von den unglücklichen Russen.« Und das wiederum lasse sich einfach nicht beweisen. Vielmehr sei Dänemark einfach eine freie und tolerante Gesellschaft, in der Menschen für einander Sorge tragen und sich vertrauen. Inglehart: »Es lebt sich dort angenehmer als in Russland.«

Das leuchtet unmittelbar ein, selbst wenn wir mittlerweile bei Dänemark wegen seiner so offen zelebrierten Angst vor den Ausländern so unsere Zweifel haben: Hätten wir die Wahl zwischen Russland und Dänemark – natürlich würden die meisten von uns eher in das kleine skandinavische Land ziehen, weil es sich dort besser und sicherer lebt. Und jeder könnte wahrscheinlich spontan ein paar Gründe nennen, die für Dänemark und gegen Russland sprächen: die Sicherheit, die Schulen, die funktionierenden Busse und Behörden, intakte Städte und wahrscheinlich noch so einiges andere mehr. Doch kann man daraus schon die Forderung nach einer Politik des Glücks ableiten? Die amerikanische Professorin Carol Graham, die hunderte von Glückforschungen ausgewertet hat, bestätigt diese subjektiven Eindrücke: »Es ist höchst beeindrucken, wie ähnlich die Grundbedingungen für Glück in den verschiedensten Gesellschaften dieser Welt sind. Egal wo ich nach Glück geforscht habe, überall bestätigten sich dieselben Muster: Eine stabile Ehe, gute Gesundheit, genug (aber nicht zu viel) Einkommen fördern die Lebenszufriedenheit. Arbeitslosigkeit, Scheidung und ökonomische Unsicherheit sind schrecklich.« Auch die Politik spiele eine große Rolle, es sei bedeutsam, wie sehr sie für Vertrauen, Freiheit und Mitbestimmung sorgen kann.

ÜBER GLÜCK UND FREIHEIT:
Warum wir sofort argwöhnisch werden,
wenn uns Politiker glücklich machen wollen

»Berlin. Die Lebenszufriedenheit der Deutschen ist im vergangenen Jahr wieder um 0,5 Prozent gestiegen. Wie das Bundesministerium für Glück heute bekannt gegeben hat, ist der Anstieg bei den unter 20-jährigen Deutschen besonders stark. Hier sind etwa 80 Prozent mit ihrer Situation zufrieden. Defizite sieht die Bundesregierung hingegen bei den Rentnern. Speziell für diese Gruppe soll die Glückspolitik der Bundesregierung daher grundlegend reformiert werden. So ist ein Programm geplant, dass ...«

Eine solche Pressemitteilung der Bundesregierung gehört natürlich ins Reich der Phantasie. Der bekannte Politiker, der heute in Berlin ein »Ministerium für Glück« vorschlagen würde, könnte bestenfalls mit Spott rechnen. Wahrscheinlicher wäre noch, dass er seine Karriere sofort abschreiben dürfte. Denn wer »Glück und Politik« kombiniert, begibt sich auf dünnes Eis. Schließlich gibt es kaum eine gefährlichere Schublade für Politiker als die der Volksbeglücker – aus guten Gründen.

Längst gilt in liberalen Gesellschaften der Konsens, dass sich die Politiker zwar mit Gerechtigkeit beschäftigen dürfen, aber keinesfalls die Lebensstile ihrer Bürger zu kritisieren oder auch nur zu beeinflussen haben und schon gar nicht unter dem Vorwand, sie glücklicher machen zu wollen. Allzu oft haben totalitäre Regime im vergangenen Jahrhundert verkündet, ihren Bürgern das vollkommene Leben zu bringen. Am Ende hatte das fast immer fatale Folgen für Millionen von Menschen. Nationalsozialismus, Kommunismus und kapitalistische Diktaturen brachten nicht Glück, sondern das Gegenteil: Hunger, Elend, Krieg und Massenmord. Ergo steht jedes politische Glücksversprechen heute automatisch unter dem Generalverdacht, dass es dabei in Wahrheit um die Vernichtung von Freiheit geht.

Der britische Journalist und Autor Aldous Huxley hat das einst plastisch beschrieben. Sein Buch über die »Schöne neue Welt« warnt auch heute noch eindrucksvoll davor, dass sich der Staat in das Gefühlsleben und die Privatsphäre der Bürger einmischt. »Ich brauche keine Bequemlichkeit. Ich will Gott, ich will Poesie, ich will wirkliche Gefahren und Freiheit und Tugend. Ich will Sünde!« Voller Verzweiflung lässt Huxley in seinem Roman den »Wilden« diese Worte rufen. Doch vergeblich rebelliert der Mann, er stößt damit nur auf Empörung und Unverständnis. Denn er hat zu jenem Zeitpunkt nach Meinung der Mächtigen und auch großer Teile der indoktrinierten Bevölkerung alles, was seine Zivilisation nur versprechen kann, und alles, was man nach herrschendem Urteil zum Glück braucht. Schließlich können im Jahre 632 nach Ford alle Menschen im Luxus schwelgen, die Wohlstandsgesellschaft ist für jeden da, Elend, Krankheit und Armut sind überwunden. Nur wurde bei der Geburt dieser neuen Welt ganz nebenbei die Menschlichkeit begraben. Es gibt keine Freiheit, keine Kunst und keine Religion. Eine totale Herrschaft fordert die totale Unterwerfung unter kollektive Regeln. Im Gegenzug verspricht sie ein genormtes Paradies, das sich auf den zweiten Blick als Hölle auf Erden entpuppt.

Der Brite veröffentlichte sein Buch 1932, und sofort wurde es zu einem großen Erfolg. Der Roman passte schließlich nur zu gut in die Zeit. Die Volksbeglückung durch totalitäre Regime wurde von Jahr zu Jahr dramatischer. Ähnlich wie zuvor der Russe Jewgenij Samjatin in »Wir« oder später der Brite George Orwell in seinem Roman »1984« beschreibt auch Huxley höchst eindrucksvoll, wozu Gesellschaften, verführt von skrupellosen Politikern, fähig sind und wie gefährlich politische Versprechen vom Glück sein können. Huxley hatte als Modell für seine Horrorwelt einen pervertierten Kapitalismus im Blick, Samjatin den Sowjetkommunismus und Orwell Nazideutschland – doch die Parallelen in den Romanen der drei Autoren sind unverkennbar, ihre Lehren ganz ähnlich: Immer versprechen totalitäre Regime das Glück der Menschen, wollen dafür aber die totale Kontrolle über sie.

Heerscharen von »Beschützern« wachen bei Samjatin über das »Wohl« der Einwohner und reglementieren deren Leben bis ins Kleinste, über allem steht ein übermächtiger »Wohltäter«. Der Russe, der sich zuvor als mutiger Held der Revolution einen Namen gemacht hatte – er hatte die berühmte Revolte auf dem Panzerkreuzer Potemkin mit organisiert –, schrieb sein Buch 1920, drei Jahre nach der Oktoberrevolution. Er wollte damit vor der politischen Entwicklung der Sowjetunion warnen, da er die Ideale der einstigen Freiheitskämpfer durch die zunehmende Repression verraten sah. Vergeblich. Samjatin musste schließlich ins Exil – und geriet ins Vergessen. In der Moskauer Literatur-Enzyklopädie von 1929 gilt er bereits als Renegat und Konterrevolutionär. Sein Roman »Wir« wird dort als niederträchtige Schmähschrift auf die sozialistische Zukunft bezeichnet: »Die Theorien Samjatins sind eine bloße Maskierung der sehr verständlichen Sehnsucht der Bourgeoisie nach dem verwirkten Wohlstand und ihres Hasses auf diejenigen, die sie dieses Wohlstandes beraubt haben.«

Falsche Träume, falsche Einstellungen, falsches Klassendenken – und damit ein Verstoß gegen die Glücksgebote: In den Romanen, die im Totalitarismus spielen, geht es oft um dieses Motiv: Bei Orwell soll gar »Neusprech« eine andere Sprache, die aus politischen Gründen künstlich modifiziert wurde, vor Gedankenverbrechen schützen. Auch in Orwells Geschichte wird jeder Mensch überwacht; angeblich gelingt ein erfülltes, glückliches Leben nur durch die bedingungslose Unterwerfung. Der Held des Romans, Winston Smith, rebelliert zunächst und muss am Ende doch, nach Folter, Gefängnis und Umerziehung, kapitulieren. Er verrät seine Liebe Julia, ist leer und – besiegt. Während die Gedankenpolizei seine Exekution vorbereitet, bekennt Winston unter Tränen, dankbar und demütig seine Liebe zum Großen Bruder, der ihm half, den »Sieg gegen sich selbst zu erringen«. Die Gehirnwäsche war erfolgreich. Der Kern des Menschen ist zerstört. Und der Leser bleibt schaudernd zurück.

Traurige Romane sind das, bedrückende Albträume und eindrückliche Warnungen. Und doch waren die realen, selbsternannten Volksbeglücker im 20. Jahrhundert nicht weniger brutal. Hitlerdeutschland, Stalinrussland: »Der Versuch, den Himmel auf Erden zu verwirklichen, produzierte stets die Hölle«, schrieb der Philosoph Karl Popper, und hat er damit nicht eine der wichtigsten Schlussfolgerungen des vergangenen Jahrhunderts gezogen? Kein Wunder jedenfalls, dass demokratische Politiker heute tunlichst alles vermeiden, was sie auch nur entfernt in diese Ecke rücken könnte. Glück, so der Konsens, gehört nun mal in die Privatsphäre, wie Liebe oder Religion. Ein freiheitlicher Staat hat den Leuten bei lebensweltlichen Fragen nicht reinzureden, in modernen Gesellschaften weniger denn je. Schließlich trifft diese Zurückhaltung der Politik in modernen Gesellschaften auch auf die Präferenzen der Bürger. »Lebensstile und moralische Standards, ästhetische Vorlieben und Glaubensfragen, Gewohnheiten und Ansprüche – all das produziert unterschiedlichste Welten, vielleicht kann man sogar sagen: Parallelwelten«, schreibt der Münchner Soziologe Armin Nassehi in einem Beitrag für die »Süddeutsche Zeitung« und folgert: Es habe die »liberal-republikanische Haltung Raum gewonnen, dass man sich für die Lebensformen der Menschen nur so weit interessiert, dass sie sich als Bürger nicht ins Gehege kommen«.

Doch ist damit wirklich alles zum Verhältnis von Glück und Politik gesagt? Finger weg und gut ist's? Immerhin hat das Recht der Bürger auf ihre Suche nach dem Glück in den Vereinigten Staaten sogar quasi Verfassungsrang. »Life, liberty and the pursuit of happiness« gelten als unveräußerliche Rechte jedes Menschen, so lautet der wohl berühmteste Satz der amerikanischen Unabhängigkeitserklärung. Doch vom Recht jedes Einzelnen ist es natürlich ein weiter Weg zur Pflicht des Staates; die Frage, inwieweit sich die Politik dieses Themas annehmen sollte, bleibt damit gänzlich unbeantwortet. Darf ein Staat die Suche seiner Bürger nach dem Glück bewusst fördern, das Ganze gar zum Ziel seiner Politik machen?

Die Glückforscher finden, dass es für moderne Gesellschaften jedenfalls an der Zeit ist, sich mit den Bedingungen für das Glück ihrer Bürger zu beschäftigen – und zwar zunächst rein empirisch, durch Fragen, Forschen, Suchen. Das ist nämlich heute möglich, anders als in früheren Zeiten. Dabei ist es kein Zufall, dass viele der Wissenschaftler aus dem angelsächsischen Raum kommen, wo die Empirie eine sehr viel ältere Tradition hat als auf dem europäischen Kontinent. Damit ist dann aber noch nichts darüber gesagt, was mit dem Wissen getan wird, etwa darüber, wie die Ergebnisse von der Wissenschaft, vom Staat oder der Regierung genutzt werden, um den Menschen den Weg ins Glück zu weisen. Viele Glücksforscher verstehen ihre Arbeit nicht normativ. Sie argumentieren nicht im Sinne der berühmten Kantschen

Regel: »Handle nur nach derjenigen Maxime, durch die du zugleich wollen kannst, dass sie ein allgemeines Gesetz werde.« Sie setzen genau beim Gegenteil an.

Statt von oben über gesellschaftliche Regeln zu diskutieren und darüber, was für Bürger gut ist, wählt die Glücksforschung genau den entgegengesetzten Ansatz: Sie fragt. Sie setzt keine Normen, sie lässt den Menschen jedes Recht, ihr Leben nach seiner Vorstellung zu gestalten. Sie untersucht stattdessen Lebenslagen und forscht nach den Bedingungen für Zufriedenheit (so wie andere Forschung die Bedingungen für Wachstum oder Umweltschutz oder Krankheiten untersucht). Sie tut das mit steigendem Erfolg. Deswegen kann sie der Politik heute ein großes Reservoir an neuen Erkenntnissen bieten, durch die diese tatsächlich mehr für das gute Leben vieler Bürger tun könnte. Eine Glückspolitik auf dieser Basis bewegte sich dann in bester Popper'scher Tradition. Der liberale britische Sozialwissenschaftler Karl Popper definierte einst die offene Gesellschaft als eine, die eben keinen für alle verbindlichen Heilsplan vorschreibt. Sie legt auch nicht fest, wohin sie sich entwickelt, sie sucht stattdessen immer neu nach dem besten Weg – durch Debatten, Streit und Forschung. Genau das bietet heute die Glücksforschung: Sie erklärt, was die Menschen zufriedener machen kann.

Viele Wissenschaftler berufen sich dabei auf die Briten Thomas Hobbes und Jeremy Bentham – und stehen damit nicht in der philosophischen Tradition der Kontinentaleuropäer, die sich stark mit der Entwicklung allgemeingültiger Normen befassten. Im angelsächsischen Raum beschäftigte man sich hingegen schon früh mit den individuellen Präferenzen der Menschen, versuchte beispielsweise herauszufinden, was glücklich macht. Vor allem den Namen Benthams verbindet man heute mit diesem Zweig der Philosophie, dem Utilitarismus. Der britische Sozialreformer lebte im 18. Jahrhundert, und noch heute kann man seine sterblichen Überreste in einer Vitrine des University College in London sitzen sehen. Denn der exzentrische Mann verfügte in seinem Testament, dass er als Teil einer öffentlichen Anatomiestunde seziert werde, um danach in den eigenen Kleidern ausgestellt zu werden. Er hatte damals allerdings nicht mit den Studenten gerechnet. Die stellten im Laufe der Jahrhunderte allen möglichen Unsinn mit seinem Kopf an, stahlen ihn bei einer Gelegenheit sogar. Der Kopf wurde zwar wiedergefunden, dann aber durch eine Wachsattrappe ersetzt. Nur der Körper Benthams befindet sich heute noch in der Vitrine, sein Kopf wird an einem sicheren Ort verwahrt.

Bentham war Philosoph und Jurist, er setzte sich für die Rechte der Frauen, der Homosexuellen und die Pressefreiheit ein und wetterte gegen die Todesstrafe. Vor allem aber wandte er sich massiv gegen die herrschende Ständegesellschaft und forderte ein Recht der Bürger auf Glück: »Das größte Glück für die größte Zahl von Menschen sollte der Maßstab sein, mit dem man eine Maßnahme als richtig oder falsch beurteilt« schreibt er im Vorwort zu »A Fragment on Government«. Bentham ging dabei übrigens von einem höchst individualistischen Menschenbild aus. Nicht der Staat, jeder Einzelne – das war für ihn ganz entscheidend – sollte darüber urteilen, ob er zufrieden ist. Zugleich aber hielt Bentham es für eine Aufgabe der Politik, alle Bürger bei ihrer Suche nach dem größten Glück zu unterstützen; er hatte also einen explizit gesellschaftspolitischen Ansatz. Bentham nannte diesen Leitgedanken das »greatest-happiness-principle«.

Der Brite ist eine spannende und umstrittene Figur, auch weil er heute mitunter als Vordenker totalitärer Regime interpretiert wird. Schließlich fand er auch, dass eine Handlung allein nach ihren sozialen Folgen bewertet werden sollte. Sie ist also moralisch richtig, wenn sie der Allgemeinheit nützt; eine Handlung erweist sich als moralisch falsch, wenn sie der Allgemeinheit schadet. Deswegen darf der Staat seiner Meinung nach individuelle Freiheiten einschränken. Und er sollte seine Gesetze wiederum so gestalten, dass sie für die größtmögliche Zahl der Bürger nützlich sind.

Man muss und sollte Benthams Theorien längst nicht in jedem Schritt folgen. Interessant aber sind sie, weil sie nicht von vornherein ablehnen, dass die Gesellschaft und die Politik für das Glück des Einzelnen mitverantwortlich sind. So wie es übrigens auch antike Philosophen wie Konfuzius und Aristoteles getan haben, die ebenfalls schon eine Verbindung zwischen einem guten Leben des Einzelnen und einer guter Regierung zogen. Wie es auch – wenn man Hannah Ahrendt glauben darf – die Gründungväter der USA taten. Auch sie kannten den Begriff des »öffentlichen Glücks«, wozu sie zum Beispiel Prinzipien wie Teilhabe oder Demokratie zählten. Sie verstanden das »Recht auf die Suche nach dem Glück« (*the pursuit of happiness*) also als etwas sehr Umfassendes. Heute allerdings hat es sich im Bewusstsein vieler längst auf die ganz private Vom-Tellerwäscher-zum-Millionär-Geschichte reduziert, auf das Recht, möglichst schnell möglichst viel Geld zu verdienen. Die wirtschaftsliberale Saga hat gewonnen, und kein Präsident wäre heute so vermessen, eine Verbindung zwischen ökonomischen oder Demokratie fördernden Maßnahmen und dem Glück der Amerikaner herzustellen.

Dabei gibt es die. Der bereits zitierte Schweizer Glücksökonom Bruno Frey, hat durch eine Reihe von Studien und Befragungen beispielsweise überzeugend nachgewiesen: »Mitbestimmungsrechte erhöhen die Lebenszufriedenheit der Bürger systematisch.« Der Mann ist aus seiner Heimat Basisdemokratie aller Art gewöhnt, denn mehr als in jedem anderen Land der Welt können die Schweizer sich durch

Volksinitiativen, Diskussionen und Referenden direkt in die Politik einmischen. Auf welche Weise und in welchem Ausmaß das möglich ist, variiert allerdings von Kanton zu Kanton. Frey nahm das zum Anlass, mit der Forschung vor der Haustür zu beginnen. Er fragte nach. Er wollte genau wissen, wie sehr und welche direkte politische Mitwirkung der Bürger ihre Zufriedenheit steigen lässt. Das Ergebnis ist überraschend, nicht zuletzt wegen der Deutlichkeit. »Je ausgeprägter die direkt-demokratischen Möglichkeiten sind, desto höher schätzen die Bürger ihre Lebenszufriedenheit ein«, so sein Fazit. Dabei sei der Effekt »statistisch hoch signifikant und beträchtlich«.

Übersetzt man das Wissenschaftsdeutsch in Umgangssprache, dann steht da ein dickes Lob: Je mehr Mitbestimmung, desto mehr Glück. Doch Frey, ganz der Schweizer Ökonom, wählt einen anderen Vergleich. Er rechnet das Ergebnis in Geldwert um. Dazu hat er eine Skala von eins bis sechs, von wenigen bis zu vielen Mitwirkungsmöglichkeiten aufgestellt. Steigert man nun die Möglichkeiten der direkten Demokratie in einem Kanton so, dass sie in der Skala um einen Punkt nach oben rutscht, dann bringt das genau so viel Zufriedenheit, wie eine beträchtliche Lohnerhöhung für Niedrigverdiener. Mehr Referenden, Befragungen oder Beteiligung in der Gemeinde wäre also für den Durchschnittsschweizer genau so gut, wie von der untersten Lohngruppe, der Kategorie bis 2000 Schweizer Franken, eine Stufe höher in die zwischen 2000 und 3000 Schweizer Franken zu rutschen. Das ist fast unglaublich.

Auch Frey wollte den Ergebnissen wohl zunächst selbst nicht trauen. Und weil er ein gewissenhafter Wissenschaftler ist, stellte er seine Ergebnisse immer wieder in Frage, benutzte unterschiedliche Messmethoden und Schätzungen und kam doch erneut zu dem Fazit: Die Resultate sind robust. Ärgerlich findet er nur, dass es vergleichsweise wenig internationale Daten über die »direkte Demokratie« gibt – zumal sie fast nirgends so ausgeprägt ist wie in der Schweiz. Frey selbst erklärt diese Ergebnisse in seinem Buch »Glück. Die Sicht der Ökonomen« schließlich mit dem Nutzen, den die direkte Demokratie jedem Einzelnen bringt. Zum einen mache es die Leute schon zufriedener, mitbestimmen zu können, und zwar unabhängig von Klasse und Einkommen. Damit widerspricht er all denen, die Bürgerbeteiligung für eine Spielwiese der Mittelschicht halten. Doch es kommt noch etwas dazu: Auch das Ergebnis der Politik entspricht offensichtlich in sehr demokratischen Gegenden mehr den Wünschen der Menschen. In Kantonen mit vielen Bürgerrechten ist die öffentliche Verschuldung geringer, die Ausgaben für Bildung sind höher als andernorts, und die Steuermoral ist besser. »Freiheit ist eine wichtige Determinante des Wohlbefindens«, fasst der Schweizer zusammen. Oder anders gesagt: Glückliche Gesellschaften sind nicht totalitär, sondern basisdemokratisch.

Glück, Freiheit, Gerechtigkeit: Natürlich existiert zwischen den großen politischen Zielen, die sich Menschen auf dieser Welt gesteckt haben, und deren Umsetzung eine Spannung. Die Begriffe sind Hüllen. Die wurden in der Vergangenheit ganz unterschiedlich gefüllt, je nach persönlicher oder politischer Präferenz. Man kann sie pervertieren durch Ideologie oder Wahnsinn. Man kann sie politisch missbrauchen – oder ihren Inhalt zu wichtig nehmen. Und man kann eines der Ziele im steten Konflikt mit anderen Zielen überbewerten, wie es beispielsweise die Anhänger von Freiheit oder Gleichheit oft genug getan haben. Bis heute streiten sich deswegen Liberale, Sozialdemokraten und Kommunisten. Der Disput darüber, welches der beiden Ziele wichtiger ist, füllt Bibliotheken. Und in der Realität entscheiden Gesellschaften bis heute sehr unterschiedlich darüber, wo die Freiheit des Einzelnen die der anderen beeinträchtigt. In den USA gehört das Tragen einer Waffe in vielen Bundesstaaten zu den Grundrechten. In Deutschland ist das undenkbar. Dafür ist hierzulande die Freiheit, auf der Autobahn ohne Tempolimit zu sausen, ein Grundrecht, das noch keine Partei anzutasten gewagt hat. Auch wenn das nachweislich die Zahl der Toten bei Autounfällen erhöht. Das ist uns diese Freiheit ganz offensichtlich wert.

Bleiben wir noch einen Augenblick bei der Freiheit, der Schwester des Glück: Natürlich sind die wichtigsten Ziele und Rechte, auf die sich die Menschheit hat einigen können, längst in den verschiedensten Menschenrechtskatalogen festgehalten. Und doch tobt gerade über den Begriff der Freiheit bis heute die Debatte. Reichen die Rechte, die in der Allgemeinen Erklärung der Menschenrechte von 1948 niedergeschrieben sind, also die sogenannten »bürgerlichen Rechte«, aus: Die Freiheit, seine Meinung zu sagen, die Religion auszuüben, sich zu versammeln, zu reisen? Soll man den Begriff auf die libertäre Variante, die pure Abwesenheit physischen Zwangs, reduzieren, den Rest regelt schon der Markt? Oder geht es auch darum, wie viel Freiheit wir nicht nur im Markt, sondern auch vom Markt möglich machen? Gehören zu einem freien Leben nicht auch die »sozialen Menschenrechte«, also beispielsweise das Recht auf ein Leben ohne Hunger, auf einen angemessenen Lebensstandard und die bestmögliche Gesundheitsversorgung – auch wenn das erst durch staatliches Eingreifen möglich wird? Auch das Argument dafür ist ein freiheitliches: Erst die Verwirklichung dieser Rechte ermöglichen eine echte Teilhabe an der Gesellschaft. Es kommt zwar nicht immer erst das Fressen und dann die Moral, aber mit einem halbwegs vollen Magen demonstriert es sich eben leichter. In den arabischen Ländern sind jüngst nicht die ganz Armen zuerst auf die Straße gegangen, sondern die halbwegs gebildeten, einigermaßen satten, aber nach mehr Rechten hungernden jungen Leute.

Der amerikanische Philosoph John Rawls hat in seiner berühmten »Theorie der Gerechtigkeit« argumentiert, dass neue Ungerechtigkeiten von der Gesellschaft nur dann akzeptiert werden dürfen, wenn sie Vorteile für die Benachteiligten bringe. Danach wäre dann eine Steuerreform hierzulande nur dann gerecht, wenn sie den Ärmsten mehr brächte. Und schon sind wir wieder mitten in der Debatte, was Gleichheit mit Freiheit und beide mit dem Glück zu tun haben, wo sich die Begriffe überschneiden, wo sie sich ergänzen.

Der deutsche Jurist, Philosoph und Soziologe Felix Ekardt, der sich ganz in der Tradition des Humanisten Immanuel Kant sieht, argumentiert beispielsweise: Gerechtigkeit könne man in liberalen Gesellschaften als Norm für politisches Handeln akzeptieren. Glück hingegen nicht. »Der Staat oder die Politik kann und sollte für Gerechtigkeit sorgen. Aber er kann und sollte seine Bürger niemals zu einem glücklichen Leben zwingen wollen. Dazu ist viel zu unklar, was Glück eigentlich ist.« Das sah auch Kant so: Glückseligkeit war nach Meinung des Philosophen ein viel zu vager Begriff, beruhe zu sehr auf veränderbaren Meinungen und sei daher nicht objektiv zu beurteilen. Trotzdem hielt Kant es für eine menschliche Pflicht, das Glück der anderen zu fördern, nicht zuletzt durch Hilfsbereitschaft. Wenn die Förderung des Glücks aber eine menschliche Pflicht ist, gehört sie dann nicht auch dort diskutiert, wo Menschen gemeinsam entscheiden, wie sie leben wollen: in der Politik?

Kants moderner Enkel Ekardt meint: Zwar sollte Glück keine normative Begründung für staatliches Handeln werden, als Motivationshilfe findet er es aber durchaus zulässig. Glück könne demnach ein Nebenprodukt gerechterer Gesellschaften sein. Die globale Gerechtigkeit, so Ekardt, verpflichte uns beispielsweise zum Klimaschutz, weil sonst irgendwann die Menschen in Bangladesch im steigenden Meeresspiegel versinken. Dabei hätten die staatlichen Institutionen die Pflicht, ein Klima-Regime zu etablieren. Der ethisch handelnde Einzelne wiederum müsse das unterstützen, weil er ja wisse, dass sein bloßes individuelles Handeln zu wenig bringe. Ekardt macht das ganz konkret: Wir sollten beispielsweise nicht nur alle seltener fliegen, sondern auch die Regierungen dabei unterstützen, den Flugpreis zu erhöhen. Beides zusammen könnte dafür sorgen, dass die Klimakatastrophe ausbleibt und Bangladesch nicht überflutet wird. Zudem ist es gut möglich, dass weniger Tempo im Leben (und damit auch weniger Fliegen) uns zufriedener macht. Mehr Glück könnte also ein positiver Nebeneffekt von mehr Gerechtigkeit sein.

Ekardt warnt deswegen auch vor zu einfachen Kausalketten: Der Zusammenhang von Glück und globaler Gerechtigkeit sei eben nicht immer und für jeden gültig, Ekardt erklärt das wieder am Beispiel des Fliegens: Wenn Politiker plötzlich behaupten würden: »Du, Bürger, kannst jetzt nicht mehr nach Thailand fliegen, weil das dem Klima schadet und wir deswegen die Flugpreise sehr erhöht haben. Sei froh, das macht dich auch glücklicher«, dann klänge das nicht nur paternalistisch und albern. Es stimmt möglicherweise auch für den Einzelnen nicht, selbst wenn die Folgen (der langsamere Klimawandel und damit weniger Unwetter, weniger Schäden) für viele gut sein mögen. Schwerer als das Glück wiege daher immer das Argument, diese Entscheidung mache die Welt gerechter.

Doch was ist nun wiederum das richtige Maß an Gerechtigkeit? Die ersten Rechtsgelehrten argumentieren heute bereits, dass wir bei den Vereinten Nationen nicht nur bürgerliche und soziale, sondern auch »ökologische Menschenrechte« verankern sollten, um die Schätze der Erde gerecht zwischen Nord und Süd, uns und unseren Enkeln aufzuteilen. Wir werden noch lange darüber streiten. Warum aber sollten wir das nicht beim Glück genauso tun – gestützt auf die Ergebnisse der modernen Forschung? Denn die kann ja belegen, dass es Gesellschaften gibt, die ihre Bürger zufriedener machen als andere, und das liegt ganz offensichtlich auch an ganz bestimmten politischen Entscheidungen. Die gilt es herauszufinden, und zwar immer wieder neu, damit dann wiederum die Politiker das Wissen nutzen können, um ihre eigentliche Aufgabe zu erfüllen: die Bedingungen dafür zu schaffen, dass es den Menschen gut geht.

MEHR IST NICHT GENUG:
Warum das Wirtschaftswunder die Armen
nicht glücklich gemacht hat

Der britische Wirtschaftswissenschaftler Richard Layard hat sich mehr als viele andere mit der Frage nach dem Glück der Gesellschaft beschäftigt. Der Baron, der durch die Labour Party ins britische Oberhaus kam und lange an der London School of Economics gelehrt hat, gilt heute als ein Doyen der gesellschaftspolitischen Glücksforschung. Er war einer der Ersten, der aus den Erkenntnissen der Forscher auch Schluss-folgerungen für Politik und Ökonomie zog. Mit seinem Buch über die »glückliche Gesellschaft« bewegte er die öffentliche Debatte in Großbritannien nachhaltig – wohl auch, weil er zeitweise als Regierungsberater von Tony Blair arbeitete. Letzteres wiederum, so könnte man in der Rückschau ein-wenden, disqualifiziert ihn heute eher, schließlich schauen die wenigsten Briten auf die Zeit unter Blair als eine über-wiegend glückliche Phase der britischen Politik zurück. Doch sollte man zwischen der Beratertätigkeit Layards (und deren Ergebnissen) und der wissenschaftlichen Arbeit un-terscheiden. Der Wissenschaftler sorgt jedenfalls für jede Menge spannende Denkanstöße.

Layard wollte das Leben in England verbessern. Er hat daher nach den entscheidenden Faktoren dafür gesucht, wa-rum sich Menschen in den Industrieländern besser oder schlechter fühlen. Bei der Lektüre seiner Ergebnisse sollte man deswegen immer im Hinterkopf behalten: Fast alles, was er und die anderen Glücksforscher herausgefunden haben, gilt für entwickelte Länder, für Nationen, in denen die Menschen genug zu essen haben und die meisten anderen Grundbedürfnisse ebenfalls erfüllt sind. Der Brite wollte nun herausfinden, was zu dieser Grundversorgung noch hinzukommen muss. Wie viele Sozialwissenschaftler begann er seine Suche nach den Voraussetzungen für mehr Glück mit dem Materiellen, denn immerhin gehört es zu den erklärten Zielen sozialdemokratischer Wirtschaftspolitik (und somit auch zu den ehernen Grundsätzen der Labourpartei), den Lebensstandard der Bürger verbessern zu wollen. Dem Forscher bestätigte sein Suchen innerhalb eines Landes zunächst das, was man auch im Vergleich der Nationen sehen konnte: In den letzten 30 Jahren sind die Menschen im Westen wohlhabender geworden. Glücklicher sind sie jedoch nicht. Das gilt erstaunlicherweise für alle Gruppen, für Arme und für Reiche.

Was für ein Sprengstoff! Wenn diese Aussage stimmt, wenn Arme und Reiche heute nicht zufriedener sind als vor 30 Jahren, was haben dann all die sozialen Verbesserungen, für die die Labourpartei gearbeitet hat, oder all die Lohnkämpfe der Gewerkschaften gebracht? Richard Layard suchte weiter nach den Zusammenhängen von Geld und Glück und stieß unter anderem auf eine Studie der Universität Harvard. Dort wurden Studenten danach gefragt, in welcher Welt sie lieber leben möchten: in einer, in der sie 50 000 Euro verdienen, während das Durchschnittsgehalt bei 25 000 Euro liegt? Oder in einer Welt, in der sie 100 000 Euro verdienen, die anderen aber stolze 250 000 Euro? Die überwiegende Zahl der Befragten entschied sich instinktiv für Variante eins. Das ist im Grunde wenig erstaunlich. Es ist natürlich viel angenehmer, mehr als die Umgebung zu verdienen. Das relative Einkommen ist wichtig, das absolute eher von nachrangiger Bedeutung.

Man versteht das unwillkürlich, wenn man an das eigene

Umfeld denkt: Wenn alle Kollegen mit Ihnen gemeinsam eine (durchaus ansehnliche) Gehaltserhöhung bekommen und Sie das wissen, dann steigert das Ihr Glücksgefühl in der Regel erheblich weniger, als wenn nur Sie der oder die alleinige Auserwählte (einer kleinen Steigerung) wären. Wir vergleichen uns und unseren Besitz also ständig miteinander – allerdings nicht unbedingt mit allen. Mit Vorliebe gucken wir dabei auf unser näheres Umfeld. Der Mediziner vergleicht sich mit dem Kollegen, nicht aber mit dem Börsenmakler, der Müllmann nicht mit dem Lehrer. Oder um es mit dem Philosophen Bertrand Russell zu sagen: Bettler beneiden keine Millionäre, sondern andere Bettler, die mehr haben als sie selbst. Deswegen sind vielen Menschen die Nachbarn wichtig, der Freundeskreis und dessen Auto, dessen Haus, dessen Urlaub. Eine Versicherung hat daraus sogar mal einen Werbespot gemacht: Zwei ehemalige Freunde treffen sich, der eine holt Fotos aus dem Portemonnaie und prahlt: »Mein Haus, mein Auto, meine Frau«. Dumm nur, dass der andere alles in doppelt so groß und schön auf den Tisch legen kann.

Das Spiel gibt es auch im Märchen. Der polnische Schriftsteller Jan Potocki erzählt davon ganz wunderbar in einer Episode seines Epos »Die Handschrift von Saragossa«: Da verlangt die Frau von ihrem Mann ein neues Schmuckstück, weil die Schwester beim letzten Kirchgang eine neue Kette trug. Am Sonntag darauf will sie einen Lakaien, die Schwester war nämlich mit einem bei der Messe aufgetaucht. Weil ein Diener aber das Familienbudget sprengen würde, näht die Frau eine alte Uniform um, damit ihr Mann sich damit verkleiden kann. Es kommt zum Streit. Und schließlich überlegt der verzweifelte Gatte, ob er die Rute nimmt oder zum Diebe wird (das Stück spielt in einer Zeit weit vor Simone de Beauvoir und Alice Schwarzer). Doch er verzichtet auf die häusliche Gewalt, geht lieber unter die Räuber und trifft damit nicht nur die poetischere Wahl, sondern auch die erfolgreichere: Zumindest die materiellen Bedürfnisse seiner Frau kann er nun umfassend befriedigen. Sie kann im Wettbewerb ums Mehr fortan bestehen – weil ihr Mann kriminell geworden ist. Das ist sicher keine empfehlenswerte Lösung des Problems. Doch sie dokumentiert plastisch, wie weit der Drang mitzuhalten manchen treiben kann. Zahlreiche Betrugsgeschichten variieren das gleiche Motiv. Nie ist das Geld dort Selbstzweck, fast immer das probate Mittel, das einem erlaubt, dazuzugehören. In den Bekenntnissen des Hochstaplers Felix Krull beschreibt Thomas Mann in immer neuen Episoden, wie Krull mit gestohlenem Geld vor allem die Freiheit verbindet, über seine eigentlichen Verhältnisse zu leben, das Pariser Nachtleben kennenzulernen und zu einer besseren Gesellschaft zu gehören.

Längst liefert die Wissenschaft zahlreiche plastische Beispiele und Daten für die Relativität des Einkommens. Für die Verhältnisse in Deutschland sei hier nur das sozioökonomische Panel erwähnt. Einmal im Jahr werden darin seit 1984 vom Deutschen Institut für Wirtschaftsforschung (DIW) 12 000 Haushalte befragt. Rede und Antwort stehen immer dieselben Familien. Sie erzählen von der Zusammensetzung des Haushaltes, reden über ihren Job, die Familienbiographie, ihre berufliche Mobilität, ihre Wohnung und ihre Sorgen. Das Panel hat auch genau beobachtet, wie sich Deutschland nach der Wiedervereinigung veränderte. So belegen die Beobachtungen eindeutig: Vor allem die Ostdeutschen, deren Haushaltseinkommen seit der Wende deutlich und mehr als im Durchschnitt gestiegen ist, denen es damit besser geht als den Nachbarn, äußern sich viel positiver über ihre Lebensumstände als der Rest.

»Wenn Menschen im Vergleich zu anderen reicher sind, fühlen sie sich glücklich.« So lautet die Schlussfolgerung des

Briten Layard. Wer einmal in verschiedenen Gegenden Deutschlands gewohnt hat, wird das sofort bestätigen. Mit 50 000 Euro Jahresgehalt kommt man in München nicht sehr weit, zumindest gehört man damit eindeutig nicht zur Schickeria aus Schwabing. In vielen Gegenden Mecklenburg-Vorpommerns hingegen lebt man mit diesem Einkommen sehr angenehm.

Diese Relativität von Reichtum war schon in den 1970er Jahren dem amerikanischen Ökonomen Richard Easterlin, einem der Pioniere der Glücksforschung, aufgefallen. Er hatte nicht nur untersucht, wie Menschen ihren Lebensstandard mit anderen vergleichen, sondern auch mit dem eigenen, früheren. Er wollte wissen, was das für Wirkungen auf ihr Wohlbefinden hat. Konkret hatte er US-Amerikaner über eine längere Zeit hinweg beobachtet und durch diese Langzeitstudien festgestellt, dass die Menschen im untersuchten Zeitraum trotz massiver Einkommenszuwächse nicht glücklicher geworden waren. In einem Interview mit der »Frankfurter Rundschau« erinnert er sich, dass ihm angesichts dieser Ergebnisse Zweifel kamen, ob der absolut messbare Wohlstand das entscheidende Kriterium (für mehr Glück) sein könne. Easterlin entwickelte daraufhin die Idee eines relativen Wohlstands: »Wichtig schien beispielsweise jungen Amerikanern nicht, wie viel sie tatsächlich in der Tasche hatten, sondern ob diese Summe den Erwartungen entsprach, die sie beim Aufwachsen in ihrer Familie entwickelt hatten. Davon machten sie unter anderem ihre Entscheidung für oder gegen eigene Kinder abhängig – von ihrem relativen Wohlstand, nicht dem absoluten, der sehr viel höher lag als der ihrer Eltern, als diese jung gewesen waren.«

Easterlin entdeckte so das »Happiness-Income-Paradox«, das besagt: Selbst wenn das Einkommen von Menschen steigt, fühlen sie sich kaum oder überhaupt nicht glücklicher als in der Vergangenheit. Das gilt übrigens für die Armen ebenso wie für die Reichen. Werden Menschen allerdings im Laufe der Zeit reicher als andere, verändern sie also ihre materielle Situation im Vergleich zum Rest der Gesellschaft, dann wächst ihre Zufriedenheit. Wichtiger als der über die Zeit hinweg absolut steigende Kontostand ist damit wieder das relative Vermögen, der Vergleich mit den anderen. Mehr im Portemonnaie zählt nicht, wenn es den gesellschaftlichen Status nicht verändert.

Sollte es tatsächlich egal sein, dass man vor 30 Jahren noch eine Kohleheizung im Wohnzimmer hatte und Fahrrad gefahren ist, heute aber über eine Zentralheizung, den eigenen Wagen und jede Menge anderen Komfort verfügt? Ganz offensichtlich ist das so – wenn es den anderen auch so geht. Das eigene Wohlbefinden steigt durch wachsenden Luxus offensichtlich kaum, wenn es den Nachbarn, den Freunden, der Gesellschaft im gleichen Maße besser geht. Was im Übrigen nicht heißt, dass auch der Umkehrschluss funktioniert und man morgen ebenso glücklich wieder Kohle schleppen und von Hand spülen würde, nur weil alle anderen es tun.

»Automatische Verschnöselung« nennt der Liedermacher und Schriftsteller Thommie Bayer das in seinem hübschen Roman über das Glück. Seine Hauptfigur Robert Allmann, ein mehr oder weniger arbeitsloser Musiker und Gelegenheitsschreiber, sitzt zum ersten Mal in seinem Leben in einem neuen BMW, genießt das ungewohnte Fahrgefühl noch in vollen Zügen und weiß doch schon instinktiv: »Jeder Luxus nutzt sich ab und wird zur Normalität. Nur am Anfang zeigt sich die Dimension des Besseren, irgendwann wird es zum Üblichen, die Steigerung verblasst und man vergisst, wie laut, lahm und lumpig sich das Reisen früher angefühlt hatte.«

Die meisten Leute sind weniger vorausschauend als Robert Allmann. Denn der Wert des eigenen steigenden Einkommens und seine Folgen, das davon erhoffte und durch neue Dinge erkaufte Glücksgefühl, wird von vielen Menschen immer wieder nachhaltig überschätzt: Sie halten es für viel dauerhafter, als es in Wirklichkeit ist. Studie um Studie, in denen Menschen wiederholt befragt wurden, belegen das. Die Vorfreude auf den Porsche ist enorm. Dann ist er da, und schon nach ein paar Wochen steigert er das Lebensgefühl nicht mehr. Es zeigt sich also auch in den Dingen: Geld hat zwar einen absoluten Wert – der ist jedoch in Bezug auf den menschlichen Gefühlshaushalt höchst relativ.

Der Wirtschaftswissenschaftler Mathias Binswanger hat das in seinem wunderbaren Buch über »Die Tretmühlen des Glücks« mit dem Beispiel einer Zuschauertribüne während eines Fußballspiels illustriert: Wenn einer aufsteht, kann er besser sehen als alle anderen. Stehen aber dann all die anderen Zuschauer ebenfalls auf, um das Spiel zu verfolgen, ist bald der Originalzustand mehr oder weniger wieder hergestellt – nur eben ein paar Zentimeter höher. Oder, um es anders zu sagen: Ganz offensichtlich werden wir als Gesellschaft durch wachsende Einkommen nicht mehr glücklicher, weil wir uns alle an die Verschnöselung gewöhnen, an die Zentralheizung, das Auto, den Computer. Weil wir den jährlichen Urlaubsflug in den Süden für unser gutes Recht halten. Und weil wir die neue Hose oder das siebte Paar Schuhe als notwendig empfinden – schließlich haben die meisten Freunde das alles auch. Die aber, die sich diese Dinge nicht leisten können, leiden weiter darunter, selbst wenn sie heute mit Harz IV rein objektiv mehr kaufen können als mit der Sozialhilfe vor 30 Jahren. Es bleibt eben trotzdem immer weniger, als die anderen haben.

Stopp: Wäre dies ein persönlicher Ratgeber, dann müssten als Konsequenz an dieser Stelle nun der alte Aristoteles und seine Kollegen überprüft werden. Hatten die nicht immer wieder von Askese, Maßhalten und Genügsamkeit gesprochen, eher postmaterialistische Werte gelobt und die Völlerei gegeißelt? Stattdessen behaupten die Glücksforscher nun: Zwar macht uns mehr Wohlstand nicht glücklicher, wenn alle über die Zeit hinweg mehr bekommen. Außerdem werden Gesellschaften ab einem bestimmten durchschnittlichen Einkommen nicht immer zufriedener, Wirtschaftswachstum verändert den Gefühlshaushalt einer Nation dann nicht mehr. Zugleich aber verkünden die Wissenschaftler: Reiche Gesellschaften fühlen sich besser als arme. Und auch innerhalb eines Landes sind die Reicheren glücklicher als die Ärmeren. Den einzelnen Menschen kann mehr Geld also durchaus zufriedener machen, solange die anderen vergleichsweise arm bleiben.

Mathias Binswanger, ein zurückhaltender, aber guter Erzähler, bringt seine Zuhörer bei seinen Vorträgen an diesem Punkt immer mit folgendem Satz zu Lächeln: »Wer behauptet, dass Geld nicht glücklich macht, war noch nicht bei uns in der Schweiz einkaufen.« Anders ausgedrückt: Es ist sicher angenehmer, reich, jung und gesund zu sein als arm, alt und krank. Wir mögen den Lustgewinn, der durch neue Güter entsteht, überschätzen. Trotzdem geht es in den meisten Gesellschaften den oberen Millionen nicht nur materiell eindeutig besser als dem Rest, sie sind auch zufriedener. Das zumindest legen die Antworten der Umfragen nah, denn in denen lassen sich ja regelmäßig deutliche Unterschiede bei der Lebenszufriedenheit feststellen.

Trotzdem würden auch die meisten modernen Glücksforscher dem alten Aristoteles nicht grundsätzlich widersprechen. Denn sie behaupten ja nicht etwa, dass die erste Million eine Garantie für Glück sei. Natürlich spielen fürs menschliche Wohlbefinden noch jede Menge anderer Faktoren eine Rolle; die Wissenschaftler relativieren die absoluten Aussagen und lassen individuelle Alternativen zu. Allerdings würden sie schon behaupten, dass in unserer heutigen Gesellschaft ein höheres Einkommen in der Regel einen höheren Status mit sich bringt und damit nicht die schlechteste Voraussetzung für ein zufriedeneres Leben ist. Jetzt aber sind wir am springenden Punkt all der Studien über das Geld und das Glück: Es geht dabei in Wirklichkeit gar nicht ums Geld und ums Glück und auch nur zum Teil um die Dinge, die wir uns mit unserem Einkommen leisten können. Entscheidend für unser Wohlbefinden ist der Status, den wir uns mit dem Gehalt erkaufen.

Status ist ein dehnbarer Begriff. Status kann durch Einkommen, aber natürlich auch durch andere Zeichen demonstriert werden, durch Aussehen, Bildung oder die Sprachmelodie. Status hängt also längst nicht nur mit Einkommen zusammen: Je unwichtiger in Gesellschaften die Tradition, Klasse, bürgerliche Werte oder altruistisches Verhalten sind und je mehr nur der persönliche Erfolg im Wettbewerb mit anderen und das am Markt erzielte Einkommen zählen, desto wichtiger wird allerdings Geld und damit auch sein sichtbarster Ausdruck, der Konsum, für den Status. Die USA sind dafür das beste Beispiel. Kaum eine andere Gesellschaft ist freundlicher zu denen, die es »schaffen«. Wer bezahlen kann, dem steht die Tür zu den besten Unis, zum Leben im richtigen Viertel in einem tollen Haus und zum Trinken im richtigen Club offen. Status lässt sich durch das entsprechende Einkommen leicht erkaufen, doch ohne Einkommen fällt man schnell und tief: Weg ist das Haus, weg die Krankenversicherung, fort die gute Schule für die Kinder.

Und deswegen behauptet so mancher Glücksforscher auch: Einer der Schlüssel für eine echte Politik des Glücks liegt im anderen Umgang mit dem Status.

MIT FLACHBILDSCHIRM IN DIE DEPRESSION:

Was der Status des Nachbarn
mit unserem Wohlbefinden zu tun hat

Tim Jackson ist ein schüchterner, schlanker Mann. In der Menge würde man ihn leicht übersehen, mit seinen grauen, langsam zurückweichenden Haaren und der feinen Brille, hinter der freundliche Augen lächeln. Doch wenn der Brite die Bühne betritt, dann steht da plötzlich ein anderer Mensch – einer, der für seine Botschaft lebt und sie dem Publikum auch noch mit einer anregenden Mischung aus Selbstironie und Überzeugungskraft vorträgt. Da versteht man sofort, warum der Mann ein bekannter Professor ist und in England zum gefragten Redner wurde.

»Ich werde über Wohlstand reden, über Wachstum und Glück«, beginnt er seine Vorträge gern, und das klingt dann in der Folge überhaupt kein bisschen pompös. Denn der Brite hebt nicht den Zeigefinger, er klagt nicht an, er ist kein Moralapostel. Stattdessen erklärt er Verhaltensweisen: Beispielsweise warum wir bestimmte Kleidung kaufen. Seit Jahrhunderten schon kleiden sich die Menschen, zumindest die etwas begüterten, nicht nur praktisch und warm. Die Pelzjacke, der Purpurmantel, der Seidenrock sollten zudem etwas ausdrücken, den Stand, das soziale Ansehen, die Religionszugehörigkeit oder auch das bewusste Anderssein. Das ist auch heute noch so. Nur warum brauchen wir dafür inzwischen sieben Paar Schuhe, 20 T-Shirts und jedes Frühjahr anders geschnittene Hosen? Die Lacher hat Jackson spätestens auf seiner Seite, wenn er das so begründet: »Wir bringen in unserem Wirtschaftssystem heute Menschen dazu, Geld auszugeben, das sie nicht haben, für Dinge, die sie nicht brauchen. Um damit Eindruck zu schinden, der kaum anhält. Auf Menschen, die ihnen eigentlich egal sind.«

Einst ging der Mensch jagen – heute geht er einkaufen: Auf diesen Nenner brachte der »Spiegel« im April 2011 einen Text über die »Weltreligion Shoppen«. Rund 6000 Werbebotschaften prasseln, so fanden die Autoren heraus, täglich auf den Durchschnittsdeutschen ein, und alle sagen: »Kauft mich!« Bei jeder Fahrt in ein Stadtzentrum locken die bunten Verführungen: Der Pulli im Sonderangebot auf dem Wühltisch von C & A, die zarte Schokolode bei Karstadt, die Rose bei Blume2000. Ob Adidas, BMW oder Vodafone: Mit ihren Produkten buhlen sie um unsere Aufmerksamkeit, ständig. Produzenten und Handel beschäftigen Markenberater, Neurologen und Konsumforscher, um überhaupt noch zu uns durchzudringen. Sie erfinden Gerüche, experimentieren mit Farben und Symbolen. Sie versuchen, ihre Dinge besonders billig, extrem wertvoll oder einfach nur anders aussehen zu lassen. Sie verändern die Größe von Einkaufswagen, bauen Regale um und legen die Schokolade immer mal wieder woanders hin. Dabei nutzen sie uraltes menschliches Verhalten.

»Wir lieben neue Dinge«, sagt Jackson und findet das soweit eigentlich auch noch ganz normal. Das sei sogar eine anthropologische Konstante. Immer schon und in vielen Kulturen nachweisbar hätten Menschen Neues interessant gefunden und dann auch besitzen wollen. »Wir alle sprechen durch unseren Besitz – über unsere Hoffnungen, darüber, wer wir sein wollen. Wir wollen zwar nicht genauso aussehen, wie alle anderen. Aber wir wollen ähnlich sein und akzeptiert werden. Man will reinpassen.« Jackson hat für seine These auch ganz praktische Beispiele: Natürlich wolle keine Frau mit genau dem Kleid zur Hochzeit gehen, das andere Frauen auch tragen. Doch es sollte in der Regel schon zum Stil des besonderen Ereignisses passen. Individualität und Zugehörigkeit zugleich, das sei das typische Verlangen: »Mit Dingen oder damit auch mit dem Konsum will jeder seine Geschichte erzählen. Man setzt symbolische Zeichen, es gibt eine Sprache der Dinge.« Jeder kennt seine Statussymbole und weiß instinktiv um den Fetisch-Charakter mancher Sachen.

Jackson sagt es nicht, doch natürlich schwingt bei all seinen Reden mit: Wir sind eben bei allem Individualismus soziale Wesen – und das drückt sich eben auch in unseren Konsumgewohnheiten aus. Der Soziologe Ralf Dahrendorf hat einst vom Homo sociologicus gesprochen. Der sei abhängig von jeder Menge Normen, von Erwartungen und von sozialen Sanktionen anderer. Entsprechend mache er ständig Kompromisse mit der »ärgerlichen Gesellschaft«, in und mit der er ja leben will und muss. Auch der Besitz bestimmter Dinge spielt hierbei eine wichtige Rolle, die Zugehörigkeit oder die Abgrenzung, die sie ausdrücken.

Am leichtesten lässt sich das in Teenagergruppen beobachten: Da tragen nicht selten gute Freundinnen die gleichen Jacken, Jungen aus einer Gruppe haben ähnliche Turnschuhe, Jeans und Handys. Dazuzugehören ist immer wichtig, aber in dem Alter offensichtlich noch etwas mehr, oder es muss zumindest besonders deutlich und symbolisch gezeigt werden: Indem sich alle piercen, plötzlich ein Tattoo tragen oder die Haare auf ganz besondere Art färben, schneiden, plätten oder kräuseln. »Nur Nerds ist es egal, was sie anhaben.« Eine sechzehnjährige Berliner Schülerin sagte das im Frühjahr 2011 einer Reporterin der »Frankfurter Allgemeinen Sonntagszeitung«, mit abfälligem Unterton. Sie selbst legt höchsten Wert auf ihre Kleidung, erkennt bei anderen Jugendlichen häufig schon auf den ersten Blick, ob sie von einer prestigeträchtigen Schule aus den reichen Vierteln der Stadt, aus Dahlem und Zehlendorf, kommen oder eher aus dem armen Neukölln.

Abgrenzung, Zugehörigkeit, Familie, Gruppe, Freundschaft, Musikvorlieben, Lebensweisen – all das erzählen wir mit den Dingen, die uns umgeben und durch die Kleider, die wir tragen. Damit aber bekommt das Einkommen, mit dem der Konsum finanziert wird, eine Bedeutung, die weit über die pure Befriedigung individueller und völlig selbst bestimmter Bedürfnisse hinausreicht. Nur wer etwas Bestimmtes trägt, kann dazugehören. Das setzt wiederum ein gewisses Einkommen voraus: Nur wer genug Geld verdient, kann dazugehören. Das ist zwar schon eine Weile so. Doch es wird heute immer problematischer, weil der Wettbewerb um die Statussymbole irgendwann aus dem Ruder gelaufen ist.

Ein ungeheures Tempo bekam die Entwicklung mit dem Ende des Zweiten Weltkriegs. Damals hatten die USA zugleich unglaubliche Überkapazitäten in der Industrie und eine große Zahl unterbeschäftigter Arbeiter. Und so begann die Blütezeit der Werbeindustrie, sie verwandelten das Kaufen endgültig von der Notwendigkeit und dem (für die meisten Menschen vergleichsweise begrenzten) Vergnügen zum permanenten Begleiter des Alltags und zum unverzichtbaren Teil der modernen Kultur. »Unsere enorme Produktivität verlangt, dass wir den Kauf und den Gebrauch neuer Dinge zu Ritualen machen und unsere Egos durch Konsum befriedigen. Immer schneller müssen wir Dinge konsumieren, ersetzten und wegwerfen. Status und Individualität drücken sich heute durch das aus, was jemand trägt, fährt, isst, durch sein Haus, sein Auto und welche Hobbys er sich leistet«, schrieb bereits 1955 der amerikanische Verkaufsspezialist Victor Lebow. Das Erbe dieses Verhaltens und zugleich sein

Antreiber ist heute eine Milliarden schwere Werbeindustrie, die nichts anderes zu tun hat, als uns zu erzählen, dass wir Neues brauchen und warum wir mit dem Alten unzufrieden sein sollten. Die Folgen beschreibt der kanadische Ökonom William Rees so: »Da diese Industrie vor allem das Unbewusste anspricht, die Hoffnungen und Ängste, ist den meisten Menschen nicht einmal klar, dass wir in einer Gesellschaft leben, die mehr manipuliert worden ist als irgendeine andere je zuvor. Wir haben uns auf das Dasein als Konsument reduziert.«

Harte Worte. Vielleicht kommen sie jemandem, der in der Nachbarschaft der USA und damit der Heimat der extra großen Shopping-Malls lebt, besonders leicht über die Lippen. Doch so manches von dem, was Rees für die USA diagnostiziert, gilt auch hierzulande. »Adam Smith hat einst von einem Leben ohne Scham gesprochen, das die meisten Menschen sich wünschen«, erzählt der Brite Tim Jackson gern. »Ohne Scham« hieß damals, ein sauberes Hemd zu tragen. Heute gehörte dazu ungleich viel mehr. Heute hat ein Mitteleuropäer durchschnittlich 10 000 Dinge und ist nicht glücklicher als ein Brasilianer, der durchschnittlich 100 Dinge besitzt. Heute kostet eine anständige Hochzeit in den USA durchschnittlich 22 000 Dollar, die Branche setzt jährlich etwa 60 Milliarden Dollar um. Heute wechseln die angesagten Modeketten ihre Kollektionen nicht mehr nur zweimal im Jahr, sondern alle paar Wochen. Und wir wollen dabei sein. Oder warum beschäftigen sich Millionen von Frauen damit, über die richtige Länge ihrer Röcke nachzusinnen? Warum brauchen Millionen Männer immer schnellere, schwerere Autos? Oder anders gefragt: Warum treibt das Rennen um den Status immer buntere Blüten – und das ausgerechnet in einer Welt, in der bekanntlich die Ressourcen endlich sind und wir doch längst wissen, dass wir alle zusammen über unsere Ver-

hältnisse leben, dass die Erde uns auf dem jetzigen Konsum-
niveau nicht mehr allzu lange ertragen wird?

Die Erklärung ist so banal wie erschreckend: Weil es
noch geht, und zwar für mehr Menschen als je zuvor in der
Geschichte. Und weil das Leben ein dynamischer Prozess ist
und es uns in der Regel nicht reicht, mit denselben, alten Statussymbolen zu winken. Wenn wir mithalten wollen, bei
dem, was alle anderen tun, muss schon bald wieder eine neu-
ere Wagenklasse her, die Kleider werden unmodern, die Sitz-
garnitur auch. Kurz: Das Neue bleibt nicht neu, es langweilt
uns, damit lässt sich bald schon kein Eindruck mehr schinden. Als Resultat, so hat der Umweltexperte Jim Motvalli
einmal ausgerechnet, hat die Menschheit zwischen 1950 (als
das Werbefernsehen begann) und der Mitte der 1990er Jahre
mehr Dinge konsumiert als alle Generationen zuvor.

Was das konkret heißt? Amerikaner erheben gerne Statistiken, deswegen kommt auch die folgende aus den USA.
Dort hat die Soziologin Juliet Schor ausgerechnet, dass im
Durchschnitt jeder Amerikaner alle fünf Tage ein neues Kleidungsstück kauft. Das sind im Jahr mehr als 60 neue Dinge,
allein zum Anziehen. Auch hierzulande ist ein T-Shirt längst
billiger als ein Kinobesuch, und auch hier ist der Verkauf von
Textilien rapide gestiegen. Zwar hat sich das Ausmisten von
Wohnungen anders als in den USA noch nicht zu einem blühenden Geschäftsfeld entwickelt, und auch das Anmieten
von Stauraum ist noch nicht so populär wie auf der anderen
Seite des Atlantiks, wo Trends oft buntere und extremere
Blüten treiben. Doch allein mit dem Hausmüll der Deutschen ließe sich jedes Jahr ein Berg in der Höhe des Mont
Blanc auftürmen. Auch uns treibt das »materiality paradox«
um, wie Schor dieses Phänomen nennt. Denn auch in
Deutschland kaufen Konsumenten eben nicht Kleidung, weil
sie etwas zum Anziehen brauchen. Auch hier kaufen sie Zei-

chen der Flüchtigkeit, der Unrast und der Hoffnung auf Neues. Immer schneller aber, so warnt die Soziologin, käme die Enttäuschung.

Mit gutem Grund: Schließlich holen die anderen auf. Schnell haben die teuren kleinen Accessoires, die feinen Unterschiede, mit denen wir unsere Besonderheit so delikat demonstrieren, nichts Besonderes mehr. In diesem Jahr erkennt der Experte die besondere Jeans für 300 Euro an einem bisschen Strass, im nächsten Jahr muss es stattdessen die besondere Naht oder das gewisse Label am Bund sein. Sicher ist jedenfalls: Statussymbole werden immer schneller kopiert, billiger produziert, und schon besitzen andere sie auch.

Die wirklich Wohlhabenden mögen in diesem Wettbewerb nur schwer einzuholen sein. Die Rockefellers, die Königin von England oder Mark Zuckerberg können sich wahrscheinlich zurücklehnen. Doch all die anderen müssen sich täglich weiter anstrengen – um den Status zu halten und ihn zu demonstrieren. Da geht es dann bei den Reicheren nicht mehr um den Flachbildschirm, sondern um den besonderen Schläger für den Golfclub am Wannsee oder die Segeljacht am Mittelmeer, den Immendorff an der Wand oder den Kindergarten in Upper Manhattan. Das mag mehr kosten als der iPod, das Einfamilienhaus oder der Geländewagen der Mittelschicht. Am Ende ist der Effekt trotzdem der gleiche, auch die Reichen stecken in der Tretmühle des Glücks. Auch sie jagen der Lebenszufriedenheit hinterher, indem sie immer mehr konsumieren und immer mehr wegwerfen – nur eben auf höherem Niveau.

Überlegen Sie kurz: Was von den Dingen, die Sie in den vergangenen vier Wochen gekauft haben, haben Sie wirklich gebraucht? Was hat kurz Freude gemacht, um dann im Schrank zu verschwinden? Was wurde gekauft, um dazuzugehören? Wann wurden das umweltbewusste Über-Ich und das genügsame Gewissen vor dem Sonderangebot wieder mal ganz leise? Und wann konnten Sie es mit ein bisschen Ironie ganz einfach zum Schweigen bringen? Liz Lemon, die Hauptfigur in der amerikanischen Comedy-Serie »30 Rock« macht es so. Sie sagt in dem unglaublich hippen Laden in New York zu ihrer Freundin: »Ich habe diese fünf Jeans gekauft, weil sie öko sind und fair gehandelt. Denn damit kann ich wieder gutmachen, dass ich geboren wurde und auch meine vielen heißen Duschen, die bestimmt das Klima ruinieren. Außerdem macht sie einen schönen Hintern!« Wer durch eines der modernen Einkaufscenter schlendern kann, ohne eine Tüte zu tragen, nur so zur Unterhaltung und ohne alte oder gerade geweckte neue Wünsche, der muss schon sehr autonom sein.

Überhaupt die Einkaufszentren: Sie zeigen ganz plastisch, wie der moderne Konsum die Städte verändert, damit die dann wiederum den Konsum steigern. Fast hundert Shoppingcenter gibt es heute in Deutschland. Nehmen wir beispielsweise das in Hamburg-Harburg. Dort war die Lüneburger Straße einst eine ganz lebendige Einkaufsstraße. Heute stehen viele Geschäfte leer, geblieben sind nur ein paar Ramschläden. Denn nicht weit entfernt hat das Phönix-Center geöffnet, eine der typischen Shopping Malls, wie sie inzwischen auch hierzulande in den mittleren und kleinen Städten gebaut werden, eine reine Einkaufsstadt, die die Käuferströme aufsaugt. Man kann das bedauern, weil nun die Filialen von Handelsketten die alten Geschäfte ersetzt haben. Doch entscheidender ist ein anderer Punkt. Im Center geht es nur um eines: ums Kaufen.

Silvia Bovenschen lässt ihre Romanfigur Georg Laub durch einen solchen Ort streifen, und der drückt im Selbstgespräch die ganze Trostlosigkeit aus: »Ich hätte mich gerne gesetzt und eine Zigarette geraucht. Weit und breit keine

Bank. Irgendjemand hat mir einmal erzählt, dass das Methode habe. Die Menschen der Stadt und ihre Besucher sollten nicht auf Bänken herumsitzen, sie sollten in Cafés, Restaurants und Geschäfte gehen und ordentlich konsumieren. Der Boden unter ihren Füßen gehörte ihnen nicht mehr, war längst schon verkauft, so wie ihr Wasser, ihr Strom und ihre Verkehrsmittel. Und noch mal frage ich mich, was ich hier zu suchen hatte. Ich stand etwa fünf Minuten unentschlossen vor einem der abweisenden Hochbauten: blinkender Stahl und blickabweisendes Glas, vermutlich von einem berühmten Architekten phantasiearm ineinander gepresst. Ebenerdig befanden sich teure Läden ...«

»Mit unserem traditionellen Bild einer europäischen Stadt hat das überhaupt nichts mehr zu tun«, sagt der Stadtsoziologe Gert Kähler dem NDR. Ins Zentrum der klassischen Stadt gehen die Bürger in Europa seit dem Mittelalter zwar auch, um zu kaufen. Aber die Betonung liegt auf dem »auch«, daneben war vieles andere möglich. »Ich geh' in die Stadt«, konnte vieles heißen: Ein Bier mit Freunden, ein Einkauf, ein Theaterbesuch oder auch nur ein Spaziergang. »Ich gehe ins Einkaufszentrum« bedeutet nur eines: einkaufen. Meist verbieten lange Hausordnungen in diesen privaten Räumen das Herumstromern, das Demonstrieren und alles, was sonst noch stören könnte. Es geht ja nur um eines, um das ungestörte Einkaufserlebnis. Das wird durch Kameras überwacht und geschützt. Aber auch nur das. Und wenn dann Abend ist und die Einkaufszeit vorüber, werden die Türen geschlossen. Dann steht dort in der Landschaft ein abweisendes, von außen meist ziemlich hässliches Gebilde. Um drinnen dabei zu sein, muss man Geld haben.

Für viele Menschen führt das Mitmachen-Wollen dazu, dass sie länger arbeiten, als es eigentlich nötig wäre (was wäre eigentlich nötig?). Der öffentliche Diskurs, Deutschland müsse noch wettbewerbsfähiger werden, ergo länger arbeiten und härter, weil sonst der Chinese gewinnt (was eigentlich?), spiegelt sich längst auch im Privaten ab: Wer würde es wagen, im Zweifel den besser bezahlten Job abzulehnen – weil er mit mehr Stress, weniger Autonomie verbunden ist und man das Geld gar nicht braucht? Solch einen Gedanken dürfen sich am ehesten noch Frauen mit Kindern erlauben. »Weniger arbeiten und sparsamer konsumieren, kann man sich leicht individuell vornehmen, aber dem sozialen Druck, der dem entgegensteht, ist nur schwer standzuhalten«, schreiben die beiden Glücksforscher Amitava Dutt und Benjamin Radcliff von der University of Notre Dame (Indiana/USA). Und der deutsche Soziologe Harald Welzer vom Kulturwissenschaftlichen Institut Essen spricht sogar von der »Leitkultur der Verschwendung und der Verantwortungslosigkeit«, mit der man sich schon einverstanden erkläre, wenn man morgens mit dem Auto zur Arbeit fährt – auch weil man ja gar nicht wisse, wo »zum Teufel« man landen würde, wenn man aus all dem ausstiege. Und was heißt Ausstieg denn auch in einer globalen Marktwirtschaft?

So erklärt sich dann wohl auch der leidige Nebeneffekt unserer Wettbewerbsgesellschaft, der sich dann in den Glücksrankings niederschlägt: Trotz allem Luxus stagniert die Lebenszufriedenheit. Oder, anders gesagt: Der Statusstress frisst sich durch, quer durch die Gesellschaft und das mit fatalen Folgen. Immer mehr Leute legen sich krumm, arbeiten unter immer mehr Druck, um mitzuhalten. Immer mehr stecken in der Spirale aus Konsum und Stress.

Langsamer zu werden geht nicht, aussteigen wollen und können die meisten nicht. »Mit dem Reichtum kommt die Freiheit, die Zeit mit denen zu verbringen, die einem am Herzen liegen«, behauptet die Barclays Bank in einer ganzseitigen Anzeige in der »Financial Times«, der rosafarbenen

Zeitung für gestresste Manager, und bietet dann an: »Wir helfen Ihnen dabei. Denn es gibt nichts Wertvolleres als Zeit.« Was für eine hübsche Verdrehung der Realität, ist doch für die in den Chefetagen Teilzeit immer noch ein Schimpfwort und Freizeit ein seltener Luxus. Passenderweise sieht man im Hintergrund der Barclay-Anzeige einen Palmenstrand, der darauf hindeutet, dass es wohl doch eher um den Kurzurlaub in der Karibik geht, um möglichst schnellen, kostspieligen Konsum mit dem Blackberry in Reichweite. Und dann rasch zurück ins Büro.

Die Folgen dieses gehetzten Lebensstils kann man messen: An der steigenden Zahl der Depressiven, der Alkoholabhängigen, der Kranken. Neudeutsch heißt die Diagnose immer häufiger »Burn-Out«; früher sprach man vom Erschöpfungssyndrom. »Der erschöpfte Mensch ersetzt den gebrechlichen«, schreibt der »Spiegel«. Die Weltgesundheitsorganisation WHO warnt, dass der berufliche Stress »zu einer der Gefahren für das 21. Jahrhundert« wird. Da die kühlen UN-Beamten in der Regel nicht zu kühnen, schlagzeilenträchtigen Zuspitzungen neigen, bedeutet das: Alarmstufe Rot. Kein Wunder, dass Burn-Out inzwischen zum Titelthema von Zeitschriften wird und immer mehr junge Menschen schon in den besten Jahren das Gefühl haben, sie seien ausgelaugt, überarbeitet, am Ende. Die Studie »Was ist gute Arbeit« kommt zu dem Ergebnis, dass von den 5000 Befragten ein Viertel massiv unter Zeitdruck und Stress leidet und nicht glaubt, bis zur Rente gesund zu bleiben. Zwei Drittel der Befragten fürchten immer mal wieder die Kündigung. Der Kabarettist Alfons beschreibt die Lage so: »Wenn die Menschheit in 2000 Jahren einmal auf uns zurückblickt, wird sie sagen: Erst kam die Steinzeit, dann die Eisenzeit, dann die Bronzezeit und dann die Keine-Zeit.« Die »Arbeitssucht« ist die Schwester des Burn-Out, denn mit ihr begegnen immer mehr Angestellte der Furcht vor dem Arbeitsplatzverlust und dem gesellschaftlichen Abstieg. Damit ist der Teufelskreis perfekt: Wer immer mehr arbeitet, laugt sich immer schneller aus, hat immer weniger Energie für Freunde und Freizeit und arbeitet auch deswegen immer mehr. Bis zum Zusammenbruch.

Viele der Studien, die dies belegen, kommen aus den forschungs- und statistikfreudigen USA. Dort hat das Einkommen eine noch viel existentiellere Bedeutung für den Status als in Europa. Das ist in Deutschland noch anders, man kann also manche Studienergebnisse nicht platt übertragen. Doch in Großstädten wie München oder Düsseldorf ist der Trend unverkennbar: Auch dort wird das Einkommen immer wichtiger für den Status und die Lebenschancen. Die Mieten in den reichen Vororten vieler Großstädte steigen überproportional, dort sind die Schulen besser und die Straßen sicherer. Immer mehr Kinder gehen auf Privatschulen, die sich nicht jeder leisten kann. Auch bei den stressbedingten Krankheiten holen wir auf. Und die ersten Kopien der »gated communities«, der Wohnviertel, die sich mit Zaun und privatem Wachdienst gegen die Außenwelt abgrenzen, gibt es hierzulande auch schon.

Die Deutschen schlucken inzwischen doppelt so viele Antidepressiva wie noch vor zehn Jahren. Laut DAK-Gesundheitsreport sind die Krankentage wegen psychischer Leiden 2010 so stark gestiegen wie noch nie – und haben einen Rekordstand erreicht. Immer mehr Berufstätige in Deutschland fallen wegen psychischer Erkrankungen am Arbeitsplatz aus. Allein 5,2 Milliarden Euro mussten die Krankenkassen im Jahr 2008 für die Behandlung der müden Kranken ausgeben. Über drei Prozent der Männer und über vier Prozent der Frauen litten an einer schweren Form der Depression. Über zehn Prozent der jungen Leute zwischen

15 und 29 Jahren haben heutzutage Schmerzen oder andere körperliche Probleme ohne organische Ursache, oft begleitet von Depressionen. Und selbst Kinder kommen deswegen immer häufiger in die Arztpraxen. In einer Welt, in der alles möglich scheint, zugleich aber immer mehr erwartet wird, bedrückt auch die Kleinsten schon der Stress. So prophezeit der Gesundheitsbericht der Bundesregierung, dass die Krankheitsbelastung durch depressive Erkrankungen weiter steigen wird.

Düsteres Land, düstere Zukunft? Das alles sind Trends, und natürlich gibt es Millionen Menschen, die sich anders verhalten – die Menschheit ist glücklicherweise bunt und wunderbar. Es gibt Konsumverweigerer, anderen sind gesellschaftlicher Status und Karriere egal, manchen sogar die Sicherheit, die ein Einkommen bringt. Einige arbeiten viel, weil es sie wirklich befriedigt, weil sie in ihrem Tun aufgehen. Andere werden zufrieden, indem sie Yoga machen, durch den Glauben zu anderen Werten finden, weil sie in ihrer Familie aufgehen und das Materielle dann nur noch als angenehme Nebensache ihres Lebens betrachten. Es existieren also unzählige Möglichkeiten, zu leben und das Glück zu finden. Je weniger materialistisch der Einzelne eingestellt ist, desto stärker können diese anderen Glücksfaktoren übrigens wirken. Je weniger wichtig Geld und Status sind, desto offener ist der Sinn für ein Verhalten, in dem nicht das Maximum das Optimum ist; eine Haltung, die übrigens nicht selten durch den Glauben unterstützt wird.

»Es gibt wohl keine Religion, aus welcher sich die Nachhaltigkeitsforderung nicht ziemlich unmittelbar ableiten ließe«, sagt Ernst Ulrich von Weizsäcker, der ehemalige Präsident des Wuppertal Institutes für Klima, Umwelt und Energie. Man kann das sogar so konkret machen wie Kardinal Reinhard Marx, der den Ausstieg aus der Atomenergie

mit dem »rechten Maß« begründet und die Deutschen auf-
fordert: »Es geht letztlich um den Unterschied zwischen
Schöpfer und Geschöpf. Wenn wir meinen, diese Grenze
überschreiten zu können, dann führt das zu einem Menschenbild, das für mich nicht akzeptabel ist. Wenn wir die
unkalkulierbaren Risiken der Atomtechnik vielen Unbetei-
ligten über Generationen hinweg zumuten, dann haben wir
das rechte Maß verloren.« Letztlich, so sagt der Kardinal in
der »Frankfurter Allgemeinen Zeitung«, ginge es immer
»auch darum, wie wir leben wollen. Unsere Lebensstile müssen sich ändern zugunsten klimaverträglicher und Ressourcen sparender Wohlstandsmodelle.«

Der Brite Tim Jackson, der mit seinen Thesen nun schon
seit Monaten durch Europa tourt und dabei immer populärer wird, ist deswegen auch gar nicht so pessimistisch: Der
Mensch sei doch mehr als ein Homo oeconomicus. Wir
müssten nur diese anderen Seiten in uns wieder mehr zum
Klingen bringen. Ganz offensichtlich trifft seine Warnung
davor, dass sich die Welt langsam in ein großes Einkaufszentrum mit riesiger Müllhalde verwandelt, einen Nerv. Als er
im Frühjahr 2011 in der Heinrich-Böll-Stiftung in Berlin auf-
trat, fasste der größte Versammlungsraum des Gebäudes die
vielen hundert Zuhörer nicht. Selbst Jackson staunte. Zwei
Jahre zuvor wurde er nach einem Vortrag vor einer Handvoll
Mitarbeiter des britischen Finanzministeriums noch gewarnt: Mit seinen »Zurück-in-die-Steinzeithöhle-Thesen«
werde er wohl kaum jemanden hinter dem Ofen hervorlo-
cken. Wie man sich täuschen kann.

Dennoch, Jackson und seine Ideen für die Zukunft sind
natürlich noch ein Minderheitenprogramm. Zurzeit gilt für
immer mehr Menschen in den entwickelten Gesellschaften
(in denen der Status eben stark durch Einkommen ausgedrückt wird): Sie müssen immer mehr haben, um etwas zu

sein. Ich konsumiere, also bin ich! Das führt bei immer mehr Menschen ganz offensichtlich zu Statusstress und einer immer schnelleren Gewöhnung ans Immer-Mehr, inklusive der darauf folgenden Enttäuschung. Und das macht immer mehr Menschen, bis tief in die Mittelschicht hinein, das Leben unnötig schwer. Der Psychologe Oliver James hat das einmal wie eine Infektionskrankheit beschrieben: Der Wunsch, Besitz anzuhäufen, berühmt zu werden oder vor anderen mit seinem Eigentum zu protzen, wächst mit der Ungleichheit in einer Gesellschaft. Das Luxusfieber ist offensichtlich ansteckend.

ÜBER GLÜCK UND GERECHTIGKEIT:
Zu viel Ungleichheit schadet allen – sogar den Reichen

»Wir sind unglaublich entspannt, wenn Leute stinkreich werden.« Peter Mandelson, der wichtigste Stratege der britischen Labourpartei unter Tony Blair, machte mit diesem Satz einst Schlagzeilen – und brachte doch nur den Zeitgeist zum Ausdruck. Damals, zu Beginn des neuen Jahrtausends, waren Ungleichheit und explodierender Reichtum nicht nur für die Parteichefs der britischen Sozialdemokraten akzeptabel. Sie galten überall als notwendige Bedingung für dynamische Gesellschaften. Es war die Zeit, in der die Börse boomte und die jungen Broker, nach einem erfolgreichen Handelstag in der City of London, an einem Abend Tausende Pfund für Champagner, Wein und Kaviar springen ließen. Die Globalisierung schleifte immer mehr Grenzen, zumindest für das Kapital und die mobilen Eliten, und die Regierungen fanden sich in einer bis dato ganz unbekannt heftigen Konkurrenzsituation wieder – gegeneinander.

Eine Chance als attraktiver Standort im globalen Markt, so der herrschende Glaube, hat auf Dauer nur noch das Land, das niedrige Steuern bietet, dazu flexible Arbeitsmärkte und möglichst wenig staatliche Regeln fürs Kapital. Und so entstand ein ruinöser Wettbewerb der Länder gegeneinander um die niedrigsten Körperschaftssteuern, die geringsten Abgaben und die schnellste Privatisierung. »Die Gesellschaft entscheidet über die Umwandlung ihrer Bedürfnisse in Märkte«, sagte der spätere Bundeskanzler Gerhard

Schröder 1997 dem »Spiegel«. Und die rot-grüne Regierungs-koalition senkte deswegen dann auch die Unternehmenssteu-ern, den Spitzensatz der Einkommenssteuer und setzte die Harz IV-Gesetze durch. Es gebe keine »rechte oder linke Wirtschaftspolitik, sondern nur moderne oder unmoderne«, verteidigte Schröder das alles. Und in einem gemeinsamen Papier begründeten die Sozialdemokraten Schröder und Blair ihre Politik so: »In der Vergangenheit wurde die Förderung der sozialen Gerechtigkeit manchmal mit der Forderung nach Gleichheit im Ergebnis verwechselt.«

Gleichheit. Kaum ein Wort war im politischen Diskurs jener Tage verpönter. Zu sehr erinnerte das an grauen So-zialismus, Städte ohne Farbe, Plattenbauten und Gleichma-cherei. Das klang nach Ersticken von Eigeninitiative, danach, dass sich Arbeit nicht lohnt und die soziale Hängematte ein-fach zu bequem geworden war. Aus dem stolzen Appell der Französischen Revolution, dem Ruf nach »Freiheit, Gleich-heit, Brüderlichkeit«, wurde die Mitte des Dreiklangs getilgt; bestenfalls über »Chancengleichheit« durften moderate Linke und Grüne noch reden. Der herrschende Diskurs drehte sich um die Ich-AGs und darüber, warum mehr Un-gleichheit gut für eine Gesellschaft sei. Prompt wurden die meisten Länder der Welt in den vergangenen zwei Jahrzehn-ten denn auch ungleicher.

Der Leiter des gewerkschaftsnahen Instituts für Makro-ökonomie und Konjunkturforschung Gustav Horn wettert in seinem Buch »Des Reichtums fette Beute« über den lin-ken Neoliberalismus. Deutschland sei so »zum Mutterland der Ungleichheit geworden«. Und nicht nur linke Ökono-men sehen das inzwischen so. Auch nach Ansicht von wirt-schaftsfreundlichen und regierungsfinanzierten Institutionen wie der in Paris ansässigen OECD (Organisation für wirt-schaftliche Zusammenarbeit und Entwicklung) schneiden

Deutschland und die USA besonders schlecht ab, wenn es um die Verteilung von Wohlstand geht. »In beiden Ländern haben die Armen kaum etwas dazubekommen«, sagt Mark Pearson, der für die OECD eine große Studie über Verteilungsgerechtigkeit organisiert hat. In beiden Ländern ist noch etwas anderes auffällig: Die Reichen stehen auch im Vergleich zur Mittelschicht heute viel besser da. Das Wachstum der vergangenen Jahre kam vor allem ihnen zugute.

Der FDP-Generalsekretär Christian Lindner findet das wahrscheinlich im Großen und Ganzen richtig. Er sagt es nur ein bisschen anders, redet von »mehr Netto vom Brutto« – was im Kern jedoch auch nichts anderes bedeutet als: Die, die mehr verdienen, sollen mehr davon behalten. Die, die viel verdienen, noch mehr. In einem Beitrag für den Berliner »Tagesspiegel« erklärt er den Beweggrund für diese Forderung. Für ihn sei die »Ungleichheit die Hefe im Teig der Marktgesellschaft«. Denn »der Liberalismus unterscheidet sich von der Philosophie der Gleichheit dadurch, dass er Ungleichheit nicht bedauert, sondern als Preis der Freiheit akzeptiert«. Deswegen soll die FDP auch vor allem dafür sorgen, dass »Schweiß und Tränen durch sozialen Aufstieg belohnt werden«. Dabei dürfe es »keine Deckenbegrenzung« geben. Kein Wunder, dass der Mann die »ungebrochene Attraktivität der USA als Einwanderungsland mit hoher sozialer Ungleichheit« preist.

Materielle Ungleichheit als Preis der Freiheit? Eine Marktgesellschaft – statt Markt als ein Teil der Gesellschaft? Natürlich kann man mit dem britischen Philosophen Thomas Hobbes argumentieren, dass Gewinnstreben, Konkurrenz und Egoismus so alt sind wie der Mensch selbst. Der Mensch ist und bleibt des Menschen Wolf. Man könnte sogar sagen: Gut, dass die Menschheit glücklicherweise so ist, wie sie ist, geprägt von ihrer Suche nach Neuem, Besserem und Mehr. Das erst hat uns die Waschmaschine gebracht und die Impfstoffe, das Flugzeug und die Wärmflasche, die Musik, die Bildende Kunst, die Kultur, die Moderne, den Fortschritt. Der Soziologe Gerhard Schulze spricht deswegen von der »Normalität der Transformation«, die uns längst in Fleisch und Blut übergegangen ist. Man könnte auch sagen, der Wunsch nach Neuem, nach Besonderem, nach Konkurrenz und Wandel gehört heute zu unserer Welt wie wir selbst, und alle politischen Versuche, das zu unterdrücken, sind jämmerlich gescheitert. Nur darum geht es doch längst nicht mehr.

Heute leiden wir vielmehr unter der Absurdität, dass die Sehnsucht nach Neuem viel zu oft auf den Wunsch nach Mehr reduziert wird. Und den kann heutzutage in fast allen Gesellschaften ein Teil der Bürger über den Markt so ungezügelt befriedigen, wie noch nie zuvor in der Menschheitsgeschichte. Zockende Banker, Steuern hinterziehende Manager, betrügerische Unternehmer: Man muss sich nicht einmal an diese Klischees erinnern, die sich in den letzten Jahren erschreckend bewahrheitet haben, um zu konstatieren: Das Recht, möglichst viel Geld auf egal welche Weise zusammenzuraffen, bieten längst nicht mehr nur die USA. Auch hierzulande ist die Schere zwischen Arm und Reich in den vergangenen Jahren immer weiter aufgegangen – auch hier gibt es immer mehr Superreiche, viele davon sind es sogar ganz legal: Wir wollen das so.

Egal ob bei uns oder in den USA, in Russland oder China – ganz offensichtlich blüht und gedeiht die ökonomische Freiheit wie selten zuvor, abschaffen will sie heute fast niemand mehr. Bedroht ist etwas anderes. Die entscheidenden Fragen sind heute vielmehr: Wie viel und welchen Markt kann sich eine Gesellschaft erlauben? Wie viele Gegensätze kann sie zulassen? Wann zerstört die ökonomische Freiheit einiger der Gemeinsamkeit, der Zugehörigkeit, der Gerechtigkeit sowie das Glück der Mehrheit? Welche sozialen Normen muss der Staat vor dem globalen Kapitalismus schützen, damit er nicht zerbricht – und welche nicht?

Ganz trocken konstatiert jetzt sogar die OECD, die als Interessenvertretung der reichen Industrieländer sicher jeder Sozialromantik unverdächtig ist: »Wachsende Ungleichheit bedeutet die Verschleuderung von menschlichem Kapital, weil Menschen zunehmend arbeitslos oder im Niedriglohnsektor gefangen sind. Sie kann populistische und protektionistische Gefühle verstärken.« Man kann das auch mit mehr Verve formulieren. »Die Schere zwischen Arm und Reich geht auseinander, die Milieus ohne Tugenden werden vermutlich wachsen: Eure Werte, euer sozialer Friede und eure Moral sind uns scheißegal!« So schreibt es der Philosoph Richard David Precht im »Spiegel«, beklagt den »Moralverlust in je eigener Ausprägung aller Gesellschaftsschichten« und konstatiert: »Je freiheitlicher eine Gesellschaft, umso gefährdeter der gesellschaftliche Konsens.« Nur, worin besteht denn der Konsens noch? Oder konkreter gefragt: Wie groß darf der Unterschied zwischen den Villen in den guten Wohnlagen und den Sozialwohnungen werden? Wie viel Statussymbole verträgt diese Gesellschaft, und wann wird es ungemütlich, auch für die da oben? Wie viel Ungleichheit ist wirklich gut für Land und Leute?

Möglichst viel, würden die Anhänger des amerikanischen Modells argumentieren. Denn, dass es in einer Gesellschaft Villenviertel und Sozialkasernen gibt, ist gar nicht schlimm. Es ist sogar gerecht und gut, solange tatsächlich jeder die (theoretische) Chance hat, am Ende in der Villa zu leben. Die sozialen Unterschiede fördern den Wettlauf um die knappen Plätze an der Sonne, sie spornen die Armen zu Leistung an und sorgen für die richtigen Vorbilder. Der Wirtschaftswissenschaftler Carl Christian von Weizsäcker argumentiert genau so: Er lobt daher auch konsequent die USA. Dort zeige sich, dass es keinen besseren Integrationsmechanismus gebe, als den Wettbewerb des Marktes. Schließlich verdienten die »Hispanics« schon in der zweiten Generation so viel wie die »Weißen«. Quasi von selbst entfalten sich in dieser Welt die produktiven Kräfte. Es boomt die Wirtschaft, es sprudeln die Staatseinnahmen. Und am Ende kommt so durch den »trickle-down effect« (den Runterträufel-Effekt) von den Gewinnen sogar noch etwas ganz nach unten an. Das darf allerdings nicht zu viel sein. Denn ohne Angst, unten rauszufallen und am Ende ziemlich unsanft zu landen, müssen sich die Leute ja nicht anstrengen und könnten stattdessen in der sozialen Hängematte schaukeln, materiell versorgt, faul und zufrieden.

Möglichst wenig Ungerechtigkeit ist besser für eine Gesellschaft, behaupten hingegen die beiden Briten Richard Wilkinson and Kate Pickett. Die Wissenschaftler analysieren in ihrem Buch »Gleichheit ist Glück« ganz kühl, warum die Weltsicht von Lindner, Weizsäcker und Co. in so ziemlich jeder Hinsicht falsch ist. Amerika ist danach mitnichten das Modell einer guten Gesellschaft. Das Gegenteil sei vielmehr richtig: Viel besser lebt es sich in Ländern, in denen der Reichtum gleicher verteilt ist. Dort fühlen sich alle wohler. Die Gleichheit nützt den Armen, aber auch der Mitte der Gesellschaft und sogar den oberen Zehntausend. Kurz: Mehr Gleichheit bedeutet mehr Glück, am Ende sogar für die Reicheren.

Was für eine These! Auf den ersten Blick wirkt sie wie eine Wiederbelebung des alten Streits zwischen Sozialdemokraten und Liberalen, zwischen den moralinsauren Umverteilern und den Freunden der Leistung. Doch diese These beinhaltet viel mehr. Sie erschüttert mit einer Vielzahl von Beweisen den Konsens, der vor der Finanzkrise herrschte und bis heute von großen Teilen der Wirtschaftselite vertreten wird: Die Idee, dass die Politik die Ergebnisse der Märkte möglichst wenig korrigieren soll. Und genau deswegen passt sie auch so gut ins Jetzt – in die Zeit nach der Krise, in der wir erlebt haben, wie die Investmentbank Lehman Brothers zusammenbrach und damit die Glaubwürdigkeit genau dieser Elite und ihres Wachstumsmodells. Wir haben inzwischen erlebt, dass der Markt doch nicht so weise und die Liberalisierung nicht nur gut ist. Wir haben erlebt, was die Börsengurus mit zu viel Reichtum und zu viel vagabundierendem Geld angerichtet haben. Wir mussten zusehen, wie ausgerechnet die Banker die Welt ins Unglück stürzten und viele Länder in die Schuldenkrise, wie sie unvorstellbar viel Eigentum zerstörten, dazu Arbeitsplätze, Unternehmen und Chancen. Auch deswegen stellt sich die Frage nach dem Segen der Ungleichheit neu.

Interessante Antworten kommen inzwischen auch von den einstigen Hohepriestern der Liberalisierung. Ausgerechnet die Volkswirte des Internationalen Währungsfonds (IWF) argumentieren heute, dass Gleichheit möglicherweise zu Unrecht verpönt war, und fragen, ob nicht die starke Ungleichheit in den USA die Krise gar befördert hat. Sie habe nämlich, so die Argumentation, dazu geführt, dass der Einfluss der Wohlhabenden auf die Steuerpolitik immer größer wurde, und sie die Umverteilung über Steuern (durch starken Lobbyismus in Washington) immer besser verhindern konnten. Um trotzdem etwas für die Lebensqualität der unteren Mittelschicht zu tun, habe man dann auf die Politik des billigen Geldes gesetzt. Die Leute konnten also extrem leicht billige Kredite bekommen, so ihre Häuser kaufen und den Kredit im Zweifel im kommenden Jahr durch einen neuen, noch höheren, noch billigeren ersetzen. Schließlich stiegen ja die Hauspreise – und deswegen verliehen die Banken noch mehr Geld. Die Blase wurde immer größer, und sie kam im Grunde durch verfehlte Sozialpolitik zustande.

Das muss man sich auf der Zunge zergehen lassen: Schuld an der Finanzkrise war nicht zuletzt die Ungleichheit? Wenn das heute vom IWF verkündet wird, muss die Krise wirklich einiges erschüttert haben. Schließlich hat diese Institution, die in Washington sitzt und Kredite an notleidende Länder vergibt, in den vergangenen Jahrzehnten für ihre Hilfe von den Regierungen fast immer den sozialen Kahlschlag gefordert. Im Zweifel war der IWF für Steuersenkungen, für mehr Markt und den Abbau von Sozialprogrammen und gegen Umverteilung durch den Staat. In einer Studie für den IWF schlussfolgern die Ökonomen Michael Kumhof und Romain Rancière heute hingegen als eine der Lehren aus der Krise: Wenn der Staat Einkommen umverteilt, kann er die Wirtschaft womöglich stabiler machen.

Klarer kann eine Kehrwende kaum formuliert werden. Da wurden jahrelang Gespräche über Gerechtigkeit, über die ungleiche Verteilung des Reichtums und exorbitante Managervergütungen mit dem Hinweis erstickt, das seien doch bloß »Neid-Debatten« und im Übrigen wachstums- und wirtschaftsfeindlich. Nur die unmodernen Linken redeten noch darüber, was eine angemessene Entlohnung und was frivole Plünderei ist. Nun soll das Gegenteil stimmen? Ein guter Ökonom, der eine krisenfeste Wirtschaft will, muss auch über Verteilung nachdenken? Ein vorausschauender Finanzminister besteuert die Wohlhabenden mehr und die Armen weniger? Ein weiser Wirtschaftspolitiker hört »Ungerechtigkeit« und denkt »Achtung! Finanzblase«? Gert Wagner, der Chef des Deutschen Institutes für Wirtschaftsforschung, sagt in einem Interview über die blinden Flecken der Ökonomie selbstkritisch über seine Zunft: »Verteilungsfragen sind enorm wichtig. Makroökonomen blenden sie aber weitgehend aus.«

Im Feuilleton des »Spiegel«, das Stimmungswandel oft früh, ohne genau zu wissen warum, fühlt, beschrieb Matthias Matussek schon im September 2009 frohlockend, »wie er ein Linker wurde«. Der Mann, der in seinem Magazin einst den neokonservativen Kulturchef gab, empörte sich plötzlich über den ignoranten Neokonservatismus, der sich damit begnüge, den Armen die Faulheit vorzuwerfen, und schimpfte: »Jeder ist seines Glückes Schmied? Bullshit.« Stimmt, würden die beiden britischen Wissenschaftler Richard Wilkinson und Kate Pickett wahrscheinlich sagen und: Glück hat auch mit Gleichheit zu tun – und damit mit der Gesellschaft, in der jeder Einzelne lebt. In ihrem Buch belegen die beiden Epidemologen das peinlich genau, zeigen, wie die Zahl der zufriedenen Menschen in einem Land mit der Einkommensverteilung zusammenhängt. Dabei sind sie mitnichten Ideologen, sondern vielmehr akribische Datensammler. Die Forscher unterstellen dabei, dass sich Lebensqualität an bestimmten Daten ablesen lässt. Also prüften sie alle möglichen Indikatoren für Lebensqualität: Seelische Gesundheit, Drogenkonsum, Lebenserwartung, Kindersterblichkeit, Übergewicht, schulische Leistungen, Teenager-Schwangerschaften, Straffälligkeit und Aufstiegschancen. Und da zeigt sich: Die Zusammenhänge zwischen der Einkommensungleichheit und Lebensqualität sind unübersehbar.

Beispiel Lebenserwartung: Wo würden Sie lieber geboren werden – in Griechenland oder in den USA? Das europäische Land hat zwar wunderbare Inseln und Sonnenschein im Überfluss, doch ist es zugleich eine ziemlich arme westliche Demokratie und nicht einmal eine, in der es besonders gerecht zugeht. Zudem sind die Gesundheitsausgaben pro Kopf vergleichsweise gering. In den USA ist das Pro-Kopf-Einkommen im Durchschnitt viel höher. Dort wohnt die Hälfte aller Milliardäre dieser Welt. Dort verdienen die

Ärzte mehr als in fast allen anderen Ländern, und die Gesundheitskosten sind höher als sonst wo. Doch dort ist die Ungleichheit noch viel größer als in Griechenland. Betrachtet man nun die Lebenserwartung in den beiden Ländern, sind die Ergebnisse verblüffend: Die Griechen werden im Durchschnitt ein Jahr älter als die Amerikaner. Und damit noch nicht genug: Sie überleben auch das erste Jahr nach der Geburt viel eher. Einem Baby in den USA droht eine 40 Prozent höhere Gefahr, im ersten Lebensjahr zu sterben als in Griechenland.

Nun muss der frühere Tod des Durchschnittsamerikaners oder der häufigere Tod der Babys natürlich nicht automatisch an der Verteilung der Einkommen liegen – Kritiker haben darauf hingewiesen, dass es möglicherweise ganz andere Gründe dafür geben kann, falsches Essen beispielsweise oder zu wenig Bewegung. Doch nimmt man die vielen anderen Indikatoren für Lebensqualität (Gesundheitszustand, Bildung etc.) dazu, dann sind die Ergebnisse eindeutig: In gleicheren Gesellschaften lebt eine größere Zahl von Menschen ein gutes Leben. Sie werden älter, weniger Kinder sterben, es gibt weniger dicke und kranke Menschen und so weiter und so fort. In ungleichen Gesellschaften geht es hingegen erst einmal den Ärmeren schlechter: Sie leiden unter einer geringeren Lebenserwartung, geringerem Geburtsgewicht und höherer Säuglingssterblichkeit, sie sind anfälliger für Infektionskrankheiten und Depressionen.

Doch wussten wir das nicht schon? Dass in den Plattenbausiedlungen im armen Osten von Berlin mehr dicke, kranke Kinder wohnen als im reichen Dahlem – das klingt wie eine traurige, alte Geschichte. Und dass mehr Menschen mit ihrem Leben unzufrieden sind, wenn es mehr Arme gibt, auch das ist irgendwie logisch. Spektakulär ist das Ergebnis der Wissenschaftler daher auch aus einem anderen Grund.

Sie behaupten nämlich auch: Die Armen in den ungleichen Gesellschaften müssen nicht einmal unter himmelschreienden Elendsbedingungen leben, um unglücklicher zu sein als der Rest der Bevölkerung. In den USA besitzen sogar vier von fünf Prozent der Armen eine Klimaanlage. Dreiviertel von ihnen haben ein Auto und immerhin noch ein Drittel einen Computer. Der Unterschicht in den USA geht es also gar nicht so schlecht – oder?

Der ehemalige Bundeskanzler Helmut Schmidt hat diese Haltung einmal pointiert auf den Punkt gebracht: »Manches, was man heute als Armut beklagt, wäre in meiner Kindheit beinahe kleinbürgerlicher Wohlstand gewesen.« Bei Schmidt schwingt da unterschwellig mit: Die sollen sich doch nicht so anstellen! Was haben die sich denn so! Wenn die wüssten, wie karg unsere Kindheit war! Früher war das Leben härter, die Wohnungen kleiner und kälter, und Hunger quälte die Menschen nach dem Krieg auch.

Das stimmt alles. Nur verkennen diese Einwände ein entscheidendes Argument: Bei Armut geht es für die Betroffenen immer auch um den Platz in der Gesellschaft. »In Industrieländern ist Armut ein relatives Phänomen«, schreibt die OECD und meint: Armut kann auch dann Armut sein, wenn sie verglichen mit dem Zustand vor 50 Jahren wie Luxus aussieht. Auch wenn sich die materiellen Umstände durchaus verbessert haben: Unten ist, wer sich und wen die Gesellschaft dafür hält, wer sich danach fühlt oder danach aussieht. Oder platt gesagt: Dass sich auch Unterschichtfamilien heute einen Flachbildschirm ins Wohnzimmer stellen kann, ändert gar nichts an ihrem Status.

Auch der Vergleich mit anderen Ländern tröstet da nicht. Sicher wohnt und lebt die Unterschicht in Berlin besser als die in Delhi. Trotzdem wissen meist schon die Kinder der Ärmeren in allen Ländern, dass sie mit ihrer Familie ein schlechteres Los gezogen haben als andere – was mitnichten bedeuten soll, dass arme Eltern nicht mindestens so liebevoll sein können wie reiche. Aber das Gefühl der Ausgrenzung macht offensichtlich viele krank und bedrückt. Weil die Kinder nicht ins Schwimmbad und nicht auf Klassenfahrt fahren können. Weil die Kleidung nicht modisch genug aussieht, die Haare billiger gefärbt und die Zähne schlechter sind. Der Berliner Bezirksbürgermeister und SPD-Politiker Heinz Buschkowski, der sich mit seinen klaren Worten weit über seinen armen Stadtteil Neukölln hinaus einen Namen gemacht hat, sagt dazu: »Die Würde des Menschen ist unantastbar. Aber verträgt sich unser oberster Verfassungsgrundsatz mit unserer gesellschaftlichen Praxis, Kinder im Milieu zu belassen, wohl wissend, dass sie dort häufig weder gefördert noch gefordert werden und niemand ihre Anlagen und Talente entdeckt?«

Doch auf der Suche nach Glück und Lebensqualität geht es um mehr, als um das Heben versteckter Talente. Viel grundlegender geht es darum, wie gerecht in Gesellschaften die Chancen auf ein langes, gesundes Leben verteilt sind. Kinder aus Sozialhilfe-Familien kommen überdurchschnittlich oft ohne Frühstück im Magen in die Schule. Nach den Statistiken, die Wilkinson und Pickett analysiert haben, leiden sie als Erwachsene stärker unter chronischem Stress, Herz-Kreislauf-Erkrankungen, Schlaganfällen und Fettleibigkeit. Dies alles führt dazu, dass die Armen früher als andere Bevölkerungsgruppen sterben, auch in den entwickelten Ländern. Das erinnert an die Theorie des sogenannten Statusstress, die im vorherigen Kapitel beschrieben wurde. Menschen leiden unter ihrem niedrigen Status umso stärker, je weiter die Schere zwischen Arm und Reich aufgeht. Je größer sich die Distanz zwischen Elbvillen in Blankenese und den Sozialwohnungen in Hamburg-Harburg anfühlt, je mehr sie schon von klein auf den Platz in der Welt bestimmt, desto härter sind offensichtlich die Folgen.

Dabei betrifft das längst nicht mehr nur den unteren Rand der Gesellschaft. In einer Studie des Wissenschaftszentrums Berlin gab jeder zehnte Deutsche an, am gesellschaftlichen Leben nicht so teilhaben zu können, wie er das gerne täte. Wer arbeitslos ist und arm, fühlt sich besonders oft nutzlos und ausgegrenzt, und er wird leichter krank. Doch auch die Mittelschicht hat zunehmend mit ähnlichen Problemen zu kämpfen – und zwar offensichtlich immer stärker, je weiter Gesellschaften auseinanderstreben. Dort wo man den Traum, vom Tellerwäscher zum Milliardär zu werden, besonders stark träumt, ist auch die Angst vor dem Abstieg verhältnismäßig groß. In ungleichen Gesellschaften wie der britischen oder der US-amerikanischen geht es der Mittelschicht schlechter als beispielsweise in Schweden oder Japan, so die Ergebnisse von Richard Wilkinson und Kate Pickett.

Lieber wohlhabend in Schweden als reich in den USA? Das widerspricht so ziemlich allem, was gemeinhin als richtig angenommen wird. Und dann bescheinigen die beiden Briten den ungleichen Gesellschaften auch noch die Verschlechterung der menschlichen Beziehungen, ein Schwinden des Gemeinsinns und eine höhere Bereitschaft zur Gewalt. Es gibt dort mehr Einbrüche, Überfälle und Morde, worunter auch die Reichen leiden. Sie brauchen immer mehr Wachleute, immer raffiniertere Alarmanlagen wie in Südafrika. Sie könnten sich nur noch im Helikopter oder im Auto durch die Stadt bewegen, wie es in São Paulo inzwischen üblich ist. Dort gibt es auch eine Shopping-Mall, die keinen Eingang für Fußgänger mehr hat, sondern nur noch motorisiert erreicht werden kann. Es gibt einen Schnellimbiss, der immer häufiger von Jugendlichen der Oberschicht in Hubschraubern angeflogen wird, weil sie sich der Stadt und ihren

Straßen nicht mehr aussetzen wollen oder dürfen. Auch in den USA bewacht die besorgte Mittelschicht ihre Kinder längst auf Schritt und Tritt. Mit dem Fahrrad fährt dort in vielen Gegenden kaum noch ein Kind zur Schule, und das hat nicht nur mit den Entfernungen zu tun. Viel entscheidender ist die Angst vor dem Fremden, die zur Normalität geworden ist.

Doch es kommt noch dicker. Die amerikanische Zeitschrift »The Atlantic« veröffentlichte im Frühjahr 2011 eine Studie des Boston College Center on Wealth and Philanthrophy über Multimillionäre. Um in der Studie aufzutauchen, mussten die Befragten ein Vermögen von mindestens 25 Millionen Dollar vorweisen können; etwa 115 000 solcher Mehrfach-Millionäre soll es in den USA geben. Durchschnittlich besaßen die Teilnehmer der Befragung 78 Millionen Dollar, es waren allerdings auch zwei Milliardäre dabei. »Die meisten sind so reich, dass sie auch nach Katastrophen, die nicht gerade das Ende der Welt bedeuten, noch Chauteaubriand essen werden, während wir Ratten über dem Lagerfeuer rösten«, schreibt der Autor – und fügt hinzu, dass die meisten befragten Multimillionäre trotzdem denken, sie seien immer noch nicht reich genug, und dass sie sich finanziell nicht genug abgesichert fühlen. Erst bei einer Milliarde würde er sich beruhigt zurücklehnen, meinte ein Millionär.

Auch die anderen Einblicke, die die Superreichen in ihr Leben geben, sind ernüchternd. Eine »Litanei aus Ängsten« nennt der Autor ihren Zustand. Es fehle ihnen an Anerkennung im Beruf, sie misstrauen den Mitmenschen, sie sind unsicher, ob deren Sympathie nur mit ihrem Geld zusammenhängt, und fürchten um die Zukunft ihrer Kinder: Werden es antriebslose, verwöhnte Gören, wenn ich ihnen mein Geld hinterlasse? Werden sie mich noch lieben, wenn ich das meiste davon spende? Wie kann ich sie am besten schützen? Robert

Kenny, der in der North Bridge Advisory Group superreiche Erben betreut, wird mit den Worten zitiert: »Im Leben geht es um Liebe und Arbeit. Da hatte Freud wohl doch Recht.« Und ganz offensichtlich mache zu viel Geld beides ganz kompliziert. Gerade die Erben, die es nie nötig hätten, auch in unangenehmen Jobs durchzuhalten, würden bei Schwierigkeiten viel schneller hinwerfen und seien im Anschluss dann wieder von sich selbst enttäuscht. Andere litten darunter, dass ihr Job als Scharade gilt, dass sie niemand als Kollege ernst nimmt und in ihnen immer eher der Geber gesehen werde. Ganz ähnlich klingen die Geschichten über die Liebe. »Ich habe Angst, dass sich die Männer meiner Töchter immer machtlos fühlen«, sagt die Mutter von Millionenerbinnen.

Solche Sorgen möchte man haben, denkt man sich da. Doch zumindest ähnliche Sorgen haben offenbar auch immer mehr Menschen in Deutschland. »Wir leben in einer Luxuswelt. Unsere Autos haben zu viele PS, unser Essen ist zu üppig, die Leute haben Übergewicht, in einem modernen Haushalt wird zu viel Energie verbraucht. Je mehr einer hat, desto mehr kann er verlieren, desto mehr Ängste plagen ihn. Aber es ist unglaublich schwer, die Wachstumsideologie zurückzudrängen«, sagt der deutsche Psychoanalytiker Wolfgang Schmidbauer und findet ganz nüchtern: »Der Mensch ist zu schwach für Kapitalismus und Globalisierung.« Doch was folgt daraus? Keine Bange, keiner der Forscher, die sich mit Lebensqualität beschäftigen, fordert nun als Fazit die totale materielle Gleichmacherei oder die Abschaffung des Kapitalismus. Der Kommunismus findet unter ihnen keine Befürworter, denn sie negieren nicht den tief sitzenden Wunsch der Menschen, sich von anderen abheben zu wollen – eben auch durch Einkommen. Und mitnichten polemisieren sie gegen Leistungsanreize, Pluralismus oder dynamische, neugierige Gesellschaften. Sie konstatieren nur: Wird die materielle Ungleichheit zu groß, ist das für die Gesellschaften offensichtlich nicht gut – und für viele einzelne Menschen oben und unten auch nicht. Oder umgekehrt: Offensichtlich macht mehr Gleichheit Länder sicherer und die Menschen zufriedener. Deswegen, so Pickett und Wilkinson, »können es sich Regierungen einfach nicht leisten, in Sachen Einkommensunterschiede nichts zu unternehmen.«

Vor allem Sozialdemokraten hören diese These gern. Und frohlocken wahrscheinlich, wenn sie im Buch »Happiness, Economics und Politics« nachlesen und dort gleich eine ganze Reihe von Studien zitiert finden, die alle belegen, dass in sozialdemokratischen Wohlfahrtsstaaten die Menschen zufriedener sind. Dort, wo starke Gewerkschaften existieren, übrigens auch. Als Grund dafür wird immer wieder genannt, dass »die wirtschaftliche Unsicherheit und der Verlust der persönlichen Autonomie«, die mit stark deregulierten Wirtschaftssystemen einhergingen, viele Menschen unsicher und in der Folge oft unglücklicher machten.

Seit in Deutschland die SPD erneut in der Opposition ist, kann auch sie wieder offener diskutieren und denkt über ihr Kernthema, die Frage nach Solidarität und Gerechtigkeit, ganz neu nach. Da sind ihr Anregungen aus dem Bereich der Wissenschaft willkommen, obwohl die neuen Erkenntnisse es den Sozialdemokraten nicht leicht machen. Denn im Kern kritisieren die Forscher eben auch die traditionelle, linke Sozialpolitik, deren Forderungen oft genug nur auf ein Mehr an Hilfsgeld hinausliefen. Stimmen die Ergebnisse der Glücksforscher, dann sind ein paar Euro mehr an Unterstützung für einen Arbeitslosen zwar nicht falsch, sie ändern aber nichts grundsätzlich am Gefühl der Armut. Die Debatte um die Hilfe für sozial schwache Familien, die im Frühjahr 2011 wochenlang erst die beiden Sozialpolitikerinnen Ursula von der

Leyen (CDU) und Manuela Schwesig (SPD) beschäftigte und sich am Ende (vor allem auf Drängen der SPD) tagelang darum drehte, ob der Hartz IV-Regelsatz um wenige Euro mehr oder weniger erhöht werden solle, ging also am eigentlichen Thema vorbei: Denn arm sein hat nicht nur mit dem Guthaben oder dem Minus auf dem Konto zu tun, sondern mindestens ebenso viel mit der Verteilung von Wohlstand und Chancen, mit Gleichheit, mit Gerechtigkeit und dem Gefühl, dazuzugehören.

Mitnichten werden die ärmeren Bevölkerungsschichten automatisch zufriedener, wenn ein wenig mehr für sie abfällt. Das geschieht offensichtlich erst, wenn der Statusstress sinkt, wenn sie also nicht nur Jobs bekommen (wie die im Niedriglohnsektor, die in den vergangenen Jahren massiv gewachsen sind), sondern wenn sich ihre Einkommen denen der anderen angleicht – durch Umverteilung. Die ist zwar in der heutigen politischen Debatte ein Unwort. Doch wenn die These stimmt, dass gleichere Gesellschaften glücklicher sind, dann dürften sich die da oben durch Umverteilung auch viel weniger gestört fühlen, als es bislang der Fall ist. Schließlich leben auch sie in gleicheren Gesellschaften besser als in ungleichen – unter anderem, weil es sicherer ist.

Trotzdem ist auch die Linke über die Ergebnisse der Glücksforscher nicht wirklich froh. Vor allem die Kritik des Materialismus hat die Linke und die Gewerkschaften in Großbritannien, wo über *happiness* viel stärker öffentlich diskutiert wird, aufgescheucht. Sie fürchten, dass die Ergebnisse der Glücksforscher ihre Argumente beim Kampf um ein höheres Einkommen, bessere Häuser oder mehr Sozialhilfe schwächen. Denn wenn letztlich Reichtum oder Armut weniger mit dem konkret Materiellen und mehr mit dem Status in der Gesellschaft zu tun haben, würde das eine ganz andere Strategie nötig machen. Dann gerät auch der Materialismus und damit die Gesellschafts- und Wirtschaftspolitik der Linken ebenso unter Rechtfertigungsdruck wie die Weltsicht der wirtschaftsliberalen Rechten, weil sich alle der Frage verweigern, was die Gesellschaft eigentlich zusammenhält und besser macht.

Fassen wir noch einmal zusammen: Nach den meisten Untersuchungen der Glücksforscher macht uns »immer mehr« eben längst nicht mehr glücklicher. Viel wichtiger sind Gesundheit, Job, stabile Beziehungen, Perspektiven und ein Auskommen, verbunden mit dem Gefühl, zur Gesellschaft zu gehören und nicht am unteren Rand zu strampeln. All das würde natürlich keine Partei als Ziel ihrer politischen Arbeit in Abrede stellen, fast alle wollen solche Dinge irgendwie fördern. Nur gehen sie eben bisher viel zu sehr davon aus, dass das meiste davon ein Abfallprodukt einer guten Wachstums- und Wirtschaftspolitik ist, sich also von selbst einstellt, wenn die Wirtschaft nur genug boomt. Wo das nicht klappt, beginnt dann die sozialpolitische Reparaturmaschine, die allerdings ganz offensichtlich das, was der Philosoph Richard David Precht den »sozialen Kitt« nennt, nicht ersetzen kann. Denn der hat viele Dimensionen, von denen Geld nur eine ist. Durch mehr Geld allein werden wir weder die Schlägereien auf den S-Bahnhöfen noch die moralische Verwahrlosung in manchen Bankentürmen abschaffen können. Dafür ist eine ganz andere Debatte darüber nötig, was glückliche Gesellschaften wirklich brauchen.

Die Politiker aber hoffen immer noch darauf, dass mit einem steigenden Sozialprodukt quasi automatisch alles besser wird – weil dann mehr umverteilt werden kann, alle immer reicher und irgendwie auch noch glücklicher werden. Doch das stimmt offensichtlich weder für »die da unten« noch für »die da oben«.

ICH KONSUMIERE, ALSO BIN ICH:

Wie Ökonomen unser Menschenbild pervertieren
und die Welt in die Irre führen

»Wirtschaft ist die Methode. Das Ziel aber ist, die Herzen und die Seelen zu verändern.« Als Margaret Thatcher das in den 1980er Jahren in einem Interview mit der »Sunday Times« sagte, war sie bereit Premierministerin Großbritanniens und Architektin der wohl radikalsten neoliberalen Politik Europas. Sie reduzierte die Sozialausgaben, die Steuern und die Regeln für die Wirtschaft. Sie fand es wichtig, die Freiheit zu schützen und deren »Bollwerk«, den »privaten Besitz«. Sie erklärte kurzerhand, dass Politik und Gesellschaft nicht mehr für soziale Probleme zuständig seien. Arm, arbeitslos, obdachlos: »Solche Probleme solle man nicht der Gesellschaft aufbürden. Der Einzelne soll selbst nach sich schauen«, fand Thatcher und sagte den programmatischen Satz: »Es gibt keine Gesellschaft. Es gibt nur einzelne Männer und Frauen, und es gibt Familien.«

Die Eiserne Lady ist längst Vergangenheit. Doch das Menschenbild, das sie damals zu einem radikalen Umbau ihres Landes trieb, ist bis heute unter vielen Ökonomen populär. Denn auch wenn die neoklassische Lehre in den Wirtschaftswissenschaften offiziell nur eine von vielen ist, hat sie und hat vor allem ihr Menschen- und Gesellschaftsbild weltweit einen erstaunlichen Siegeszug hinter sich – und bis heute enormen Einfluss. Eine große Zahl der Ökonomen kennt in ihren Modellen bis heute keine Gesellschaft, sondern nur den Einzelnen und den auch noch in einer besonders bizarren Ausprägung: den Homo oeconomicus. Einst an der Uni, schon während des ersten Semesters, haben viele der heute tonangebenden Wirtschaftspolitiker, Ökonomen und Manager gelernt, den Menschen auf dieses egoistische Individuum zu reduzieren, den Wert von Kultur, gesellschaftlichen Institutionen und sozialem Kitt in ihrer Modellwelt zu ignorieren (auch weil sie sich der ökonomischen Logik widersetzen) und der Macht der Politik über den Markt eher zu misstrauen, weil sie dessen Ergebnisse verzerrt. Viele lässt diese Lektion nie mehr ganz los.

Das wäre nicht weiter schlimm, ginge es dabei um eine private Meinung. Doch die Überzeugung wird fatal, wenn sie politische Entscheidungen beeinflusst und wenn dieses Handeln dann auch noch für wissenschaftlich begründet gehalten wird – ausgerechnet die Grundlagen dieser Wissenschaft aber längst überholt sind und sich damit auch die Urteile als falsch erwiesen. Genau das ist großen Teilen der Wirtschaftswissenschaften in den vergangenen Jahren passiert. Die Wirklichkeit hat hinlänglich gezeigt, dass die ökonomischen Annahmen über Menschen und Märkte bestenfalls unzulänglich sind, oft sogar falsch. Allerdings hat das mitnichten zu einem radikalen Umdenken geführt: Bis heute weisen Ökonomen den Vorwurf, nicht Wissenschaft, sondern Ideologie zu betreiben, weit von sich. Wenn sie staatliche Eingriffe in die Wirtschaft als gefährlich, Umverteilung als kontraproduktiv und politische Versuche, mehr soziale Gleichheit zu schaffen, als überflüssig kritisieren, dann kommt das selten wie ein Werturteil oder eine Meinung, sondern oft wie der Ausfluss einer wissenschaftlichen Erkenntnis daher. »Sie wollen es nicht sehen, aus Eitelkeit, aus Angst, dann nicht mehr zur Gemeinschaft zu gehören, und vielleicht auch, weil dann ihr ganzes Gedankengebäude zusammenbricht«, sagt Roman Frydman von der New York University, einer der wenigen etablierten selbstkritischen Ökonomieprofessoren. Frydman klagt, dass sich die meisten seiner Kollegen bis heute neueren Erkenntnissen über den Menschen, die Gesellschaft und den Markt verweigerten. Glücksforschung, andere Messungen von Wohlstand oder Wohlfahrt gilt ihnen als Firlefanz. Mit fatalen Folgen für die Welt.

Das Elend beginnt schon beim Menschenbild der Ökonomen: Jeder Student im ersten Semester staunt, wenn er zum ersten Mal vom Homo oeconomicus hört, dem Modellmenschen der neoklassischen Wirtschaftswissenschaften. Wenn er dann die ersten Kurven zeichnet, aus Angebot und Nachfrage einen Preis berechnet, kann er plötzlich die menschlichen Bedürfnisse und deren Befriedigung mit ganz neuen Augen sehen: Da entsteht plötzlich eine ideale Welt, in der die »unsichtbare Hand des Marktes« Angebot und Nachfrage ausgleicht, in der es optimale Preise gibt, die Wirtschaft prosperiert, die Menschen Arbeit finden, mit ihrem Lohn schöne Dinge kaufen und so wiederum die Unternehmenskassen füllen.

Das Problem ist nur: Diese Sicht auf die Menschheit ist leider falsch. Den Homo oeconomicus, also einen Menschen, der sich durchgängig am Prinzip der Nutzenmaximierung orientiert, hat es in der Wirklichkeit nie gegeben. Der Homo oeconomicus ist (anders als der reale Mensch) durch und durch egoistisch. Er denkt nur an den eigenen Vorteil, handelt stets rational, hat immer klare Präferenzen und den totalen Durchblick. Soziales Denken, Fairness, Liebe oder Selbstlosigkeit sind ihm fremd, er kennt keine Gesellschaft. Werte, denen der Markt keinen Preis gibt, sind für ihn irrelevant. Er will ausschließlich den eigenen Nutzen maximieren, agiert nie aus spontanem Impuls heraus oder gegen seine langfristigen Interessen und kann nicht manipuliert werden.

Seinen Erfindern kann man das egoistische Monster nicht einmal zum Vorwurf machen. Denn es entstand einst aus Verlegenheit. Als die ersten Ökonomen über den Gang der Welt, die Wünsche der Menschen und deren Befriedigung nachdachten, gab es weder Glücksforschung noch Neurologie oder Psychologie. Man suchte händeringend nach Erklärungen dafür, wie Menschen sich beim Kaufen und Verkaufen verhalten, wie Preise entstehen und Knappheit verhindert werden kann. Wenn man Ökonomie zudem als die Lehre betrachtet, die ergründet, wie Menschen am besten versorgt werden, dann ist es kein Wunder, dass der Fokus der vergangenen Jahrhunderte auf der materiellen Versorgung lag und ihr Modellmensch vor allem eines wollte: mehr von allem. Es galt den Mangel zu bekämpfen, es fehlte am Grundlegenden, an Essen, sauberem Wasser, gesunden Wohnungen. Die Begrenzung der Ressourcen musste niemanden interessieren, die Erde war noch groß und weit und schier unendlich ausbeutbar. Zudem ließ sich durch diese Modellwelt, bevölkert von Modellwesen, ja so manches ökonomische Phänomen tatsächlich ganz gut erklären. Aber eben nur so manches.

Vom Sockel gestoßen haben den Homo oeconomicus in den letzten Jahrzehnten nicht zuletzt die Glücksforscher. Die Verhaltensökonomik, assistiert von der Neurowissenschaft, belegte immer wieder (wie in den vorherigen Kapiteln bereits beschrieben): Das Reduzieren des Menschen auf ein solches Kunstwesen ist schlicht und einfach Blödsinn. Dabei braucht man für diese Erkenntnis eigentlich nicht einmal die Wissenschaft. Wer je vor der Kuchentheke einer feinen Konditorei stand und beim appetitlichen Anblick der kleinen Törtchen trotz der guten Vorsätze für die Frühjahrsdiät schwach geworden ist, weiß, wie unrealistisch die Eigenschaften des Homo oeconomicus sind. Oder gehen Sie einmal zu Aldi. Auch dort können Sie (natürlich völlig unwissenschaftlich) beobachten, wie Schnäppchenjäger reagieren – spätestens wenn sie an den Wühltischen mit den wöchentlich wechselnden Sonderangeboten vorbeikommen. Wer hat da nicht schon mal spontan nach der (im Grunde völlig überflüssigen) Solargartenleuchte, der CD oder dem besonders günstigen Rotwein gegriffen? Mit autonomem, rationalem Kaufverhalten hat das rein gar nichts zu tun.

Menschen handeln und kaufen aus vielerlei Motiven – aus Appetit, Lust, Neid oder auch mal aus einem ganz spontanen Impuls heraus. Auch deswegen gibt es ja längst eine milliardenschwere Konsumforschung. Die weiß beispielsweise, dass Käufer gerne vergleichen und häufig zum Produkt in der Mitte greifen: In den Kinos ist die mittlere Größe Cola deswegen längst auf einen Liter gewachsen. Und in einen mittleren Kaffeepot bei einer x-beliebigen Kaffeekette passt heute auch viel mehr, als man früher in eine normale Tasse gefüllt hätte. Er kostet dafür auch mehr. Wir kaufen größere Mengen ein, wenn wir hungrig sind, und offensichtlich auch mehr, wenn wir vorher Süßigkeiten gegessen haben. Die Universität Chicago hat unlängst herausgefunden, wie sogar die Bonuskarten, die man in manchen Kaffeeläden bekommt und auf denen bei jedem gekauften Getränk ein Stempelchen gemacht wird, unser Verhalten verändern. Bei einer Karte, bei der es nach zehn gestempelten Kästchen einen Kaffee gratis gibt, kommen die Kunden am Ende viel häufiger als am Anfang. Die Hoffnung auf ein baldiges Getränk ganz umsonst erhöhte den Konsum. Ein paar Ketten gaben danach 12er Karten aus und stempeln die ersten beiden Felder schon ab. Die Kunden mit so einer Karte konsumierten noch mehr, weil sie sich früher dem Freigetränk näher wähnten. Wir sind eben vielschichtige und mitunter höchst sprunghafte Wesen – abhängig vom Urteil der Anderen und viel weniger autonom, als wir das oft gerne denken.

Im Film »The Joneses« zieht eine Familie in eine typische amerikanische Vorstadt. Sie lebt dort wie alle Nachbarn, nur eben etwas schicker. Immer haben sie die richtigen Klamotten, die coolsten Jogging-Anzüge, das neueste Handy, die tollsten Lebensmittel. Und alle schauen neidisch hin und kopieren heimlich. Dabei ist die neue Familie gar nicht echt. Sie ist nur Show, eine Art Marketing-Geheimwaffe. Sie soll den »Welleneffekt« auslösen. Was die Familie Jones trägt, kauft und konsumiert, sollen erst die Nachbarn und schließlich das ganze Viertel kaufen. »Virales Marketing« nennen die Experten das. Wie bei einer Epidemie, so die heimliche Hoffnung, stecken sich nach und nach alle bei den Trendsettern an.

In Köln, Hannover oder Frankfurt steht noch kein heimliches Joneses-Haus (zumindest ist es nicht bekannt). Aber Guerilla-Marketing ist auch dort in den angesagten Bars und Clubs längst üblich. Das System ist das gleiche. Die Trendsetter zeigen sich in den jeweils neuesten (gesponserten) Kleidern, und andere machen es dann hoffentlich nach. Auch mit Stars arbeiten Modefirmen schon lange auf diese Weise. Jeder halbwegs bekannte Schauspieler kann heute seine Kleider bei Modefirmen gratis bekommen. Autofirmen stellen den Berühmtheiten ihre neuen Modelle umsonst zur Verfügung, und wer einen Musiker für die Grammy-Verleihung ausstatten darf, hat das goldene Los gezogen. So viel Werbung kann man für ein Kleidungsstück gar nicht schalten, wie ein Abend auf dieser Bühne bringt.

Das alles spielt aber in den Modellwelten der klassischen Ökonomie, die weltweit in den vergangenen Jahren den Ton angegeben hat, kaum eine Rolle. »Die Wirtschaftstheorie ist von der Betrachtung des Menschen immer mehr abgekommen«, sagte der deutsche Wirtschaftswissenschaftler Reinhard Selten dazu unlängst trocken in einem Interview mit dem »Handelsblatt«. Der Nobelpreisträger gehört zu denjenigen, die die traditionelle Volkswirtschaft seit langem kritisch betrachten; seine Zweifel hat er sogar zur Grundlage seiner Forschung gemacht. Reinhard Selten war einer der ersten Verhaltensökonomen, hat sich also mit echten Menschen beschäftigt. Er testete das Verhalten von Studenten im Labor und zeigte durch vielerlei spieltheoretische Experimente, dass die angeblich so rationalen Konsumenten oft ganz irrational für oder gegen den Kauf einer Sache entscheiden.

Zu einer Krise der Zunft, dazu, dass alle Wirtschaftswissenschaftler sich selbst und ihr Bild von der Welt grundsätzlich in Frage stellen, hat das lange nicht geführt. Auch Selten bekam seinen Nobelpreis nicht etwa für seine Ergebnisse in der Verhaltensökonomie. Die blieben jahrelang sein kleines Privatvergnügen. Und auch heute halten viele seiner Kollegen den Flirt mit dem wahren Menschen für irgendwie unseriös. »Manche Ökonomen sagen: Wenn Experimente Ergebnisse bringen, in denen sich die Menschen anders verhalten, als es die Ökonomie sagt, dann gehört das eben nicht zur Ökonomie. Dann ist das Psychologie. Das finde ich einen völligen Quatsch«, sagt Selten. Und Axel Ockenfels, ein Schüler Seltens und mittlerweile Professor in Köln, ergänzte in einem Interview mit der »Zeit«: »Viele Wirtschaftswissenschaftler schmoren im eigenen Saft. Sie bekommen ihr Feedback vornehmlich von Gleichgesinnten und können sich so ihre eigene Realität konstruieren.«

»Die Wirtschaftswissenschaft hat einen erheblichen Anteil daran, dass sie und die Menschen sich entfremdet haben«, schreibt auch Uwe Jean Heuser in seinem Buch »Humanomics«, in dem er ausführlich erklärt, wie der echte Mensch – zumindest ganz langsam – von den moderneren Wirtschaftswissenschaftlern entdeckt wird. Heuser ist ein Optimist, auch weil er viele junge Ökonomen kennt, die längst anders denken und forschen, die in der Tradition Seltens mit modernen Menschenbildern arbeiten. Es gibt also, da hat Heuser Recht, in Deutschland Hoffnung auf das Nachwachsen einer anderen Ökonomie. Es gibt jede Menge junge Forscher, die interdisziplinär arbeiten. Nur, in der Politikberatung, in den Industrieverbänden, den Lobbygruppen geben nach wie vor die Ideologen den Ton an. Die, die sich nicht zu viele Grundsatzfragen neu stellen wollen (auch wenn ihre Überzeugungen durch die Finanzkrise, die massive Schwächen der unregulierten Märkte gezeigt hat, ein wenig ins Wanken geraten sind). Die, denen Umverteilung grundsätzlich suspekt ist und denen das herrschende ökonomische Denken dabei hilft, die bestehenden Machtverhältnisse zu erhalten. Und auch die, die unkreativ über Verteilungsfragen nachdenken.

Offensiver, lauter, spektakulärer wird darüber erstaunlicherweise in den USA diskutiert. Gerade dort, wo in den Hochschulen lange die allmächtige Weisheit des Marktes gepredigt wurde, sind heute langsam einzelne Stars der Szene bereit, Fehler zuzugeben. Plötzlich stehen dort Wissenschaftler wie der ehemalige Weltbankökonom und Nobelpreisträger Joseph Stiglitz, der schon lange am Sinn unregulierter Märkte und am Menschenbild der Standardökonomie zweifelte, nicht mehr ganz allein. Auch die amerikanischen Ökonomen George Akerlof und Robert Shiller lieferten 2009 eine höchst selbstkritische Analyse ihrer Zunft. Die beiden, die von sich selbst sagen, dass sie jahrzehntelang der Theorie der rationalen Erwartungen gefolgt sind, gaben offen zu, dass sich damit vieles, was in der Ökonomie passiert, schlicht nicht erklären lässt. »Wir behaupten, dass sich die wirtschaftlichen Abläufe und die Rolle, die der Staat dabei spielt, nicht angemessen beschreiben lassen, wenn nur allein die ökonomischen Motive der Menschen erwogen werden«, so das Fazit in ihrem Buch »Animal Spirits«, was so viel wie unreflektierte Instinkte, Emotionen und Herdenverhalten umschreibt.

Beide Ökonomen brachten es mit dem Werk immerhin auf die Bestsellerliste der »Business Week«. Sie erklären darin, warum sich wirtschaftliche Schwankungen, wie es sie in der jüngsten Finanzkrise gab, mit den herkömmlichen Theorien nicht erklären lassen. Die wurde nämlich, so schreiben sie, durch »nicht greifbare Veränderungen in den Köpfen der Menschen ausgelöst, durch die Flüchtigkeit des Vertrauens, durch Sehnsüchte, Neidgefühle, Verstimmungen und Illusionen.« Letztlich sei es »die Veränderung des gesellschaftlichen Klimas, die Menschen dazu bringe, ihr Vermögen ganz in Häuser oder Weizenfelder anzulegen«. Dabei gehe es immer um Vertrauen und um Glauben, der weit über das hinausgeht, was vernünftig erscheint oder rational erklärbar sei. Nur so ließen sich letztlich Blasen und auch Konjunkturzyklen erklären. »Animal Spirits« ist also eine Ohrfeige für jeden klassischen Ökonomen, der sein Menschenbild nicht längst in Frage stellt.

»Die Ökonomie braucht eine wissenschaftliche Revolution«, findet auch der französische Physiker und Hedgefonds-Manager Jean-Philippe Bouchaud. Dem Mann fuhr gleich zu Beginn der Finanzkrise der Schreck in die Knochen, und er forderte eine Generalüberholung seiner Wissenschaft. Im Vergleich zur Physik, so schrieb er in der Zeitschrift »Nature«, seien die Ergebnisse der Ökonomie enttäuschend. Er führt diese Haltung darauf zurück, dass die herrschenden Ökonomen ihre grundlegenden Annahmen einfach viel zu wenig hinterfragten. Sie seien sogar immun, wenn die Realität sie widerlege. Folglich gäben sie falsche Ratschläge und verschlimmerten so die Situation noch.

Ein Ökonom, der etwas werden will, studiert heute immer noch besser im Nebenfach Mathematik als Geschichte,

Philosophie oder Psychologie. »Die Wirtschaftswissenschaften sehen einen entscheidenden Teil der Realität nicht, und die Welt ihrer Modelle ist eine Fantasiewelt«, sagt auch Roman Frydman von der New York University und belegt sein Urteil ausgiebig in seinem Buch »Beyond Mechanical Markets«. Er fordert entschieden mehr Demut von seiner Zunft, doch passiert ist in der Vergangenheit genau das Gegenteil. Immer lauter propagierten neoliberale Ökonomen, dass ausgerechnet sie auch noch die besten Erklärungen und Lösungen für andere Probleme des Lebens haben. Dabei war ihr Credo klar: Weil der Markt die vielen Entscheidungen aller Menschen am besten kombiniert – brauchen wir mehr Märkte, und zwar überall. Wissenschaftler wie Anthony Downs definierten selbst das Verhalten der Politiker oder Wähler als pure Maximierung des persönlichen Nutzens. Gary S. Becker ging noch weiter, indem er selbst Ehe, Fortpflanzung oder Kriminalität mit solchen Markt-Modellen erklärte. Kurz: Der hochkomplexe Mensch wurde nicht nur in der Ökonomie, sondern in allen Lebensbereichen auf den mathematisch berechenbaren, rationalen Egoisten reduziert. Norbert Häring wirft in seinem Buch über »Markt und Macht« diesen Amerikanern sogar vor, sie hätten dafür gesorgt, dass für heutige Ökonomen »Begriffe wie ›öffentliches Interesse‹ oder ›allgemeine Wohlfahrt‹ nichts mehr bedeuten«.

Jede Zeit hat ihre eigenen verrückten Glaubenssätze und Menschenbilder produziert, auf die wir später nur mit Verwunderung und zum Teil gar mit Entsetzen reagieren – weil die Folgen oft genug erschreckend waren. Man muss dabei gar nicht bis an die Hexenverbrennungen des Mittelalters zurückdenken. Auch die Sklaverei wurde in ihrer Blütezeit von ihren Anhängern als durchaus rational und ökonomisch unverzichtbar verteidigt. Ohne Sklaven, so die damalige

Argumentation, werde die Wirtschaft zusammenbrechen. Klingt irgendwie bekannt, oder? Und auch das Menschenbild des Kommunismus war eines, das mit dem Neoliberalismus die Konzentration aufs rein Materielle teilte. Beide eint dabei die Negierung oder die Ignoranz gegenüber den irrationalen menschlichen Wesenszügen, der Emotionen und der Spiritualität.

Besonders problematisch ist es, wenn dieser Glaube als quasi ideologiefreies Ergebnis wissenschaftlicher Forschung daherkommt. »Hinter jedem zynischen (oder inkompetenten) Bankmanager oder Börsenhändler sitzt ein Ökonom, der ihm mit scheinbar unangreifbarer, intellektueller Autorität bescheinigt, dass seine Handlungen nützlich für die Öffentlichkeit seien und niemals von der Gesellschaft beaufsichtigt werden sollten«, spottete der amerikanische Nobelpreisträger Joseph Stiglitz unlängst über seine Kollegen. Exemplarisch bewies das mitten in der Finanzkrise Lloyd Blankfein, der Chef der amerikanischen Investmentbank Goldman Sachs, als er sagte, Banker verrichteten doch nur »das Werk Gottes«. Der Mann begründete das so: »Wir helfen den Unternehmen zu wachsen, indem wir ihnen Kapital geben.« Das Finanzsystem sorge so für immer mehr Wohlstand und ermögliche es den Menschen, Jobs zu haben, die dann noch mehr Wachstum und noch mehr Wohlstand schafften. Ende gut, alles gut – es läuft immer auf dieselbe alte Geschichte hinaus, die jeder Ökonomiestudent im ersten Semester lernt. Blankfein war dann sehr erstaunt über den Wirbel, den er mit seinen salopp dahingesagten Worten in der normalen Welt verursacht hatte. Und wahrscheinlich wundert sich der Banker bis heute, warum er damit das öffentliche Bild vom guten Banker endgültig in das vom raffgierigen Kapitalisten verwandelte. Denn eigentlich hat er doch nur gesagt, was viele Ökonomen bis heute glauben.

Vielleicht lässt sich deren Sicht der Dinge ja ganz einfach mit Interessenkonflikten erklären. In seinem Oscar-prämierten Dokumentarfilm »Inside Job« zeigt der Regisseur Charles Ferguson an vielen Beispielen, wie die Finanzindustrie die Wissenschaft korrumpiert hat. »Bei Studien über die Regulierung der Finanzindustrie haben finanzielle Interessen oft eine Rolle gespielt. Da bekamen Professoren viel Geld – und haben dafür die Finanzbranche unterstützt«, sagt Ferguson unverblümt. Zudem habe es auch indirekte Effekte gegeben: »Wenn man promoviert und der Doktorvater von der Industrie unterstützt wird, wird man sehr vorsichtig. Oder schauen Sie sich an, wer in Harvard oder anderen Universitäten im Aufsichtsrat sitzt und woher das Geld kommt.« Was der Film beispielhaft zeigt, belegt eine Studie der University of Massachusetts noch einmal akribisch genau. Gerald Epstein hat darin untersucht, welche Beziehung es zwischen der Beratung von Ökonomen und ihren finanziellen Eigeninteressen gibt. Die Ergebnisse sind erschreckend. Da saß ein Regierungsberater und Verfechter der Deregulierung auf millionenschwer dotierten Aufsichtsratsposten von Unternehmen. Da lobte ein Harvard-Ökonom die segensreiche Wirkung von Derivaten und saß zugleich im Aufsichtsrat von Versicherungen, die damit Milliarden machten. Das alles geschieht natürlich still und leise. Epstein fordert für die USA deswegen einen »Ethikkodex«, der neue Regeln für den zulässigen und unzulässigen Einfluss der Wirtschaftswissenschaftler auf die Gesellschaft etabliert. Bräuchten wir so etwas auch in Deutschland – damit anderes, vorurteilsfreies Denken mehr Chancen bekommt?

Denn auch hierzulande konnte man in den vergangenen Jahren allerorten erleben, wie Manager, Unternehmer und Wirtschaftspolitiker immer lauter und scheinbar wertfrei das Loblied von Wettbewerb und Effizienz sangen – für fast alle Teile des Lebens und der Gesellschaft. Da sollten Schulen, Ämter, Kirchen, Bahnen und Betriebe fit für die globalisierte Welt werden. Überall durften die jungen, agilen Partner von McKinsey und Co. ihre Rationalisierungspläne verkünden – und dabei gleichzeitig Beraterverträge in Sparten abschließen, die ihnen zuvor verschlossen gewesen waren: bei Fußballvereinen, Städten, Theatern und sogar bei den Kirchen.

»Der Unternehmensberater Peter Barrenstein hat die Kirchen zu einer schnelleren Strukturreform aufgefordert. Zwar sei viel in Bewegung gekommen, räumte der Münchner McKinsey-Direktor in einem Interview der Bonner Wochenzeitung ›Rheinischer Merkur‹ ein: ›Aber es geht alles unerhört langsam, jedenfalls nicht so schnell, wie die Kirche auf der anderen Seite Marktanteile verliert.‹ … Die Kirche müsse sich unbedingt neuer Marketingmethoden bedienen, unterstrich Barrenstein, der auch Vorstandsmitglied des Arbeitskreises Evangelischer Unternehmer ist. Sie müsse allerdings auch ein gutes Produkt anbieten …«

Produkt anbieten? Das Zitat findet sich noch heute auf der Internetseite der Evangelischen Kirche in Deutschland (EKD), geschrieben wurde es 2002 vom Evangelischen Pressedienst. Da fordert ein Betriebswirt die Kirche zum Kampf um Marktanteile auf. Und hatte er nicht auch genug Beweise für den Sinn seiner Forderungen? Hatten er und seine Kollegen nicht durch ihre Beratung, durch Drängeln, Rationalisieren und Entlassungen so manchen lahmen Staatskonzern auf Trab gebracht, das graue Drehscheibentelefon und das Monopol der Deutschen Post beerdigt und manch anderes Relikt dazu? Jeder Handybesitzer schätzt diese Veränderungen und unterschätzt doch, was dabei verloren ging: Wie viele Postämter in kleinen Städten sind heute geschlossen? Wie gut ist es für den deutschen Konsumenten, wenn die staatseigene Bahn lieber Wettbewerber in England aufkauft, statt sich um den deutschen Regionalverkehr zu kümmern? Und geht es den Gläubigen und Suchenden heute wirklich besser, weil die Kirchen »moderne Marketingmethoden« benutzen?

Eine Gesellschaft, welche die Zweifel an ihren Institutionen und ihrem Glauben vor allem auf die Effizienzfrage reduziert, macht sich ärmer als nötig. Denn sie pervertiert die politische Debatte darüber, wie wir leben wollen: Warum Kultur fördern, warum Orchester subventionieren – sollen die Kunden doch dafür zahlen. Was zählt, sind Wettbewerb, Effizienz, Ergebnis. Warum über moderne Bildung, über Befähigung von Kindern reden – selbst Schulfächer wurden zeitweise unter dem Aspekt der Nützlichkeit diskutiert.

Öffentlicher Raum, Kultur, Politik – das alles musste sich seit Anfang der 1990er Jahre plötzlich rechtfertigen, wenn es nicht der Ökonomie diente. Und nicht wenige pflegen den Diskurs auch heute noch. »Wachstum durch Verschwendung – Prunkvolle Opern sorgen für höheres Wirtschaftswachstum. Warum Politiker auch in Zeiten knapper Kassen besser nicht an der Kultur sparen«, schrieb das Münchner Ifo-Institut im Frühjahr 2011 in einer Pressemitteilung und warb damit für eine seiner Studien: »Eine der beliebtesten Übungen von Politikern angesichts von Haushaltsnöten ist der Griff zum Rotstift beim Kulturetat. Doch genau das ist falsch und sogar kontraproduktiv: »Attraktive kulturelle Angebote steigern das regionale Wirtschaftswachstum«, so das Institut. Kultur verkommt mit solchen Argumenten endgültig zur Wirtschaftsförderung. Selbst bei der Schulmusik wurde eine Zeit lang ähnlich argumentiert: Brauchen wir die noch, damit unsere Kinder im globalen Wettbewerb bestehen können? Wer da mit dem Argument von der »Freude am Musizieren« dagegenhielt, wirkte unglaublich altmodisch. Bei zwölf Schuljahren bis zum Abitur, so hieß es, sei für Nebensächliches einfach keine Zeit. Der Stress sei sowieso schon groß genug.

»Die vorgeblich durch die Zwänge der Wirtschaft erforderliche Ökonomisierung der Bildung ist der falsche Weg«, klagen inzwischen sogar Manager wie Eberhard von Kuenheim, der ehemalige Vorstandsvorsitzende von BMW in der »Frankfurter Allgemeinen Zeitung«. Kinder müssten viel zu früh im »Wettbewerb« antreten. Das Problem beginne schon in der Schule und setze sich dann an den Universitäten fort. Immerhin, der Musikunterricht scheint erst einmal gerettet. Denn in der Debatte um den Sinn des Musizierens tauchten dann glücklicherweise die Neurologen auf. Die fanden heraus, dass Kinder viel leichter Mathematikaufgaben lösen, wenn sie vorher ein Instrument gespielt haben. Und Mathe braucht schließlich jeder, der Betriebswirtschaft studieren will. Also ist die Musik nützlich, also kann auch weiter musiziert werden – als Mittel zum Zweck.

Der Irrsinn in vielen Köpfen – vielleicht hat er mit der grüblerischen Zurückhaltung der Philosophen und Künstler, der Pädagogen und Psychologen und Pfarrer zu tun. Sicher aber hat er auch mit den Scheuklappen der Ökonomen zu tun – mit deren Angst vor dem Verlust der Deutungshoheit und ihrer eigenen Wichtigkeit. Stellten auch sie die Grundannahmen ihrer Wissenschaft in Frage, bezweifelten auch sie erst einmal den Homo oeconomicus, brächen auch andere ihrer Gewissheiten weg. Als allererstes die vom Nutzen des Wachstums, dann der vom Wettbewerb in allen Bereichen der Gesellschaft und so weiter und so fort. Wenn der Mensch gar nicht immer mehr will und für ein glückliches Leben auch gar nicht immer mehr braucht – welchen Wert bekommt dann genau dieses »Immer mehr«? Reduziert es sich dann nicht auf ein Ziel neben vielen anderen?

Der Publizist Matthias Greffrath formuliert die Konsequenz so: »Die Wirtschaftswissenschaft muss sich methodisch um 180 Grad wenden. Nicht länger vom Homo oeconomicus her die Menschenwelt denken, sondern den historisch geformten Homo sapiens et politicus zugrunde legen und dann fragen: welche Ökonomie der braucht – und will.« Im Klartext heißt das: Die Wirtschaftswissenschaften müssen zurück zu ihrer dienenden Funktion. Sie könnte nicht länger behaupten, Politik und Gesellschaft müssen nur und zuallererst die Rahmenbedingungen für ein gutes Wachstum schaffen, weil das ja angeblich die Grundbedingung für alles andere sei. Stattdessen wären Politik und Gesellschaft anderen Zielen unterworfen – und Wachstum wäre bestenfalls ein Mittel auf dem Weg dorthin: Auf dem Weg zu mehr Chancengleichheit, weniger Hunger, weniger Umweltverschmutzung. Oder zu mehr Lebensqualität und Glück. Doch davon sind wir meilenweit entfernt.

MEHR HABEN STATT BESSER LEBEN:
Wie der Wachstumswahn uns um den Verstand brachte

Ob »Geier Sturzflug« das geahnt haben? Die Band stürmte in den 1980er Jahren die Single-Verkaufscharts mit einem Lied, in dem sie sangen: »Ja, jetzt wird wieder in die Hände gespuckt, wir steigern das Bruttosozialprodukt.« Noch heute, 30 Jahre später, trällern den Refrain fast alle Politiker – jedoch gänzlich unironisch. Ihr Credo ist nicht Glück oder Zufriedenheit oder Freiheit, sondern: Wachstum, meist versehen mit einem dicken Ausrufezeichen. Ob Finanzkrise, Klimawandel, Gerechtigkeitslücke oder Sehnsucht nach einem besseren Leben – die mit Abstand beliebteste Antwort auf alle Probleme heißt Wachstum. Die Steigerung des Sozialproduktes und des Konsums gilt als notwendige Bedingung dafür, dass alles gut wird. Wachstum hilft aus Schuldenkrisen. In wachsenden Volkswirtschaften kann die Regierung mehr verteilen, auch an die Geringverdiener. Nachhaltiges Wachstum soll uns vor der ökologischen Katastrophe retten. Und Wachstum empfahlen viele Ökonomen sogar als Ausweg aus der Finanzkrise, am besten angeheizt durch eine ordentliche Binnennachfrage.

Die einfache Gleichung, die hinter diesem Credo steht, geht etwa so: Wenn wir nur immer mehr kaufen, boomt die Wirtschaft, und dann wird auch alles andere gut. Dann entstehen Jobs. Dann bekommen die Unternehmen das nötige Kapital, um Innovationen zu finanzieren und Geld zu verdienen. Dann nimmt der Staat mehr ein, kann seine Kredite bedienen und mehr verteilen. Dann schaffen wir mehr Wohlstand, ergo mehr Lebensqualität und damit die Voraussetzung für mehr Glück und Unbeschwertheit. Dann verhindern wir durch neue Technik sogar die Klimakatastrophe. Dann hat sie ein Happyend, die große Geschichte vom Wohle des Booms, an die wir ach so gerne glauben. Nur, ist sie überhaupt wahr? Ist Wachstum wirklich eine Voraussetzung dafür, dass es uns und der Welt besser geht?

Instinktiv antworten die meisten normalen Menschen anders, als die Ökonomen es empfehlen. Wenn sich Krisen oder schwierige Zeiten ankündigen, neigen sie eigentlich zum Sparen und Horten. Schon die Bibel erzählt im Buch Genesis von den sieben guten und sieben schlechten Jahren: Da wird Josef zum Pharao gerufen, um dessen ungewöhnlichen Traum zu deuten. Josef erkennt ihn ganz richtig als Warnung und rät, einen Teil der guten Ernten für die kommenden Hungerjahre zu sparen. Überall im Land werden daraufhin riesige Speicher gebaut, Getreide wird eingelagert, und das Volk übersteht die Katastrophe, weil es vor und in der Krise spart.

In der modernen Ökonomie aber gilt das Gegenteil, übrigens am stärksten in den USA. Das Land ist einen kurzen Exkurs wert, weil es die Weltwirtschaft nicht nur durch seine pure Größe und ökonomische Macht, sondern auch durch die Ausstrahlung seiner Denker immer noch dominiert. Und es zeigt auch deutlicher als viele andere Länder, auf welche Irrwege die herrschende Ökonomie führen kann.

Also: In kaum einem anderen Land haben sich die Menschen in den vergangenen Jahrzehnten so verschuldet wie in den USA – in der Hoffnung, dass ein ordentliches Wirtschaftswachstum ihnen schon helfen werde. Man kann dieses Verhalten sogar historisch begründen: So wie die Deutschen die Inflation, fürchten die Amerikaner die Depression. Die kostete Land und Leute in den 1930er Jahren nämlich Millionen Arbeitsplätze, zerstörte Firmen, Familien und Hoffnungen und endete erst durch den New Deal von Präsident Franklin D. Roosevelt. Dessen durch Staatsschulden finanziertes, riesiges Ausgabenprogramm kurbelte die Wirtschaft an, und plötzlich gab es tatsächlich wieder Jobs, mehr Geld, mehr Güter, kurzum: Es wurde fast alles wieder gut. Seither haben Amerikaner viel weniger Probleme mit dem Konsumieren auf Pump als andere Völker. Nicht zufällig gibt es in den USA neben den vier traditionellen Jahreszeiten noch eine fünfte, die Shopping Season. Die beginnt immer an einem Freitag Ende November. Am Tag zuvor, an Thanksgiving, haben sich die Familien versammelt, einen Truthahn verspeist, dazu allerlei Beilagen, Süßkartoffeln, Cranberry-Soße, Apfel- und Kürbiskuchen. Kaum sind die schweren Speisen verdaut, werden kollektiv die Einkaufszentren gestürmt. Dort warten hohe Rabatte, dort wird gekauft, bis das Auto voll ist, und bezahlt wird mit Kreditkarten. Bis Weihnachten geht die Saison, in der Vergangenheit wurde fast jedes Jahr mehr umgesetzt.

Die Regierung heizte dieses Verhalten in den 1990er Jahren durch niedrige Zinsen und günstige Kreditkonditionen noch zusätzlich an. Damals wurde es geradezu Mode, sein Haus mit hohen Hypotheken zu belasten, schließlich stieg dessen Wert ja immer weiter. Und wenn man mal knapp bei Kasse war, eine neue Küche oder ein neues Sofa brauchte, konnte man im Zweifel umschulden, den alten Kredit durch einen neuen, noch günstigeren und höheren ersetzen, und schon war wieder neues Geld da. Problematisch daran war nur: Immer mehr Amerikaner lebten immer mehr über ihre Verhältnisse. Sie konsumierten nicht nur in guten Zeiten zu viel oder überbrückten schlechte Zeiten in der Hoffnung, dass es schon wieder besser werde. Sie verhielten sich in den vergangenen Jahrzehnten praktisch immer so, als ob morgen von allem noch viel mehr da sein würde, und zwar kollektiv und einzeln. Sowohl die nationale Saga der USA als auch das private Leben vieler Menschen basiert auf dem Glauben an dauerhaftes Wachstum. Doch schon immer konnten Millionen Amerikaner die Schulden auf den Kreditkarten und die fürs Auto und das Haus nur zurückzahlen, wenn die Zukunft rosig blieb, die Wirtschaft, das Gehalt und der Wert des Hauses wuchsen.

Leider ist das aber nicht immer so. Die letzte Finanzkrise hat das deutlich gezeigt. Plötzlich stiegen die Preise für die Häuser nicht mehr, es brachen im Gegenteil die Immobilienmärkte zusammen, es kam zum schlimmsten ökonomischen Schock seit dem Zweiten Weltkrieg. Auf einen Schlag waren die goldenen Zeiten vorbei. Millionen von Menschen konnten ihre Hypotheken plötzlich nicht mehr bezahlen, sie mussten den privaten Bankrott anmelden, ihre Häuser räumen, die Kinder aus der guten Schule nehmen, waren Jobs und Krankenversicherung los. Denn auch das ist in den USA sicher: Wem das Einkommen fehlt, dem fehlt schnell auch fast jeder Zugang zur Gesellschaft, zu großen Teilen des öffentlichen Lebens, zur guten Bildung.

Vom Millionär zum Tellerwäscher – auch das ist möglich und dient bereits als Stoff für Spielfilme. »Wir haben unsere Jobs verloren, unsere Familien und den Respekt unserer Kinder«, lässt Regisseur John Wells einen Schauspieler in »The Company Men« sagen. Für den jungen Manager Bobby, der bis dato Karriere gemacht hat, ist der Aufstieg plötzlich vorbei, wie für viele seiner Kollegen auch. Weg sind im Nu der weiße Porsche, die Spielekonsole des Sohnes, die Villa im Grünen mit dem Basketballkorb vor der riesigen Garageneinfahrt. Unbezahlbar wird der Golfclub, und nur der Schwager bietet ihm noch einen Job an: als Bauarbeiter.

Bobby schleppt nun Zement und mixt Beton. Andere geben auf, ein älterer Kollege bringt sich um, da er es nicht erträgt, die College-Gebühren für die Tochter nicht mehr zahlen zu können. All der so offen zur Schau gestellte Reichtum der ehemaligen Topmanager ist im Nu verflogen und damit ihre Sicherheit, ihr Lebensziel, ihre Selbstachtung. Doch zum Schluss des Films gibt es, ganz in der Tradition Hollywoods, ein Happyend.

Bobby macht den »Tiger«, das hat er in der Umschulung gelernt. »Ich werde es schaffen. Denn ich habe Vertrauen, Mut und Enthusiasmus«, schreit er laut vom Dach einer Baustelle, grinst über die Durchhalteparole, aber glaubt sie eben doch. Und im Film stimmt sie dann auch. Von der Krise wird nur eine kleine Delle in der Karriere bleiben, die ihn reifer gemacht hat und ein bisschen menschlicher. Amerika bleibt die heile neue Welt voller guter Menschen, in der jede Kritik an der Ungerechtigkeit am Ende verblasst und jeder eine zweite Chance bekommt. Wen kümmert es da, dass der alte, miese Boss seine Milliarden gemacht hat, während tausende Arbeiter ohne Krankenversicherung auf der Straße sitzen. Am Ende bekommt Bobby sogar wieder einen Job als Manager. Die neue Firma ist noch klein, aber alle hoffen schon wieder auf das große Wachstum. Der neue Boss, auch er wurde von dem alten Unternehmen gekündigt, ist voller Optimismus. Er will es jetzt auf eigene Faust versuchen. Es wird ein bisschen menschlicher zugehen als im alten Laden, aber sonst hat sich nicht viel geändert. Auch dieser Traum ist wieder per Kreditkarte finanziert.

Im echten Leben ist das nicht viel anders. Schulden hatten die USA in die Krise geführt, doch ausgerechnet Schulden sollen nun wieder hinausführen. Denn auch in dieser Krise setzte die amerikanische Regierung weiter unbeirrt auf Wachstumspolitik. Washington pumpte Geld in unglaublicher Höhe in den Wirtschaftskreislauf und erklärte den privaten Konsum nachgerade zur Bürgerpflicht: Keine Panik! Kurbelt nur die Konjunktur an! Kauft uns über den Abschwung hinweg, dann wird alles noch besser als vorher! Macht Schulden, damit wir wachsen. Denn wenn wir dann wachsen, können wir wiederum die Schulden zurückzahlen. So oder so ähnlich klangen die dringenden Bitten der politischen und ökonomischen Elite. Die Aufforderungen zum Konsum kamen aus dem Weißen Haus, sie wurden von führenden US-Ökonomen wiederholt, und viele andere sprachen es nach. Die Ökonomen beriefen sich damit auf einen ihrer berühmtesten Vorgänger, auf John Maynard Keynes: Der hatte vor Jahrzehnten schon vor der »Paradoxie der Sparsamkeit« gewarnt, die besagt: Wenn die Bürger eines Landes in einer Rezession gleichzeitig sparen, dann sinkt die gesamtwirtschaftliche Nachfrage so, dass am Ende trotz des Sparens alle ärmer sind als vorher – eben weil die Wirtschaft dann gar nicht mehr wächst.

Also lieber trotz Krise weiter Geld ausgeben? Zwischenzeitlich richtete sich die Aufforderung der Amerikaner mit solcher Vehemenz auch an die Regierungen im Rest der Welt und vor allem an die Europäer, dass ein heftiger transatlantischer Disput entstand. Präsident Barack Obama und Bundeskanzlerin Angela Merkel stritten sich öffentlich, von Pressekonferenz zu Pressekonferenz. Denn der Amerikaner mahnte die Deutsche vor den Treffen der G20, der wichtigsten Weltregierungen: Sie solle mehr tun, endlich die globale Konjunktur durch große staatliche Programme ankurbeln. Schulden machen, um Wachstum zu fördern, wurde plötzlich zu einer moralischen Frage, auf einmal ging es um internationale Solidarität.

Angela Merkel wehrte sich damals ungewöhnlich laut und klar, wohl wissend, dass öffentliche Defizite zwar auch in Deutschland üblich, aber trotzdem vergleichsweise unpopulär sind. Sie argumentierte: Schuldenfinanziertes Wachstum ist gefährlich, wenn Länder sowieso schon hohe Defizite haben. Schließlich muss irgendjemand das Geld irgendwann zurückzahlen können. Das kam hierzulande gut an. Still und leise aber sorgte dann auch die Bundesregierung für ein Konjunkturprogramm, und zwar für das größte seit dem Zweiten Weltkrieg. Um schnell staatliches Geld in den Wirtschaftskreislauf zu pumpen, griff die schwarz-gelbe Regierungskoalition sogar eine Erfindung der Autolobby auf, führte die Abwrackprämie ein und half beim Verkauf von Millionen neuer Wagen. »Mich erinnert das an die Wahlkämpfe, die ich in Peru oder Amazonien erlebt habe, wo den Hüttenbewohnern vor dem Urnengang ein Sack Maniok und ein paar Flaschen Milch vor die Tür gestellt wurden, was ökologisch immerhin noch sinnvoller ist als ein Opel Corsa«, lästerte damals der Spiegel-Redakteur Matthias Matussek. Vergeblich.

Es folgten weiter Ausgabenprogramme, schließlich verabschiedete die Bundesregierung sogar ein »Wachstumsbeschleunigungsgesetz«. Und dann das Aufatmen. Denn tatsächlich schienen die Maßnahmen zu wirken. Schon im Oktober 2008, auf dem Höhepunkt der Krise, zitierten viele Zeitungen das Nürnberger Marktforschungsinstitut GfK mit den Worten: »Das Konsumklima in Deutschland hat sich im Oktober auf niedrigem Niveau stabilisiert. Die Verbraucher haben auf die teilweise panischen Ereignisse an den internationalen Finanzmärkten bislang besonnen reagiert.« Im Klartext: Alles gut, die Leute kaufen weiter. Der »vernünftige« Verbraucher lädt seinen Einkaufswagen voll wie gewohnt – und die Wirtschaft schrumpft nicht zu sehr. So blieb es dann auch in den Monaten danach. Das System brach nicht zusammen. Der Kollaps der Weltwirtschaft fand nicht statt. Und die Finanzkrise schadete Deutschland viel weniger, als zunächst befürchtet. Im Gegenteil, die Republik stieg aus der Krise auf wie ein Phönix aus der Asche; die Arbeitslosigkeit sank, die Staatseinnahmen sprudelten, und Unternehmen produzierten mehr denn je. Stimmt die einfache Gleichung also doch: Wenn wir nur immer mehr kaufen, wird alles gut?

Kurzfristig, so hat die Krise gezeigt, ist das wirklich so. Geeignete Konjunkturprogramme können die Wirtschaft stabilisieren, den Abschwung abfedern und das Weltwirtschaftssystem vor dem Kollaps retten. John Maynard Keynes hatte diese Zusammenhänge schon vor dem Zweiten Weltkrieg erforscht und dann in den USA auch beispielhaft geprobt. Seither wurden seine Empfehlungen, in einer Krise die Wirtschaft durch staatliche Programme anzukurbeln, immer wieder erfolgreich umgesetzt – allerdings oft genug mit der unangenehmen Nebenwirkung dauerhaft steigender Staatsverschuldung. Denn die Politiker geben zwar in der Krise gern Geld aus, sie tun sich aber ungeheuer schwer damit, es in guten Zeiten wieder einzusparen. Deswegen war Keynes zwischenzeitlich ziemlich unpopulär und wurde erst in der letzten, schlimmen Finanzkrise wieder modern.

Doch Konjunkturpolitik in einem dramatischen Abschwung ist die eine Sache. Viel entscheidender ist hingegen die Frage, ob das Wachstum auf Dauer ein sinnvolles Ziel der Politik sein kann. Und ob es den Menschen eher nützt oder schadet.

Rechnen wir einmal kurz nach: Wenn man nur von einem Zuwachs des Bruttoinlandsprodukts (BIP) von zwei Prozent pro Jahr ausgeht, dann würde es sich in nur 35 Jahren verdoppeln – die deutsche Wirtschaft würde also doppelt so viel herstellen wie heute. In 70 Jahren wäre es sogar schon viermal so viel. Wir hätten dann viermal so viele Dinge wie heute. Schon Keynes hielt so etwas für unwahrscheinlich und nicht erstrebenswert: Er ging davon aus, dass Länder irgendwann in einen stabilen Zustand fallen würden, in denen es zwar Innovation und Mobilität gibt, aber kein Wachstum mehr. Dabei trieb ihn die pure Logik. Von ganz alleine sinke der Zuwachs des Sozialproduktes in entwickelten Volkswirtschaften, schon weil es ganz einfach nicht immer weiter exponentiell steigen kann. Keynes fand das nicht einmal bedrohlich – wenn es denn richtig vorbereitet und organisiert wird. In Gesellschaften wie der deutschen, die immer älter werden oder gar schrumpfen, sind niedrigere Raten noch ungleich wahrscheinlicher. »Aufgrund des demographischen Wandels und der damit verbundenen arbeitsfähigen Bevölkerung ist in den nächsten Jahrzehnten mit einem Rückgang des gesamtwirtschaftlichen BIP-Wachstums zu rechnen«, heißt es in einem Arbeitspapier dreier (ideologisch höchst unterschiedlicher) Ökonomen für den Deutschen Bundestag. Wenn hierzulande nicht die Produktivität auf wundersame Weise durch bahnbrechende Erfindungen explodiert, dann werde das Wachstum irgendwann stagnieren.

»Jeder, der daran glaubt, dass es unbegrenztes Wachstum geben kann, muss verrückt sein oder ein Ökonom«, hat der verstorbene amerikanische Wirtschaftswissenschaftler Ken Boulding nach so einer Rechnung schon vor Jahrzehnten gespottet. Boulding gehörte allerdings zu der eher seltenen Spezies, die Wirtschaft als ein Subsystem der Welt betrachteten – und schon deswegen an die Grenzen des Wachstums glaubte. Schließlich könne in einem endlichen System wie der Erde kein Subsystem unendlich zunehmen. Mit solchen Ideen aber ist Boulding eine Ausnahme. Bis heute gibt es nur vereinzelt Ökonomen, die wie er denken. Zu ihnen gehört Hans Christoph Binswanger aus Sankt Gallen, seines Zeichens Doktorvater des Deutsche-Bank-

Chefs Josef Ackermann und Vater des Ökonomen Mathias Binswanger. Doch es bleiben einzelne Mahner, die Wachstumswirtschaft für Misswirtschaft halten. Dabei reicht eigentlich ein nüchterner Blick auf unsere Welt und ihre Ressourcen, um zu erkennen, dass es kein unendliches Wachstum geben kann. Denn letztlich basiert auch die Wirtschaft auf Materie und deren Verbrauch, egal wie effizient Rohstoffe verwendet werden. Unendliches Wachstum wäre nur möglich, wenn wir beim Einsatz von Material zu einer dauerhaften Kreislaufwirtschaft kämen und nur noch Immaterielles wachsen würde – also wissensbasierte Dienstleistungen beispielsweise, die kein Material verbrauchen. Doch welche Folgen es haben kann, wenn sich Wachstum immer mehr in den virtuellen Raum verlagert und keinen Bezug mehr zum Materiellen hat, zeigte erst unlängst die Finanzkrise. Dort basierte der Boom der Hedgefonds und die Blase an den Immobilienmärkten ja gerade auf irrealen Werten – und fiel schließlich in sich zusammen. Mit den bekannten Folgen.

Für einen kurzen Moment schien es so, als ob die Finanzkrise bei den Eliten in Berlin, Brüssel und Washington zu einer neuen Nachdenklichkeit über das Wesen des Wirtschaftens geführt habe. Schließlich hat die Krise Millionen Menschen um Jobs, Häuser und Lebensqualität gebracht. Plötzlich fragten sich viele: Kann ein Wachstum gut sein, das so leicht implodiert – mit enormen Folgekosten für Staaten und Menschen? Warum haben die meisten Ökonomen das alles nicht kommen sehen, sondern im Gegenteil durch ihre ständigen Forderungen nach Deregulierung noch befördert? Stimmt denn die These vom Nutzen des Immer-Mehr, egal wie? Müssten wir nicht viel stärker danach fragen, wie wir die Wirtschaft stabilisieren, welche Art von Wirtschaft wir wollen – und welche nicht?

Die Exzesse der Finanzkrise erschütterten sogar die Selbstsicherheit mancher Amerikaner. Selbst der ehemalige Chef der amerikanischen Notenbank Alan Greenspan, der den amerikanischen Boom jahrelang mit seiner Politik des billigen Geldes angeheizt hatte, gab auf einer Befragung des Kongresses im Oktober 2008 zu: Er habe 40 Jahre mit einem Modell der Welt gearbeitet, das offensichtlich »fehlerhaft« sei. Nur, was genau ist denn fehlerhaft? Sind die Märkte doch nicht so effizient? Haben wir zu viel liberalisiert? Gibt es gutes und schlechtes, gerechtes und ungerechtes Wachstum? Müssten wir nicht mehr für die Stabilität von Märkten tun als für ihre Expansion? Geht es gar ohne Wachstum – und könnten wir dann nicht sicherer und sorgenfreier leben?

Greenspan bleibt die Antworten darauf bis heute schuldig. Und auch große Teile der anderen Ökonomen sind ziemlich ratlos. Im amerikanischen Bretton Woods konnte man das im April 2011 ganz exemplarisch erleben. Bretton Woods ist ein kleiner Ort mitten in den malerischen Bergen des US-Bundesstaates New Hampshire. Dort steht, umgeben von weiten Wiesen vor atemberaubendem Bergpanorama ein Luxushotel, das bis heute in der Welt der Wirtschaft einen magischen Ruf hat. Denn hier trafen sich gegen Ende des Zweiten Weltkriegs die Vertreter von 44 Nationen, darunter auch die berühmten Ökonomen John Maynard Keynes und Harry Dexter White. Das gemeinsame Ziel war es, das Weltfinanzsystem neu zu denken und zu bauen. Mit Erfolg. Die Wirkung der damaligen Konferenz war beträchtlich. Denn das sogenannte Bretton-Woods-System wurde tatsächlich von den Regierungen umgesetzt und sorgte für eine ganze Weile für ungewöhnliche Stabilität auf den Weltfinanzmärkten. Es legte feste Wechselkurse zwischen den Währungen fest, alle richteten sich am US-Dollar aus. Der wiederum war mit riesigen Goldvorräten, die im amerikanischen Fort Knox lagerten, abgesichert. Immerhin hielt das System bis in die 1970er Jahre, bevor es auseinanderbrach. Und so ist Bretton Woods bis heute unter Ökonomen ein Synonym dafür, wie kluge Denker und mutige Wirtschaftspolitiker die Welt sicherer machen können, wenn sie mit Augenmaß die Märkte regulieren.

Im Frühjahr 2011 trafen sich im gleichen Hotel wieder Ökonomen aus aller Welt. Das Institute for New Economic Thinking (INET) hatte übers Wochenende in das berühmte Mount Washington Hotel geladen – um zum Nachdenken über die Welt nach der Krise anzuregen und neuen Ideen zum Durchbruch zu verhelfen. »Das ökonomische Denken des 20. Jahrhunderts passt nicht mehr ins 21. Jahrhundert«, so Rob Johnson, der Gründer von INET. Johnson weiß, wovon er spricht. Der Mann hat als Chefökonom im amerikanischen Senat gearbeitet, später an der Wall Street viel Geld verdient und schließlich immer mehr Zweifel am System bekommen. Dass er ausgerechnet nach New Hampshire lud, dreieinhalb Autostunden entfernt von Boston, sollte der Konferenz den besonderen Kick geben. Und weil man ja nie wissen kann, ob nicht wieder Geschichte geschrieben wird, wollten auch diesmal viele dabei sein.

Es kamen die Berühmten, die Gelehrten und Einflussreichen der angelsächsischen Welt und auch ein paar aus dem Rest. Es erschien Larry Summers, einst Finanzminister von Bill Clinton und später Wirtschaftsberater von Barack Obama. Der ehemalige britische Premierminister Gordon Brown hielt während des Mittagessens eine Rede, und der ehemalige amerikanische Notenbankchef Paul Volcker sprach beim Dinner mit dem wohl berühmtesten Spekulanten der Welt, George Soros, der einst erfolgreich gegen die Bank of England und das Pfund spekuliert hatte, heute aber zu einem der bekanntesten Philanthropen Amerikas geworden ist und einen großen Teil seines Gelds für gute Zwecke ausgibt. Fünf Nobelpreisträger reisten an, preisgekrönte Autoren, berühmte Wissenschaftler, die vor oder in der Finanzkrise Einfluss besessen hatten. Viele von ihnen hatten für die Deregulierung der Märkte gekämpft, an deren Selbstreinigungskräfte und die wunderbare Wirkung von Wachstum geglaubt und daran, dass das System sich schon selbst helfen werde. Dass sie nun hier in Bretton Woods über die Fehler der modernen Ökonomien nachdenken sollten – dem »Wall Street Journal« war selbst das nicht ganz geheuer. In einem Blog vermutete die amerikanische Wirtschaftszeitung eine »Verschwörung« des »linken« George Soros zur Übernahme der Welt. Dutzende von Polizisten mussten das Treffen vor empörten Anhängern der Tea-Party-Bewegung schützen, die nichts mehr fürchten als zu viel Staat und zu wenig Marktfreiheit.

Tatsächlich gab Larry Summers, der ehemalige Wirtschaftsberater von Clinton und Obama und damit einer der Architekten der weltweiten Deregulierung, selbstkritisch zu: »Unter der Literatur, die Studenten im ersten Semester lernen müssen, ist auch jede Menge problematisches Zeug.« Die wirtschaftswissenschaftliche Lehre habe, so zeige die Krise deutlich, ganz offensichtlich mit vielen Entwicklungen unter anderem der Finanzmärkte nicht mitgehalten. Ganz zufrieden hörte sich der Nobelpreisträger Joseph Stiglitz das alles an, er hatte als einer der prominentesten Ökonomen schon lange mit vielem, was an den Universitäten gelehrt wird, gehadert und unterstützt deswegen INET nach Kräften. Vor allem bei den inoffiziellen Gesprächen, beim Kaffee oder an der Bar ließen auch viele andere Teilnehmer Zweifel am eigenen Tun und Lehren zu. Doch zitieren lassen wollten sich damit die wenigsten. »Wenn wir die Grundlagen unserer Lehre in Frage stellen, was bleibt dann noch? Und was sollen wir dann unseren Studenten beibringen?«, seufzte ein europäischer Professor und brachte das Problem auf den Punkt: Die tonangebenden Ökonomen der Welt sind zum größten Teil über 50 Jahre alt. Wer stellt in dem Alter noch alles, was er bisher geglaubt und gelehrt hat, in Frage? Vor allem wenn überzeugende Alternativen erst entwickelt werden müssen.

Anders als beim berühmten ersten Bretton-Woods-Treffen blieb es diesmal bei der vorsichtigen Selbstkritik. Etwas Neues, Anderes bauen – dazu fehlte wohl noch die Kraft und das Wissen. Und so pries Gordon Brown weiter unbeirrt den Nutzen des Wachstums. Der ehemalige Chefökonom des Internationalen Währungsfonds Kenneth Rogoff erklärte, er werde auch weiter die ökonomischen Modelle nutzen, nur müssten die eben besser werden. Und auch Larry Summers warnte, man solle das »Kind nicht mit dem Bade« ausschütten. Über Sozialpolitik wurde kaum, über den Klimawandel und die Folgen des Wirtschaftswachstums für den Planeten nur während eines Mittagessens am dritten Konferenztag geredet. Da stellten dann gerade mal drei der vielen Redner in Frage, ob unsere Art zu wirtschaften unsere Lebensqualität dauerhaft sichert – oder zerstört. Allerdings leerte sich der Raum während der Vorträge ziemlich schnell. Trotzdem war Rob Johnson, der Organisator der Konferenz, am Ende des Treffen stolz: »Immerhin ist das Monopol des herrschenden Denkens gebrochen«, verkündete er und setzte hinzu: Es werde immer deutlicher, dass sich die Wirtschaftswissenschaften stärker um »umweltgerechte, finanzielle, soziale Nachhaltigkeit« kümmern müssten, um die wirklichen Grundlagen für mehr Lebensqualität. Ach ja?

Ein paar Wochen später, Rob Johnson war mittlerweile nach Deutschland gereist, um auch hier mit Hilfe der Mercator-Stiftung neues ökonomisches Denken zu finden und zu fördern, gab sich der Mann selbstkritischer. Das Problem sei, so Johnson, dass man mit den Wölfen heulen müsse, um gehört zu werden. Um neues Denken in die etablierten Kreise zu transportieren, müsse man die Vertreter des alten Denkens einbinden. Das klingt sehr nach »ein bisschen« Revolution. Doch wahrscheinlich ist Johnson einfach nur lebenserfahren. Tatsächlich gab es ja auch in der Vergangenheit immer wieder Wissenschaftler, die unsere volkswirtschaftlichen Modelle in Frage stellten. Nur haben sie im herrschenden Diskurs der Ökonomen wenig Gehör gefunden, wenn sie mahnten, dass die sozialen oder die ökologischen Kosten unseres Wachstumsmodells zu hoch sind. Rob Johnson jedenfalls ist durch die vergangenen Jahre zu einem sehr harschen Urteil gekommen: Die meisten tonangebenden Ökonomen hätten die mahnenden Stimmen viel zu lange ignoriert, weil sie im herrschenden System zu den Gewinnern gehörten. Sie betrieben lieber freiwillig die »scheinbare Legitimierung« eines ungerechten Systems. Sie hätten sich beispielsweise viel zu wenig mit Fragen der Verteilung beschäftigt. Der Mann ist, das sei noch einmal betont, kein europäischer Linker, sondern ein ehemaliger Wall-Street-Manager.

ACH JA, DAS KLIMA:
Warum wir auch dieses Problem nicht durch Wachstum lösen werden

Immer wieder haben in der Vergangenheit vereinzelte Stimmen vor dem Ende der modernen Zivilisation gewarnt, davor, dass wir durch unsere Art des Wirtschaftens unsere Lebensgrundlagen vernichteten. Oft genug waren diese Warnungen allerdings überdramatisiert und hatten einen zu kurzen Prognosehorizont. Anfang des 19. Jahrhunderts sagte beispielsweise der britische Ökonom Thomas Malthus voraus, dass die Menschheit schon bald zugrunde gehen würde, weil die Erde die vielen Nachkommen nicht mehr würde ernähren können: Er prophezeite Seuchen, Hungersnöte und Kriege. Leider übertrieb Malthus stark. Und so gilt er seither als der Prototyp des nörgelnden Pessimisten. Wann immer heute jemand die Wunderwirkung des Fortschritts in Frage stellt, wird er schnell als Malthusianer abqualifiziert: Wer mag schon Schwarzmaler?

Trotzdem fand der Brite immer wieder Nachfolger. Im Jahr 1972 schickte eine Gruppe um den amerikanischen Ökonomen Dennis Meadows eine Schockwelle rund um die Erde. In ihrem Bericht für den Club of Rome über »Die Grenzen des Wachstums« prognostizierten die Wissenschaftler mit Hilfe von ausgeklügelten Computersimulationen der Welt wieder den Untergang: »Die Mitglieder der UN haben noch etwa ein Jahrzehnt, ihre alten Streitigkeiten zu vergessen und eine weltweite Zusammenarbeit zu beginnen. Sonst wird die Bewältigung der Probleme die menschlichen Fähigkeiten übersteigen.« Mit diesem Zitat des UN-Generalsekretärs Sithu U Thant aus dem Jahr 1969 beginnt der Bericht und prognostiziert dann weiter: Verbrauche die Wirtschaft auch künftig so viele Ressourcen und wüchse die Weltbevölkerung weiter so rasch, dann würde die Menschheit noch vor dem Jahr 2100 ohne Rohstoffe dastehen, und ihre Staaten würden kollabieren. Schon in den ersten Jahrzehnten des neuen Jahrtausends würden schlimme Umweltfolgen zu spüren sein. Welch ein Aufschrei ging da durch die Medien. Und welche Fehleinschätzung unterlief den Forschern, als sie der Menschheit nur noch Zeit bis 1979 gaben, um ihre Probleme zu lösen. Hätten UN-Generalsekretär U Thant, Meadows und seine Kollegen Recht gehabt, hätte ohne politische Einigung schon 1979 alles zu spät sein müssen. Doch selbst heutzutage halten die meisten Klimawissenschaftler die Erderwärmung noch für beherrschbar, vorausgesetzt, die Menschheit steuerte endlich beherzt um. Nur tut sie es bisher eben nicht.

Für den Club of Rome hatten die Fehler im Detail leider den unangenehmen Effekt, dass viele der durchaus präzisen anderen Prognosen in Vergessenheit gerieten. Selbst dass heute schon die ersten der damals vorhergesagten Veränderungen der Welt sichtbar werden (der Anfang des Klimawandels, die Stürme, die Verödung ganzer Landstriche), ändert nichts mehr am Image: Der Stempel Umweltpessimisten und Fortschrittsskeptiker klebt bis heute an dem Bericht fest. Und dem Aufschrei über das Buch folgten damals und folgen bis heute die noch stärkeren Wellen der Ablehnung. Alle Probleme der modernen Gesellschaft ließen sich noch schnell genug überwinden, beschieden führende Wirtschaftsforscher dem abtrünnigen Kollegen Meadows – eben gerade durch mehr Technik und mehr Wachstum. Und sie sahen sich ja bestätigt: Wenn sich schon nach zehn Jahren die eine oder andere Vorhersage des Club of Rome als zu pessimistisch herausstellte, warum dann nicht gleich das ganze Buch in die Mülltonne werfen?

Zudem gibt es ja Beweise für die unglaubliche Kraft von Wachstum und Fortschritt. Die Weltbevölkerung hat sich im letzten Jahrhundert nahezu vervierfacht; sie ist von 1900 bis 2003 von 1,6 auf 6,3 Milliarden gestiegen Trotzdem stieg die Zahl der Hungernden langsamer als die der Satten – die Welt ernährt also mehr Menschen denn je, es werden nur eben noch schneller immer neue Menschen geboren (wenngleich dies mitnichten die skandalöse Tatsache verharmlosen soll, dass immer noch fast eine Milliarde Menschen nicht genug zu essen haben). Vor allem in China ist fast ein Wunder geschehen. Und auch in vielen anderen Ländern haben heute mehr Menschen mehr denn je zu essen und zu trinken, sind gesünder und gebildeter. Und sie sind auch sorgenfreier und lebensfroher, wie die Glücksforschung hinlänglich bewiesen hat. Es ist etwas angekommen vom Wachstum, bei den Armen zwar weniger, bei den Reichen mehr; aber immerhin. Selbst Kriege, Krisen und Rezessionen änderten wenig daran: Global wurde in Rekordschritten mehr produziert, mehr konsumiert. Und mehr Menschen denn je sind mit ihrem Leben zufrieden.

Doch der Preis des Wohlstands ist hoch. Er kommt eben nur manchmal etwas später oder in anderer Form, als der Club of Rome es vorhergesagt hatte. Weniger schlimm wird er dadurch leider nicht: Obwohl Plastik zum Beispiel erst seit rund 60 Jahren im großen Stil produziert wird, haben sich in den Weltmeeren bereits riesige Müllstrudel gebildet, der größte davon im Pazifik. Er hat die Ausmaße Mitteleuropas. Der giftige Wirbel im Ozean lässt in hoher Konzentration Partikel von Einkaufstüten, CD-Hüllen, Zahnbürsten, Flaschen, Joghurtbechern, Legosteinen, Turnschuhen und Feuerzeugen zirkulieren. Längst ist der Wohlstandsmüll auch in den Mägen von Fischen gelandet und damit, guten Appetit, in der Nahrungskette.

Zugleich werden bereits Öl und manche Metalle knapp. Im Herbst 2010 gelangte deshalb ein armer, schmutziger Arbeiter mit einem Sack auf dem Rücken auf die Titelseiten der Zeitungen: Er transportierte sogenannte Seltene Erden. Deren Ausfuhr war plötzlich von China begrenzt worden, eben weil die darin vorkommenden Metalle sehr selten und zugleich auch extrem wichtig für die Produktion von Handys und anderen Hightech-Produkten sind. Auf einen Schlag wurde dem Westen klar: Aufsteigernationen wie China konkurrieren mit den übrigen Industrieländern um die Ressourcen. Dort wollen Milliarden von Menschen besser essen, ein festeres Dach über dem Kopf und fließendes Wasser haben. Eine neue Mittelschicht kauft dort schon jetzt immer mehr Fernseher, Autos und Computer und braucht für die Produktion dieser Güter mehr Rohstoffe selbst. Unser Wohlstandsmodell macht eben Schule.

Dabei werden die Kollateralschäden ständig größer: Täglich sterben 100 Arten aus, werden 20 000 Hektar Ackerland zerstört und 50 000 Hektar Wald abgeholzt. Wasser wird vielerorts knapp, die Meere sind überfischt, die Erde erwärmt sich mit wachsendem Tempo. Denn auch der Energiehunger wächst. Energie ist einer der wichtigsten Faktoren für die Produktion, immer noch. Der Potsdamer Ökonom und Klimaforscher Ottmar Edenhofer warnt deswegen auch: Das größte Problem für die Atmosphäre sei der wachsende Energiehunger, verbunden mit der Möglichkeit, ihn auch zu stillen. Denn während viele andere Rohstoffe knapp werden, lagert unter der Erdoberfläche viel mehr Kohle, als wir je verbrennen dürfen – wenn wir die Klimakatastrophe vermeiden wollen. Und welche dramatischen Folgen die weitgehend klimaneutrale Alternative Atomkraft haben kann, hat wiederum die Katastrophe im japanischen Atomkraftwerk Fukushima im Frühjahr 2011 erst gezeigt. Es bleibt nur das Umsteuern auf erneuerbare Energien, doch die Weichen dafür werden weltweit nur sehr langsam gestellt.

Die Organisation Global Footprint Network untersucht penibel, wie weit die Menschheit bereits über ihre Verhältnisse wirtschaftet. Das Ergebnis ist erschreckend und hat einen Namen: World Overshoot Day – jener Tag im Kalender, von dem ab der Ressourcenverbrauch die jährlich dauerhaft nutzbare Kapazität der Erde zur Regeneration dieser Ressourcen übersteigt. 1990 war dieser Tag am 7. Dezember. 2010 war Overshoot Day schon am 21. August. Die Menschheit lebte also seit dem Spätsommer ökologisch gesehen auf Pump. Wir brauchen derzeit eineinhalb Welten, um den Dreck zu absorbieren, den wir heutzutage in der einen produzieren. Oder anders gesagt: Um sich vom menschlichen Wirtschaften eines Jahres zu erholen, bräuchte die Erde eineinhalb Jahre. Wenn wir so weiter machen, werden wir 2030 schon zwei Welten benötigen. Sicher ist jedenfalls: »Das natürliche Kapital der Welt wird in großem Stil vernichtet«, so Achim Steiner, der Exekutivdirektor der UN-Umweltbehörde.

Wir wissen das längst, und doch ignorieren wir die Dramatik der Situation. »Das Klima ist das System, das zu groß ist, um kaputtgehen zu dürfen«, sagt der Umweltökonom William Rees aus Vancouver und spielt damit auf die Finanzkrise an. In der haben wir Banken gerettet, die so groß waren, dass sie durch ihren Kollaps das Weltwirtschaftssystem zerstört hätten. Beim Klima, so Rees, sei die Gefahr ebenso real. Auch das sei »too big to fail« (zu groß, um unterzugehen): Dieses Argument wurde bei der Bankenrettung immer wieder von Politikern benutzt. Nur sei das

Problem beim Klima eben noch nicht so offensichtlich. Es ist wie in der Geschichte vom Frosch: Wenn der in einen Topf mit heißem Wasser geworfen wird, versucht er zu flüchten. So hat die Menschheit in der Finanzkrise regiert, mit schnellen Maßnahmen. Setzt man den Frosch allerdings in einen Topf mit kaltem Wasser und erhitzt den langsam, dann stirbt das Tier. Es hat die Gefahr erst bemerkt, als es zu spät ist. So könnte es uns mit dem Klimawandel gehen.

Natürlich sind wir keine Frösche, denn wir wissen, was passieren kann. Wir ahnen sehr wohl, dass ein für unser Überleben entscheidendes System kollabieren könnte, und wir tun ja auch schon etwas dagegen: Wir organisieren UN-Konferenzen oder bauen die Energieversorgung in Europa um. Und doch ist unsere Reaktion immer noch erstaunlich träge. Denn wir tun im Grunde immer noch so, als ob wir das Problem fast ausschließlich durch mehr und bessere Technik lösen können. Dabei geben die international vergleichenden Analysen wenig Anlass zu der Hoffnung, dass wir das Spiel mit der Umwelt (und damit längst nicht nur mit dem Klima) durch neue Technologien gewinnen können: Theoretisch lassen sich der Einsatz von Rohstoffen und Materialien zwar zumindest zum Teil vom wirtschaftlichen Wachstum abkoppeln. Schließlich konnte die Welt im Jahr 2007 dasselbe wie 1980 mit einem Viertel weniger Materialeinsatz erzeugen. Theoretisch kann morgen ein kluger Kopf die schmerzfreie Lösung für unser Klimaproblem erfinden, die geniale Technik zur CO_2-Reduzierung. Theoretisch ist vieles machbar, und nur weil es so manche Innovation in der Vergangenheit nicht gegeben hat, bleibt sie in Zukunft trotzdem möglich. Es wäre falsches deduktives Denken, Innovationen von vornherein auszuschließen. Es wäre allerdings naiv, an Wunder zu glauben.

Inzwischen kümmert sich hierzulande zwar eine ganze Armada von Fachleuten darum, das Wachstum vom Umweltverbrauch zu »entkoppeln«. Immer wieder haben die Wissenschaftler dabei große Erfolge. Und deswegen lautet die gemeinsame Botschaft all dieser Effizienzapostel schon heute: Unser Wohlstand lässt sich auch mit einem Fünftel, womöglich sogar mit nur einem Zehntel des gegenwärtigen Verbrauchs produzieren. Doch der Weg dahin ist steinig. Und schnell genug geht es auch nicht. Denn im Wettlauf zwischen Effizienz und Wachstum ist, bisher jedenfalls, die Effizienz allzu oft nur zweiter Sieger: Sicher, wir werden grüner. Aber wir konsumieren eben auch immer mehr. Fachleute nennen das den »Rebound-Effekt«. Autos sind sparsamer geworden, aber auch schwerer und stärker. Häuser brauchen pro Quadratmeter weniger Heizenergie, aber die Wohnfläche pro Kopf ist gewachsen. Dem sagenhaften Erfolg von Wind- und Sonnenkraft zum Trotz stieß die deutsche Energiewirtschaft im Jahr 2008 fast so viel schädliches Kohlendioxid aus wie 1995. Nicht nur in Deutschland wird alles immer effizienter produziert, aber zugleich in immer höherer Stückzahl verkauft. Der neue Kühlschrank verbraucht nur minimalen Strom und der alte läuft im Keller weiter. Das neue Auto verbraucht weniger, das alte fährt durch Afrika.

Deswegen hilft die Effizienz, global gesehen, der Natur kaum. Weltweit wird die Umwelt stärker denn je strapaziert. In Deutschland stagniert der Naturverbrauch zwar bei jährlich rund 50 Tonnen pro Kopf; die heimische Umwelt wird weniger malträtiert als früher. Allerdings sind viele umweltschädliche Fabriken ins ärmere Ausland verlagert worden – ein Trend, der in sämtlichen Industrienationen zu beobachten ist. Belastende Güter würden zunehmend aus dem Ausland importiert, heißt es in einer Studie des Umweltbundesamtes. Kein Wunder, dass der Rohstoffverbrauch seit 1980 weltweit um 62 Prozent gestiegen ist. Aller neuen Technik zum Trotz.

Was würden Sie sagen: Schaffen es unsere Forscher und Handwerker, unsere Tüftler und Manager, die Wirtschaft schnell genug umzubauen? Wird die Politik sie dabei genügend fordern und fördern? Kurz: Glauben Sie an die Macht des technischen Fortschritts? Die Fragen sind nicht neu, und doch stellen sie sich zum ersten Mal in der Menschheitsgeschichte wirklich drängend. Wenn wir glauben, dass wir das Spiel beherrschen, können wir so weitermachen. Wenn wir Zweifel haben, sollten wir das Risiko und die Kosten des Umbaus gegeneinander abwägen. Denn davon hängt alles Weitere ab. Die Art, wie wir leben sollten. Was wir verbrauchen können. Wie wir wirtschaften müssen. Wie sehr wir unsere Gesellschaft umbauen müssen. Und wie stark wir das Glück der künftigen Generation verhindern. Wir müssen kalkulieren, was uns unser Glück, unsere Lebensqualität und unser Wohlstand wert sind.

Der Oldenburger Ökonom Niko Paech hält den Glauben an das »qualitative Wachstum« und den Fortschritt für »eine Utopie«: »Die vor etwa 30 Jahren hoffnungsvoll ausgerufene und grandios gescheiterte Idee des qualitativen Wachstums findet ihren Wiedergänger im nachhaltigen Wachstum. Abermals wird nichts weniger als die beste aller Welten in Aussicht gestellt: Unbeschwertes Ausleben konsumtiver Selbstverwirklichung, soziale Stabilität und obendrein eine intakte Biosphäre.« Und das alles in der Hoffnung auf irgendwelche überraschenden technischen Innovationen. Sogar der Klimaberater der Bundesregierung, der Physiker Hans Joachim Schellnhuber, nennt die Hoffnung auf grünes Wachstum »hochgradig naiv«. Dem Berliner »Tagesspiegel« sagte er: »Diese Wachstum wird zwar an einigen Stellen grün, aber in der Fläche schwarz, tiefschwarz wie Kohle und Öl.« Die beiden Experten sind sich einig: Nachhaltigkeit ist bisher eine Illusion.

Den klassischen deutschen Volkswirt berührt das wenig. Da tourte im vergangenen Jahr beispielsweise ein Professor, der immerhin auch mal als Finanzminister in Sachsen-Anhalt gearbeitet hat, mit der Nachricht durch die Lande: Wachstum sei »der einzige Weg, wie überhaupt im Weltmaßstab die großen Ziele der Menschheit erreicht werden können. Und es ist in Deutschland und Europa der einzige Weg, um Lebensqualität und soziale Sicherheit auf Dauer zu gewährleisten. Es hat insofern als politisches Ziel nicht nur wirtschaftliche, sondern auch moralische Bedeutung.« Karl-Heinz Paqué, der heute in Magdeburg Internationale Wirtschaft lehrt, schreibt das in einem Buch mit dem programmatischen Titel: »Wachstum!«

Moralisch? Wahrscheinlich muss man auf der Suche nach Erklärungen für ein so hartes Wort nach Gründen jenseits der Rationalität suchen. Meinhard Miegel, der einst die Grundsatzabteilung der CDU leitete und seit langem das Bonner Institut für Wirtschaft und Gesellschaft führt, hat das getan und ist zu dem Schluss gekommen, Wachstum ist eine Ideologie: »Als Ideologie hat das Wachstum der Wirtschaft die prosaische Sphäre des Handfest-Irdischen verlassen und Züge des Metaphysisch-Religiösen angenommen. Wachstum hat sich in gewisser Weise zur Religion unserer Zeit entwickelt und bedarf als solche keiner rationalen Begründung mehr. Wichtiger ist der Glaube.« Man muss nicht so weit gehen wie der Professor, der in seinem Buch »Exit« dem Ganzen etwas »quasi Kultisches« bescheinigt. Doch es ist schon auffällig, wie tief und unerschütterlich der Glaube sitzt, dass die beste kollektive Lösung für die meisten Probleme unserer Gesellschaft im mehr Produzieren, Verteilen oder Besitzen liegt. Die Finanzkrise hat daran ebenso wenig geändert wie die Ökokrise.

Die Frage, ob nicht unsere ganze Art des Haushaltens, des Immer-Schneller-Werdens, des Immer-Mehr-Wollens auf einer endlichen Erde scheitern muss, mag im Feuilleton willkommen sein. Unter den meisten deutschen Ökonomen wird sie totgeschwiegen. Und unter Politikern ebenso. Dass Effizienz nicht reicht und wir auch über mehr Suffizienz, also über Genügsamkeit, nachdenken und folglich ganz anders über Lebensqualität werden reden müssen – ist eines der letzten Tabus der politischen Debatte.

WENIGER STATT MEHR:

Zufrieden ohne Wachstum – geht das überhaupt?

Im Frühjahr 2011 widmete sich das »Zeit-Magazin« dem Thema Design. Es griff den Slogan der amerikanischen 100-Dinge-Bewegung auf. Leute, die sich zu diesem simplen Prinzip verpflichten, versuchen, nicht mehr als hundert Sachen zu besitzen und zwar gleich aus zweierlei Gründen. Zum einen wollen sie ihren ökologischen Fußabdruck verringern – sie sind also umweltbewegt. Zum anderen aber treibt sie der Überdruss am Konsum: Warum das kurze Leben mit so viel Kram zumüllen? Ihr Motto lautet: Lieber besser leben als mehr haben.

Die Macher des Magazins nutzten den Slogan, verwandelten ihn aber ins Gegenteil. »Mehr als hundert Dinge muss man gar nicht besitzen – es kommt nur darauf an, dass es die richtigen sind. Auf den Rest könnte man verzichten. Aber muss man zum Glück nicht«, so das Editorial, das damit ganz ungewollt in den Kern der Wachstums- und Glücksdebatte zielt. Denn es geht bei der Suche nach mehr Lebensqualität ja nicht nur darum, was wir brauchen. Es geht auch darum, auf was wir verzichten können. Wie wir möglicherweise neue Statussymbole finden. Und was wir für den Kernbestand einer bunten, phantastischen und lebenswerten Gesellschaft halten.

Können wir uns eine Welt ohne Wachstum überhaupt vorstellen? Würde sie uns wirklich glücklicher machen? Und wäre sie nicht unendlich langweilig und voller ökologisch korrekt lebender Spießer? Es ist interessant, dass man mit dieser Frage auf viele zweifelnde Gesichter und noch mehr spontane Ablehnung stößt. Zu Recht stellt der Philosoph Richard David Precht in einem Gespräch mit dem »Tagesspiegel« fest: »Wir sind nicht darauf vorbereitet, dass der Wohlstand sinken wird. Das wird politisch noch sehr gefährlich.« Und Thomas Korbun vom Institut für Ökologische Wirtschaftsforschung (IÖW), der diese Debatte schon seit langem verfolgt, sagt dazu nur seufzend: »Das Thema galt lange als unmodern. Und weil zudem die meisten Ökonomen bis heute davon ausgehen, dass es ohne Wachstum nicht geht, forschen sie auch nicht nach den Folgen.« Nur Einzelne hätten das immer wieder mal getan. Die meisten aber trauten sich und der Gesellschaft einfach nicht zu, dauerhaft mit den Folgen einer stagnierenden Wirtschaft umzugehen. Sie schrecken davor zurück, sich mit einem Leben ohne Wachstum auseinanderzusetzen, aus Angst und ein paar anderen guten Gründen – und wegen ein paar tiefer Missverständnisse.

Der Bielefelder Historiker Joachim Radkau hat die verständlichen Einwände gegen die Abkehr vom Wachstum unlängst in einem kleinen, aber höchst interessanten Artikel zusammengefasst. Erstens gebe es sozialpolitische Gründe. Das komplette Sozialsystem sei darauf ausgerichtet, dass das Sozialprodukt wachse, denn nur wenn es mehr gibt, gibt es auch mehr zu verteilen. Zweitens brauche die Wirtschaft aus psychologischen Gründen Wachstum. Ohne eine »deutliche Aussicht auf Wachstum« halte sich der Unternehmer mit Investitionen zurück. Drittens sei es aus technologischer Sicht erforderlich, sonst würde der Fortschritt zu viele Arbeitskräfte freisetzen. Und schließlich brauche man in jedem Land Wachstum aus Gründen des Konkurrenzkampfes. Wem der Status quo reiche, den werde die Konkurrenz an den Rand drängen. Oder anders gesagt: Wenn sich die Deutschen in der genügsamen Ökoecke zurückziehen, übernehmen eben die Chinesen.

Beginnen wir bei der wohl größten Sorge: dass mit dem Ende des Wachstums das Neue aus der Welt verbannt und damit das Leben unendlich grau und unglücklich wird. Schließlich, so argumentieren die Wachstumsbefürworter, ist die Suche nach Innovationen dem Menschen seit der Steinzeit gegeben, seit er das erste Werkzeug erfunden und zum ersten Mal das Feuer entdeckt und genutzt hat. Die Suche nach dem Neuen lässt heute viele Menschen länger und gesünder leben als in vielen Jahrhunderten zuvor, und sie macht das Leben für mehr Menschen erträglicher als je zuvor. Das alles stimmt. Das Missverständnis beginnt allerdings dort, wo die Suche nach dem Neuen automatisch mit »Wachsen« verwechselt wird. Denn eine Wirtschaft und eine Gesellschaft können sich sehr wohl verändern. Sie können weiterhin Neues schaffen, bunt und lebenswert sein – ohne dabei zu wachsen. Und das alles, glaubt man Herman Daly, sogar in der realen Welt. Der nämlich sagt: Das größte Missverständnis der klassischen Ökonomie sei, dass Innovation und Wachstum untrennbar seien.

Herman Daly ist der Schöpfer des Begriffs und Vordenker der »steady-state economy«, der stationären Wirtschaft. Der amerikanische Umweltökonom hat sich jahrzehntelang damit beschäftigt, ob Wirtschaften ohne Wachstum funktionieren kann und ob das besser für uns wäre. In den 1980er Jahren arbeitete der Wissenschaftler eine Weile bei der Weltbank und leitete zeitweise die Abteilung für Umweltökonomie, doch dann wurde es ihm dort zu bunt oder, besser gesagt, zu grau. Denn er stieß immer wieder an Grenzen, rieb sich an der Überzeugung der Bankenchefs, dass Deregulierung, Exportförderung und Wachstum in den Entwicklungsländern ganz oben auf die Agenda gehören und dass die Länder auch nur dann gute Kredite bekommen dürfen, wenn sie diesen Weg wählten. Daly kündigte und forschte weiter über die Bedingungen der stationären Wirtschaft, welche die Lebensqualität sichern sollte, ohne dass dabei die natürlichen Grundlagen in ein paar Generationen unwiederbringlich zerstört sein würden. Daly war also immer auf der Suche nach einem System, das das Wirtschaften in ein optimales Verhältnis zum Ökosystem setzt. Das klingt sehr theoretisch. Doch lässt man sich erst einmal auf sein Denken ein, verändert sich die Sicht auf die Welt enorm.

Die traditionellen Wirtschaftswissenschaftler, die unser Bild von der Welt und vom Fortschritt prägen, gehen davon aus, dass alles immer mehr werden muss, damit alles besser wird. In ihrem Modell kommt die Begrenztheit der Erde nicht vor, eine normale Produktionsfunktion eines normalen Ökonomen rechnet mit Kapital, Arbeit und Fortschritt. Die Umwelt taucht da nicht auf, oder nur in Form von Knappheiten. Dass beispielsweise zu viel Kohle vorhanden sein könnte und zu wenig Luft, folglich die Verbrennung von zu viel Kohle uns allen die Luft abschnürt, passt nicht in ihr Modell.

Daly hingegen betrachtet die Ökonomie als ein Subsystem der Erde, sie muss sich also nach deren Gesetzen richten, nicht umgekehrt. Deswegen darf eine gute Wirtschaft nicht dauerhaft über die Begrenztheit der Erde hinauswachsen. Bis heute kämpfen Dalys Mitstreiter vor allem gegen diese eine große Sorge ihrer Skeptiker: Stationär – das klingt nach Stagnation, nach Langeweile und Stillstand. Doch genau das müsse mitnichten so sein, sagt Daly gleich zu Beginn seines Standardwerkes, das er übrigens schon in den 1970er Jahren schrieb. Wie die Natur könne sich auch die Wirtschaft verändern, ohne dabei immer größer werden zu müssen. Wichtig sei dabei eben nur, dass der Zu- und Abfluss an Energie sowie der Verbrauch an Rohstoffen so gestaltet würde, dass sie das Ökosystem nicht dauerhaft zerstören. Ähnlich wie die Natur, die ständig Neues schafft und dafür Altes vernichtet, kann auch eine solche Ökonomie dauerhaft innovativ bleiben. Man müsse sich das wie eine Bücherei vorstellen, in der für jedes neue Buch ein altes verschwände. Das neue würde allerdings nur gekauft, wenn es besser sei als ein bereits vorhandenes. Ideen, Technologie und Erfindung wären also auch in einer stationären Wirtschaft weiterhin möglich.

Seine Dickköpfigkeit hat Daly eine ganze Reihe von Umweltpreisen eingebracht. Den meisten Wirtschaftswissenschaftlern ist er jedoch bis heute kein Begriff. »Die gehen immer noch von der Unbegrenztheit der Erde aus«, sagt William Rees, ein kanadischer Umweltökonom und Freund von Daly, und setzt hinzu: »Eigentlich müssen wir doch nur die Idee des Wachstums gegen die der Entwicklung austauschen. Es geht nicht um das *größer* werden, sondern um das *besser* werden.« Und da gebe es genug zu tun. Die komplette Energieversorgung müsse erneuert werden. Unsere Mobilität müsse sich verändern, weg vom privaten Auto hin zu klügeren Verkehrsnetzwerken. Industrien, die umweltgerecht produzieren, dürften wachsen, wenn nur die anderen, die heute noch mit der Technik des 19. Jahrhunderts arbeiteten, dafür verschwänden. »Man muss die stationäre Wirtschaft nicht fürchten«, sagt Rees, denn sie werde uns »mehr Stabilität, Nachhaltigkeit und Gerechtigkeit« bieten als das heutige System. Und mehr »Lebensqualität«.

Klingt gut, nur, wie soll das in der Realität funktionieren? Reisen wir doch für einen Moment nach Phantasien: Dort wächst ab morgen die Wirtschaft nicht mehr – weil wir den Konsumverzicht proben. Schließlich wissen wir ja, der macht uns nicht glücklicher, und die Umwelt liegt uns auch noch am Herzen. Wir verbringen unsere Freizeit, wie es sich einst der englische Ökonom John Maynard Keynes schon geträumt hatte, mehr mit den schönen Künsten, mit Musik und Literatur. Und wir hören auf den Schöpfer des deutschen Wirtschaftswunders Ludwig Erhard, der einst mahnte: »Was wir aber außerdem brauchen, ist ein neuer Stil unseres Lebens. Die wachsende Produktion allein hat keinen Sinn. Lassen wir uns von ihr völlig in den Bann schlagen, geraten wir in solcher Jagd nach materiellen Werten in den bekannten Tanz um das Goldene Kalb. In diesem Wirbel aber müssten die besten menschlichen Eigenschaften verkümmern.« Wir nehmen uns diese Ermahnung zu Herzen und drehen das ganze Statusdenken einfach um: Neue Dinge sind uncool, stattdessen konkurrieren die Schönen und Reichen um Gebrauchtwagen und Secondhandkleidung, während all die schönen neuen Designerstücke in den Regalen der Boutiquen verstauben – außer sie sind klimaneutral recycelt. In Phantasien ist das alles möglich.

Dort würde dann relativ schnell weniger produziert, weil sich die Geschäfte ja nicht mehr leeren. Doch wenn weniger verkauft wird, schrumpfen die Budgets für Werbung, und das träfe zum Beispiel die Zeitungsverlage, weil dann weniger Anzeigen geschaltet würden. Redakteure (wie ich) würden das bald spüren, es gäbe im besten Fall keine höheren Gehälter mehr. Möglicherweise würden bald die ersten Kollegen entlassen werden, so wie in vielen anderen Betrieben auch. Und wenn in Phantasien wie im echten Leben die Produktivität in vielen Branchen weiter zunimmt, würden auch noch zusätzlich Menschen ihren Job verlieren, schließlich werden jedes Jahr weniger Arbeitskräfte gebraucht. Die Arbeitslosigkeit würde explodieren. Wo aber sollen die neuen Arbeitsplätze für die Jobsuchenden nun herkommen, wenn nicht durch Wachstum? Es bliebe nur eine massive Umverteilung der Arbeit, ein Ziel, für das den Gewerkschaften dann wahrscheinlich die Macht fehlen würde. Sicher ist jedenfalls, dass der Druck auf die Politik, doch Wachstumspolitik zu betreiben, schnell massiv steigen würde.

Die Geschichte ist naiv, doch verweilen wir trotzdem noch einen Augenblick: Nehmen wir an, die Regierung bleibt hart – ebenso wie die Europäische Zentralbank. Geld wird nicht billiger verliehen, die Wirtschaft nicht angekurbelt. Also fließen auch weniger Steuern, ergo sinkt der Spielraum, etwas zu verteilen. Wie lange wird eine Bundeskanzlerin das durchhalten? Wann werden die Gewerkschaften rebellisch, die ihren Mitgliedern nun einen Lohnverzicht erklären müssen? Wo kommt das Geld her, um die steigenden Gesundheitskosten zu bezahlen? Wer erklärt der wachsenden Zahl der Rentner (auch Phantasien wird älter), dass es ab sofort nicht mehr, sondern weniger gibt? Und noch ein Schauplatz ist interessant, die Umwelt: Wenn Wachstum unseren Planeten langfristig vernichtet, hilft ihm dann das Schrumpfen der Wirtschaft unmittelbar? Sicher würde relativ bald die CO_2-Emission sinken, das haben die letzten Rezessionen deutlich gezeigt. Die Fabrikschlote rauchen dann weniger, was nach dem Zusammenbruch der DDR beispielhaft zu sehen war. Doch wo soll denn nun, in der Stagnation, das nötige Geld für den Umbau in eine grüne Republik herkommen, womit sollen die nötigen Innovationen und die Forschung finanziert werden?

An diesem Punkt lassen wir das Experiment enden. Es ist natürlich hochgradig irreal. Auf diese Weise wäre der Übergang zu einer Postwachstumsgesellschaft von vornherein zum Scheitern verurteilt – und keine Partei würde im echten Leben mit so einem Programm gewählt. Das müsste den Weg in eine Gesellschaft des Weniger sowie dessen Folgen schon etwas rosiger zeichnen. Nur was folgt daraus?

»Catch 22« nennen Amerikaner eine Situation, aus der es scheinbar keinen Ausweg gibt. Bekannt wurde der Begriff durch den gleichnamigen Roman von Joseph Heller. Der beschreibt einen Piloten, der im Krieg nicht mehr länger Bomber fliegen will, auch weil er Angst vor dem Tod hat. Den Dienst quittieren dürfen aber nur »unfitte« Soldaten, und das sind per Definition die, die so verrückt sind, dass sie tödlich riskante Flüge übernehmen.

Genau so wirkt die Situation, in der wir stecken: Mehr Wachstum macht uns auf Dauer kaputt. Doch ohne geht es auch nicht. Der Wirtschaftswissenschaftler Hans Christoph Binswanger hat so gründlich wie kaum ein Zweiter untersucht, wie man einen Ausweg aus diesem Dilemma finden könnte. »Aufs Geld kommt es an«, sagt er. Denn Geld und Zins verursachten Wachstumszwang und Wachstumsdrang. Das Problem sei, dass Banken heute in fast unbegrenztem Ausmaß Geld schöpfen könnten, indem sie ihren Kunden zusätzliche Kredite gewähren. Um die Schulden später zurückzahlen zu können, müssen die Kreditnehmer diese gewinnbringend investieren – sie müssen das Sozialprodukt steigern.

Zum Zwang kommt der Drang: Die Teilhaber der Firma erwarten möglichst viel Gewinn. Wie der gesteigert wird, ist egal. Ob am Aktienmarkt oder durch Immobilienspekulationen, das kümmert den Anleger nicht, Hauptsache er bekommt mehr zurück, als er investiert hat. Die Herausforderung bestehe nun darin, so Binswanger, »die sich kumulierende ökonomische und ökologische Verschuldung rechtzeitig zu bremsen«. Der Gelehrte, der für seine Ideen viele Preise gewonnen hat, will deswegen das Bankensystem umbauen. Die Banken sollen nur noch Geld verleihen, das sie schon haben. So würde es schwerer, die Kreditmenge weiter zu steigern, bizarre Blasen wie auf den Finanzmärkten zu produzieren und die Wachstumsspirale immer weiter zu treiben. Dann würde auch die Wirtschaft stabiler, weil es weniger vagabundierendes Kapital gäbe. Doch über solche Szenarien reden die meisten Politiker nicht. Und die Ökonomen schon gar nicht. Wer will schon als Totengräber des Kapitalismus gebrandmarkt werden? Und so passierte nach der Finanzkrise in den vergangenen Jahren denn auch das genaue Gegenteil: Die Welt wurde mit billigem Geld überschwemmt, und die Finanzmärkte florieren wie eh und je.

Weil er genau das beobachtet hat, ist John Fullerton, ein ehemaliger Direktor der amerikanischen Investmentbank JP Morgan, mittlerweile zum Kritiker des amerikanischen Finanzsystem geworden. Er sagt: »Es gibt in der Wirtschaft durchaus eine Rolle für Firmen, die ›erwachsen‹ sind. Die müssten nicht mehr wachsen, würden aber trotzdem Leuten Arbeit bieten und Gewinn machen. Das Problem ist heute nur, dass unser von der Wall Street getriebenes Finanzsystem solchen Firmen befiehlt: Wachst oder wir verkaufen Euch!« Fullerton findet das falsch und hat deswegen das Capital Institute gegründet, um anderes Denken zu fördern. Bisher allerdings ohne durchschlagende Wirkung, zumindest an der Wall Street.

Ende schlecht, alles schlecht? Angelika Zahrnt, Ehrenvorsitzende des Bundes für Umwelt und Naturschutz (BUND) und eine der bekanntesten deutschen Mahnerinnen vor der Umweltkatastrophe, will sich damit nicht zufrieden geben. 2010 hat sie deswegen wieder einmal versucht, neue Wege aus der Wachstumsfalle zu finden. Sie bat Wissenschaftler aus verschiedensten Disziplinen, einmal darüber nachzudenken, welche Probleme und Chancen eine »Postwachstumsgesellschaft« böte. Das kleine Büchlein, geschrieben für ein Fachpublikum, macht seither unter Studenten die Runde. Denn es spricht von Umverteilung der Arbeit, von einem anderen Umgang mit Eigentum und – vom Glück des Weniger. »Wir wissen heute, wir brauchen nicht eine Transformation, sondern mehrere. Wir müssen Wirtschaft, Gesellschaft und Kultur verändern«, sagt Zahrnt. Auch sie hat nicht auf alles eine Antwort, hat keinen Masterplan. Aber immerhin versuchen ihre Autoren, ziemlich konkret zu erklären, wie die Sozialsysteme umgebaut werden könnten, wie die Innovationsfähigkeit der Wirtschaft und die Lebensqualität der Menschen erhalten bleiben können. Und die Autoren stellen Fragen, die in den vergangenen Jahren eher tabu waren – beispielsweise die nach der Umverteilung der Arbeit.

»Wir investieren viel zu viel, um die Arbeitsproduktivität zu erhöhen. Also brauchen wir weniger Arbeiter auf den alten Jobs. Also müssen wir wachsen, um neue Arbeitsplätze zu schaffen und brauchen dafür wieder Wachstum. Wie wäre es, wenn wir als Ziel hätten, weniger zu arbeiten und die Arbeit anders zu verteilen. Unter allen?«, fragt auch der britische Wachstumskritiker Tim Jackson. Weniger Wachstum bringe mehr Freizeit, mehr Muße – also auch mehr Glück? Der Gedanke ist allein schon deswegen interessant, weil er so komplett der herrschenden Meinung widerspricht, die ja sagt: Nur mehr Wachstum, längere Arbeitszeiten, mehr Effizienz und mehr Wettbewerbsfähigkeit sind die Lösung.

Gedankenspiele sind das. Und auf nationaler Ebene, im Alleingang, sind viele davon wohl auch kaum umsetzbar – wenn man es überhaupt will. Immerhin ist Deutschland Mitglied in der EU, die immer wieder bekräftigt, zur wachstumsstärksten und wettbewerbsfähigsten Region der Welt werden zu wollen. Trotzdem mahnt Angelika Zahrnt vom BUND: »Wenn wir im reichen Deutschland oder in Europa keinen anderen Weg im Umgang mit uns und der Welt finden, wie soll es dann erst im Süden, im Rest der Welt gehen?«

EIN AUSFLUG NACH NAURU UND BHUTAN:

Vom Fluch des Reichtums und vom Segen des eigenen Weges

Inselstaaten haben einen großen Vorteil: Sie sind oft schlecht zu erreichen und daher in vielem autonomer als andere Länder. Deswegen kann man an ihnen besonders gut beobachten, was passiert, wenn die Bewohner ihr Verhalten umstellen, wenn sich Natur, Wirtschaft oder Gesellschaft verändern. Nauru ist so ein Staat, sogar der drittkleinste Staat der Erde: Das Inselchen misst wenig mehr als 21 Quadratkilometer. Nur der Vatikan und Monaco sind kleiner. In einer knappen halben Stunde hat man Nauru mit dem Auto umrundet, auf der einzigen Ringstraße. 17 Kilometer führt sie immer am Strand entlang. Kaum jemand kennt die kleine Koralleninsel, die verloren bei 0° 32′ südlicher Breite und 166° 55′ östlicher Länge im Pazifischen Ozean liegt und geographisch, aber nicht politisch, zu Mikronesien gehört. Dabei ist Nauru durchaus einen Blick wert – und zwar nicht nur wegen der Palmenstrände.

Nauru war eine ganze Weile das reichste Land der Welt. In den 1970er und 1980er Jahren erwirtschaftete die Insel das höchste Pro-Kopf-Einkommen der Welt, nirgends sonst war das Bruttoinlandsprodukt im Verhältnis zur Einwohnerzahl höher. Heute aber steht Nauru immer wieder kurz vor dem Bankrott, die Auslandsschulden sind hoch, die Natur ist zerstört. Die Bürger sind krank, leben an der Armutsgrenze und gehören zugleich zu den dicksten Menschen der Welt. Nauru ist heute ein Musterbeispiel dafür, wie Wirtschaftswachstum und Maßlosigkeit ein Land zerstören können.

Der Inselstaat wurde tatsächlich durch Vogelscheiße reich. Jahrtausende lang war die Insel eine Zwischenlandestation für Zugvögel. Der Kot und die Skelette der Vögel ließen zusammen mit Korallen reiche Phosphatvorkommen auf Nauru entstehen. Da dies ein wichtiger Grundstoff für Düngemittel ist, jubelte die Düngemittelindustrie, als man Anfang des 20. Jahrhunderts auf Nauru Phosphat in ungeahnter Menge entdeckte. Denn die Landwirtschaft in Europa brauchte dringend Dünger, um die Produktion von Nahrungsmitteln zu steigern und die wachsende Bevölkerung zu sättigen. Später dann fand Phosphat auch in der Kriegswirtschaft Verwendung: Man konnte es zur Sprengstoffherstellung nutzen.

Zunächst hatte die Urbevölkerung Naurus wenig vom exportierten Reichtum: Erst beuteten deutsche, dann ein englisches Unternehmen mit australischen und neuseeländischen Partnern die Phosphatvorkommen aus. Chinesische Arbeiter schufteten zu Hungerlöhnen auf den Phosphatfeldern. Die Ureinwohner lebten wie eh und je vom Fischfang und ein wenig von der Landwirtschaft. Doch das änderte sich ab 1968 schlagartig: Nauru wurde unabhängig, beutete nun die Vorkommen selbst aus und gelangte so quasi über Nacht zu ungeahntem Reichtum: Fast jede Familie verdiente nun an den Lizenzgebühren. Das Leben der Nauruer änderte sich so dramatisch wie nach einem Lottogewinn. Vieles gab es plötzlich im Überfluss. Es mussten keine Steuern bezahlt werden. Es entstand ein modernes Krankenhaus und bei komplizierten Krankheiten wurden die Patienten auf Staatskosten nach Australien ausgeflogen. Strom war kostenlos, jungen Leuten wurde das Studium im Ausland bezahlt, den Bürgern die Putzfrauen für ihre Häuser. Die kamen, wie auch die Arbeitskräfte auf den Phosphatfeldern, aus China oder von anderen Inseln. Die Einheimischen? Sie wurden zu hohen Löhnen beim Staat angestellt und kassierten Tantiemen für ihren Grund, auf dem Phosphat abgebaut wurde. Sie verlernten den Fischfang, sie stellten die Landwirtschaft ein. Doch sie besaßen – im Schnitt – mehr als zwei Autos (bei einem Straßennetz von 29 Kilometern), verreisten und kauften im Ausland teuer ein, was immer sie an Luxuswaren bekommen konnten. Alles wurde nach Nauru importiert, nichts mehr selbst angebaut.

Ein Lebensstil etablierte sich, bei dem der typische Bewohner von Nauru vor allem herumsitzt und konsumiert. Noch heute leiden vier von fünf Inselbewohnern an Fettleibigkeit. Diabetes ist die Todesursache Nummer eins, nirgendwo sonst sterben mehr Menschen an dieser Zivilisationskrankheit. Die Lebenserwartung der knapp 13 000 Menschen liegt bei etwa 60 Jahren.

Während die Bevölkerung wie im Schlaraffenland lebte, versuchte zumindest die Regierung ein wenig Geld für die Zukunft zu sparen. Sie investierte in Immobilien im Ausland, in eine Fluggesellschaft, aber alles ohne Plan, ohne Absicherung, ohne garantierte Renditen. Sie steckte vier Millionen Dollar in ein Musical in London – das floppte. Sie baute die größte Fluggesellschaft im pazifischen Raum auf und verlor damit zeitweise 40 Millionen Dollar im Jahr. Und irgendwann war das Geld weg. Denn Ende der 1990er Jahre gingen die leicht abbaubaren Phosphatvorräte zur Neige. Und auch die Ersparnisse, hineingesteckt in verschiedene Anlage- und Bauprojekte, anvertraut britischen, amerikanischen und australischen Bankberatern, zerrannen. Die Immobilien verloren an Wert, und schließlich, Ende der 1990er Jahre, konnten die Kredite nicht mehr zurückgezahlt werden. Nun wurden neue Kredite aufgenommen, um die alten Kredite zu bedienen. Nauru balancierte am Rande der Pleite, und immer öfter auch am Rande der Legalität. Zwischenzeitlich wurde in Briefkastenbanken Mafiageld gewaschen, gegen Geld wurden Flüchtlinge aus Pakistan, Afghanistan und dem Irak aufgenommen, die Australien loswerden wollte, und es wurden Pässe verkauft.

Man kann die Geschichte von Nauru als Parabel lesen: Manche nehmen sie als ein Beweis für die Verderbtheit des Kapitalismus, dafür, wie brutal er mit einem kleinen, naiven Inselvolk umgeht. Aber das wäre zu einfach und auch den Nauruern gegenüber nicht fair. Es würde sie zu armen Opfern degradieren, die unschuldig von einer fremden Macht verführt werden. Das ist sicher ein Teil der Wahrheit: Die süßen Verlockungen von Cola und Hamburgern haben bestimmt eine Rolle gespielt. Doch die Naurer waren Verführte und Handelnde zugleich. Seit Anfang der 1970er Jahre konnten sie selbst entscheiden, was mit ihrem Reichtum passiert. Der Staat hat dabei sogar versucht, Vorsorge zu treffen und Geld für die Zukunft zu investieren. Nur hat er eben kein bisschen an Nachhaltigkeit gedacht. Die Politiker wollten hohe Gewinne und gaben ihr Geld den Heuschrecken, die Traumrenditen versprachen. Dabei verloren sie ihr Kapital.

Nauru zeigt also vielmehr, wie ungebremstes Wachstumsdenken, Konsumgier und Gewinnstreben zunächst den Reichtum scheinbar erhöht, dann aber ins süße Nichtstun und schließlich in die Zerstörung führen – im Falle der Insel innerhalb von nur zwei Generationen. Und es zeigt auch, wie Kultur, Eigeninitiative und Engagement dabei verloren gehen. Aus einer uralten, nachhaltigen Zivilisation wird ein müdes, dickes Volk.

Immerhin, die Naurer leben noch. Ein Volk, das es noch wilder getrieben hat – allerdings lange vor der Neuzeit –, sind die Ureinwohner der Osterinsel. Die Insel weit vor der chilenischen Küste muss einst ein subtropisches Paradies gewesen sein. Die Pflanzenreste, die Biologen fanden, deuten auf Palmenstrände hin, auf hohe Wälder und einzigartige Farne. Die Insel war grün und fruchtbar und beheimatete Vögel verschiedenster Arten. Doch als der Forschungsreisende Jakob Roggeveen, der im Auftrag der Westindischen Handelsgesellschaft aus den Niederlanden losgesegelt war, 1722 an einem Ostersonntag auf der Insel landete, sah er nur unfruchtbare Grasebenen, ein paar verkrüppelte Büsche und ein paar hundert ziemlich ärmlich lebende Eingeborene. Und er fand überall auf der Insel die Moai. Diese eindrucksvollen, viele Meter hohen Steinstatuen hatte nur eine ziemlich weit entwickelte Kultur schaffen können. Etwa 1000 dieser Kolossalfiguren findet man noch heute auf der Insel verteilt, die meisten davon am Krater des ausgestorbenen Vulkans Rano Raraku.

Lange blieb es ein Rätsel, was auf der Insel passiert war. Doch später entwickelten Wissenschaftler folgende Theorie: Die Übernutzung der Natur führte zum Kollaps der Zivilisation. Das Ganze könnte im 15. Jahrhundert etwa folgendermaßen geschehen sein: Die riesigen Figuren wurden gebaut, um den Ahnen zu huldigen und zugleich seine eigene Stärke zu demonstrieren. Verschiedene Stämme traten so in den Wettbewerb gegeneinander – um immer größere und eindrucksvollere Statuen. Der größte Moai ist 21 Meter lang, er wurde allerdings nicht mehr fertig. Zum Transport der riesigen Blöcke, die von den Steinbrüchen zum Bestimmungsort gebracht werden mussten, brauchten die Handwerker Transportmittel und nutzten Baumstämme. Auf denen rollten sie die Moai über die Insel, allerdings zerdrückten die durch ihr Gewicht die Stämme relativ schnell. Also wurde der Wald geschlagen, mehr und schneller, als nachwachsen konnte. Zugleich war in jener Zeit eine Rattenart eingeschleppt worden,

die den Palmensamen fraß, sodass kaum noch neue Spröss-
linge entstehen konnten. Ohne den Wald erodierte der Boden, der Grundwasserspiegel sank, und die Felder wurden
unfruchtbar. Immer mehr der einheimischen Tierarten star-
ben, und selbst für die Fischerboote fehlte irgendwann das
Holz. Die Forscher belegen das mit den vielen Delphinkno-
chen, die sie aus der Zeit vor 1500 fanden. Für die Zeit danach lassen sich keine mehr nachweisen.

Die Not machte die Menschen aggressiv. Es kam zu
grausamen Stammesfehden und plötzlichen Gewaltausbrü-
chen. Aus jenen Tagen finden sich immer mehr Menschen-
knochen in den Abfällen. Ganz offensichtlich wurden die
Toten nicht einmal mehr ordentlich beerdigt. Dann, nach
und nach, schrumpfte die Einwohnerzahl. Hunger und Not
reduzierte die einstige Hochkultur auf ein paar hundert
Überlebende, die das meiste Wissen ihrer Kultur vergaßen.
Eine Zivilisation war untergegangen. Sie hatte in ihrem Ehr-
geiz zu viel Kredit auf die Zukunft aufgenommen und ihre
Lebensgrundlagen vernichtet. Nur die steinernen Zeugnisse
ihres Schaffens haben bis in die Gegenwart überdauert, doch
selbst sie werden langsam von der Erosion vernichtet.

Lässt man die vergangenen Jahrhunderte Revue passieren, dann finden sich noch einige Beispiele für untergegan-
gene Hochkulturen. Am berühmtesten sind wohl die Mayas,
die in Mittelamerika lebten. Auch bei ihnen vermuten die
Anthropologen, dass eine Mischung von Gründen zu ihrem
Untergang geführt hat: Eine Überritualisierung des Alltags,
ein übersteigerter Kult um das Jenseits, der mit blutigen Ritualen einherging – und eine Übernutzung der Natur. Irgendwann waren die Böden durch den intensiven Maisanbau
erschöpft und konnten die Hochkultur nicht mehr ernähren.

Kann die Menschheit aus solchen Lektionen lernen? Wir
wissen heute, was mit erschöpften Böden passiert, wir ken-

nen die Risiken von Erosion und Übernutzung. Wir wissen um die Folgen überfischter Meere und abgeholzter Wälder. Der französische Journalist Luc Folliet, der nicht auf der Osterinsel, aber lange auf Nauru lebte, ist trotzdem eher pessimistisch. Er hat die Insel bis in den letzten Winkel bereist und den Niedergang sehr plastisch beschrieben. Einmal befragte er eine Nauruerin, die wie die meisten anderen an Diabetes leidet, einst reich war und heute arm ist. Sie sagt zunächst nichts, dann einen Satz: »Wer wäre nicht gern reich?«

Wer nicht? Wir! Das würde der König von Bhutan antworten können. Sein Königreich liegt in Südasien, zwischen China und Indien und ist etwa so groß wie die Schweiz. Doch während die Alpenrepublik knapp acht Millionen Einwohner zählt, leben in dem Himalayastaat nur ein Zehntel so viele Menschen, gerade einmal 800 000. Die zerklüftete Berglandschaft Bhutans ist zu zwei Dritteln mit Wald bewachsen, ein wenig Land wird von den Bauern für Ackerbau und Viehzucht genutzt. In allen offiziellen Statistiken ist Bhutan arm, es gehört sogar zu den ärmsten Länder der Welt. Die meisten Menschen versorgen sich selbst, arm mögen sie sein, aber elend sicher nicht.

Schon in den 1970er Jahren hat der frühere König Jigme Singye Wangchuk beschlossen: Bruttoinlandsprodukt und Wirtschaftswachstum sind ihm herzlich egal. Er hörte sich all die Entwicklungshelfer und Wirtschaftsberater von Weltbank und Währungsfonds an, all jene, die Industrie aufbauen, den Exportsektor stärken und die Naturschätze ausbeuten wollten – und tat dann das Gegenteil. Er verordnete seinem Land das Bruttosozialglück. Lange bevor dieses Wort und die Idee, die dahinter steckt, hier überhaupt bekannt wurden, machte er es zum wichtigsten Ziel der Wirtschaftspolitik Bhutans. Dabei half ihm nicht nur der gute Ruf, den er in großen Teilen des Volkes genoss, sondern auch Religion und

Wissenschaft. Der König setzte sogar eine Kommission für das Bruttosozialglück ein, die sich auf die Suche nach der Glücksformel machen und herausfinden sollte: Was macht die Bürger des Landes wirklich zufrieden?

Eine Motivation für diesen Schritt lag wohl damals und liegt bis heute im Buddhismus; ein großer Teil der Bürger Bhutans sind praktizierende Buddhisten. Sie sehen daher in der Erfüllung materieller Wünsche eher ein Problem als die Lösung. Das hat für das Leben jedes Einzelnen Folgen. Er oder sie sollte Waren, die sich schnell verschleißen, ablehnen. Wertvoll für ein erfülltes Leben sind dauerhafte Güter, die möglichst wenige Rohstoffe verbrauchen. Ein Buddhist versucht, seinen Konsum möglichst zu beschränken, schließlich verstellt er den Weg zur spirituellen Erleuchtung und zum Glück.

Längst geht Bhutan bei der Suche nach dem Bruttosozialglück streng demoskopisch vor. Mit einer detaillierten Erhebung auf Grundlage von hunderten von Fragen wird die Gemütslage der Bürger permanent ergründet. Mitarbeiter des »Centre for Bhutan Studies« besuchen dafür Familie um Familie und fragen genauer nach, als das viele westliche Meinungsforschungsinstitute tun. Der Vorteil dieser Methode liegt auf der Hand: Statt einmal eine feste Regel und Urteile über die Grundbedingungen von Lebenszufriedenheit aufzuschreiben, bleibt das System flexibel: Schließlich können sich Wünsche, Werte und Befindlichkeiten der Bürger ändern. Und wenn sich die Idee davon, was denn Allgemeinwohl ist, verändert, dann muss sich auch die Politik ändern. Die Folgen kann man am Staatshaushalt ablesen. Bisher wirkt sich diese Art des Regierens zumindest auf diesen sehr positiv aus. 2005 wurden sieben Prozent der Einnahmen für Bildung ausgegeben, dreieinhalb Prozent für Gesundheit. Und nur ein Prozent für das Militär.

Einige Grundsätze aber haben die Bhutaner trotz aller Flexibilität festgeschrieben: So muss sich jede öffentliche Investition, jede politische Gesetzesänderung daran messen lassen, dass sie der Umwelt nicht schadet. Das ist das genaue Gegenteil des deutschen Stabilitäts- und Wachstumsgesetzes, das nicht von der Umwelt, aber viel vom Wachstum redet. Bhutan ist damit neben Ecuador eines der wenigen Länder, die ein nachhaltiges Wirtschaftsmodell, bei dem die Bewahrung der Umwelt als oberstes Ziel gilt, in der Verfassung verankert haben. Seit Jahrzehnten werden alle wirtschaftlichen Interessen des Landes dem Umwelt- und Naturschutz untergeordnet. Auch deswegen verfügt das Land wohl über eine Naturbelassenheit, die heutzutage, relativ auf die Landesgröße gesehen, weltweit nahezu unvergleichlich ist. Schon in der Schule wird den Kindern beigebracht, wie wichtig der Umwelt- und Naturschutz ist, und es wird viel praktisch, direkt draußen in der Natur, gelehrt. Plastiktüten sind verboten.

Sicher hat die relative Abgeschiedenheit und das Fehlen großer Bodenschätze Bhutan dabei geholfen, einen so eigenen Weg zu gehen. Das Land war weder für Kolonialherren noch für potenzielle Investoren ein lukratives Ziel, dadurch blieben viel Zeit und Spielraum, um die Entwicklung selbst zu bestimmen. Und auch die Religion hat den eigenen Weg erleichtert und macht Bhutan heute weniger krisenanfällig als viele andere Entwicklungsländer, die sich vor allem die Steigerung der Exporte oder die Weltmarktfähigkeit als Ziel gesetzt hatten.

Trotzdem wäre es wohl vermessen, Bhutan als das Paradies auf Erden zu bezeichnen. Einen Garten Eden gibt es nirgends, auch nicht in dem asiatischen Land. So kam es dort in den 1990er Jahren zu Unruhen durch die Proteste eingewanderter nepalesischer Flüchtlinge, die blutig niedergeschlagen wurden. Zudem hat Bhutan erst 2008 endgültig die parlamentarische Demokratie eingeführt, zuvor regierte der König weitgehend allein. Viele demokratische Grundregeln gelten also erst seit jüngster Zeit. Und auch heute noch prägt der Buddhismus die Gesellschaft und die Politik sehr stark. Mit großer Unnachgiebigkeit wird auf die Pflege dieser Kultur geachtet. Bhutan hat beispielsweise erst 1999 als letztes Land der Welt das Fernsehen eingeführt. Auf das Tragen der traditionellen Kleidung wird bei offiziellen Anlässen streng geachtet. Mit westlichen Ideen von individuellen Freiheiten und Selbstbestimmung hat das wenig zu tun.

»Man kann das Paternalismus nennen«, sagt der Deutsche Tobias Pfaff, der normalerweise als Diplomkaufmann an der Universität Münster, hin und wieder aber auch am »Centre for Bhutan Studies« forscht, und nennt als Beispiel: Unlängst erst habe der Staat den Tabakverkauf verboten. Tabak könne man nur noch im Ausland kaufen und dann hoch verzollt für den privaten Gebrauch einführen. Kann man keinen Zollbeleg vorweisen, drohen harte Strafen. Schränkt dieser Paternalismus die Freiheit des Einzelnen bereits unzulässig ein? Pfaff sagt dazu: Viele Liberale würden das so sehen. Aber in der Realität seien die Grenzen eben fließend. Auch in Deutschland gebe es da ja durchaus sanfte Übergriffe des Staates. Auch wir würden vom Staat zu einem bestimmten Verhalten gezwungen, ohne dass wir eine Menschenrechtsverletzung vermuteten – beispielsweise müssen wir uns im Auto anschnallen und beim Motorradfahren einen Helm tragen.

Zudem ist Bhutan keine erstarrte Autokratie, die gar keinen Wandel zulässt. Das Land hat sich eher der Entschleunigung verschrieben oder, anders gesagt, sich der weltweit üblichen Beschleunigung bislang ganz erfolgreich entzogen. Bhutan lässt Entwicklung zu, nur langsamer als andere Nationen. Und die meisten Schritte der vergangenen Jahrzehnte gingen in die richtige Richtung. Bhutan ist heute eine Demokratie, es hat eine heile Umwelt, es ist durch Finanzkrisen nicht zu erschüttern, und es versucht immer wieder, die Zutaten fürs Glück neu zu ergründen. Das ist im globalen Vergleich schon eine ganze Menge. »Wir könnten uns durchaus einiges abgucken, beispielsweise unsere Politik nicht vor allem an der Ökonomie auszurichten«, sagt Tobias Pfaff, stutzt kurz und sagt dann seufzend: »Eigentlich betreiben die Bhutaner keine Geheimwissenschaft, wenn sie mehr Wert auf Gesundheit und Bildung legen als auf andere Ziele. Das könnten andere Regierungen doch auch leicht tun.«

Aber Bhutan ist zu klein und hat wohl auch zu wenig mit anderen westlichen Kulturen gemein, als dass es bisher in der globalen Debatte um nachhaltige Wirtschaftsmodelle eine besondere Rolle gespielt hätte. Jedenfalls steht es nicht auf der Liste der Länder, in die unsere Politiker reisen, um etwas über deren Umgang mit sich und der Wirtschaft zu lernen. Eine Zeit lang waren diese Bildungsreisen unter deutschen Politikern Mode. Meist ging es ihnen dann allerdings darum, den Sozialstaat umzubauen oder sich Strategien zur Steigerung von Effizienz und Wettbewerbsfähigkeit abzuschauen. Mal hieß es: Wir müssen werden wie die USA, weil die dem Wettbewerb besonders viel Raum lassen. Dann waren die Niederlande der Hit, wegen der Flexibilisierung der Arbeitsmärkte. Und dann galten immer mal wieder die skandinavischen Länder als Vorbild für den idealen westlichen Sozialstaat. Schließlich aber wuchs die Erkenntnis: Natürlich bildet Reisen, schon weil man sich selbst und sein eigenes Land aus der Ferne mit anderen Augen sieht. Man kann dabei auch lernen, wie gesellschaftliche Probleme anderswo gelöst werden, und vielleicht auch die eine oder andere Sache kopieren. Doch Modelle lassen sich nie eins zu eins übernehmen, und jede noch so kleine Methode muss den nationalen Besonderheiten und der eigenen Kultur klug angepasst werden. Die Attraktivität der Modellguckerei ließ nach dieser Einsicht bald nach.

Trotzdem gibt es natürlich weiterhin Gesellschaften mit großer kultureller Strahlkraft. Leider waren das in den vergangenen Jahrzehnten nicht unbedingt jene, die sich um die Nachhaltigkeit ihres Wirtschaftsmodells und um die Lebensqualität ihrer Bürger besonders viele Gedanken gemacht haben. Und das liegt nicht nur daran, dass Hollywood mehr Blockbuster und bessere Fernsehserien dreht als Dänemark oder Bhutan. Das liegt auch daran, dass diese wachstumsfixierten Länder ganz offensichtlich eine attraktive Kombination aus Risiko und Freiheit offerierten – wobei viele die Chancen der Freiheit überschätzen (und sie mit der Aussicht auf schnelle Gewinne verwechselten) und zugleich das Ausmaß des persönlichen und gesellschaftlichen Risikos (beispielsweise die Gefahr eines finanziellen Crashs) unterschätzen.

Man muss gar nicht bis nach Nauru schauen, um die Verführbarkeit des schnellen Reichtums zu erkennen. Es genügt schon der Blick nach Island. Das Land, besiedelt vor Tausenden von Jahren von den Wikingern, galt lange als ungewöhnlich glückliches und erfolgreiches Land. Es war zwar nie sehr reich, aber sehr demokratisch, hatte eine gebildete und faire Gesellschaft, Arbeit für fast jeden und eine weitgehend intakte Natur. Doch dann machte es einen großen Fehler: Es setzte auf das schnelle Geld der Finanzmärkte. Ermöglicht durch laxe Bankengesetze, floss von überall billiges Geld auf die Insel im hohen Norden – und etwas fiel auch nach unten durch. Viele Bürger erlebten die Wohltaten eines plötzlichen, ungeahnten Reichtums: Die Häuser wurden (wie die Autos) groß und größer, man konnte sich teure

Urlaube leisten, es entstanden neue, glitzernde Einkaufszentren, und die internationalen Handelsketten entdeckten den attraktiven Markt. Für ein paar kurze Jahre wurde Island zum Wirtschaftsmodell für den Rest der Welt. Doch dann implodierten die Banken, die Blasen platzten – und die Isländer standen über Nacht vor dem Bankrott.

Das kleine Land, dem es eben noch gut ging, wurde in wenigen Tagen zum Paria, zum quasi verbrecherischen Milliardengrab. Der irreale Reichtum hatte sich in Luft aufgelöst. Plötzlich sah sich die Regierung, die den Banken ja all die Spielereien mit den internationalen Geldern erlaubt hatte, mit Zahlungsforderungen der Nachbarn in Milliardenhöhe konfrontiert. Die Währung brach zusammen. Die Immobilienmärkte kollabierten, Unternehmen verloren ihren Wert. Plötzlich steckte die ganze Nation in der Existenzkrise, ihre Regierung musste die Sozialausgaben drosseln, die Gesundheitsversorgung zurückschrauben und die Gehälter der Angestellten kürzen. Von Tag zu Tag fanden sich mehr Bürger auf der Straße wieder, ohne Job und ohne Perspektive. Und den Kredit fürs Haus konnten sie auch nicht mehr zahlen. Wie erholt sich eine Gesellschaft von so einem Schock?

»Rückbesinnung auf das Eigentliche«, hört man von Isländern jetzt häufiger. Da schwingt natürlich ein ganzes Stück Fatalismus mit. Was bleibt ihnen denn anderes, als an die alten Traditionen anzuknüpfen, an das Wissen um Fischfang und Schafzucht? Doch auch wenn es im ersten Augenblick so schien: Island muss nicht zurück ins Mittelalter. Es muss nur die Moderne anderswo suchen als bisher. Denn einen Teil seines Volkseinkommens hat der kleine Staat sehr gut genutzt. Island verfügt nicht nur über ausgebildete Bürger, gute Schulen und Universitäten, die sehr erfolgreich sind, und private Initiativen, welche die Ideen und die Kreativität ihrer Studenten zu unterstützen, zum Beispiel in der Computerindustrie. Island hat auch einen ungewöhnlich großen Reichtum an Energie: Die Vulkaninsel kann ihren Bedarf fast vollständig durch Wasserkraft und Erdwärme decken – und hat damit alle Chancen, zur weltweit ersten CO_2-neutralen Wirtschaft zu werden.

Island und Nauru. Das sind zwei sehr unterschiedliche Varianten der Geschichte vom plötzlichen Reichtum. Island hatte eine gefestigte Gesellschaft, deren Kultur langsam in die Moderne wachsen konnte und die trotz aller Begeisterung für die glitzernden Träume von der schönen neuen Welt des globalen Finanzkapitals eine ganze Reihe anderer, traditioneller Fertigkeiten weiter pflegte. Deswegen tobte der Finanzmarktcrash über die Insel wie ein wütender Sturm, der zwar böse Schäden verursachte, aber nicht nur karge Öde hinterließ. Denn die Isländer können an alte Traditionen anknüpfen und ihr Land damit zum Modell eines soliden Wiederaufbaus machen. Sie können zu einer Gesellschaft werden, die die Lektion von den Kosten des falschen Wachstums gelernt hat, die aber die Lust am Neuen, an der Kreativität, am Leben nicht verloren hat. Und die sich nun um einiges ärmer, aber um eine Erfahrung reicher wieder auf die Suche nach dem Glück begibt.

Die Liste der möglichen Fallstudien ist lang: Man könnte auch den Zusammenbruch Irlands untersuchen, das einst zumindest für Europa als Modell galt, weil es durch niedrige Steuern und deregulierte Finanzmärkte Anleger aus aller Welt anzog – und ähnlich wie Island zusammenbrach. Oder man könnte ausgiebig darüber philosophieren, wie die USA ihren Ruf als Wirtschaftsmodell durch die Finanzkrise verspielten. Doch interessanter als das Auflisten weiterer Einzelfälle sind die Gemeinsamkeiten all dieser Ex-Wunderländer. Ganz offensichtlich gilt allerorten: Wenn die Politik zu besoffen ist von der Aussicht auf hohe Renditen, wenn sie vor allem das kurzfristige Wachstum fördert, wenn außer diesem Ziel sonst nicht mehr viel zählt und die Umwelt zur Nebensache wird, spielt sie mit der Lebensqualität ihrer Bürger. Denn sie riskiert ja nicht nur die Chancen künftiger Generationen. Schon die jetzt Lebenden können schneller, als wir das bislang für möglich gehalten haben, in der Misere landen. Die beiden Ziele, Wachstum und Lebensqualität, können sich also eindeutig widersprechen, das eine kann das andere sogar zerstören.

Wenn hingegen das aktuelle und das künftige Glück der Bürger oberstes Ziel der Regierungspolitik wäre – dann müsste sie nicht nur über die Zutaten dafür ständig neu nachdenken, sie müsste sich auch über die Art des Wachstums viel mehr Gedanken machen. Was hindert unsere Regierung eigentlich daran?

WIE AUF DROGE:

Warum Regierungen nicht vom Wachstum lassen wollen

Lisa Paus sitzt an einem grauen Morgen in ihrem Büro. Vor dem Interviewtermin um neun hat die grüne Abgeordnete schon einige Tassen Kaffee getrunken, Akten gelesen, Anrufe erledigt. Der Tag wird lang. Und er wird wenige konkrete Erfolge haben. Das liegt sicher daran, dass Paus in der Opposition ist. Doch das Gefühl der Ohnmacht geben in stillen Stunden auch viele Politiker der Regierungspartei zu. »Wir sind hier im Bundestag viel weiter weg von den Bürgern als alle anderen Politiker«, sagt Paus selbstkritisch, dabei hat sie es als Berliner Abgeordnete noch nicht einmal besonders weit zu ihren Wählern. Sie ist eigentlich mittendrin.

Doch Paus meint das mit der Entfernung im übertragenen Sinne. Ihr geht es um die Frage, was die Leute von den Dingen, die zwischen Kanzleramt, Reichstag und Café Einstein beschlossen werden, erreicht. Und da ist die Bilanz eher ernüchternd: Echte Erfolge lassen sich schwer messen. Nah dran ist man in der Kommunalpolitik, nicht im Bundestag. Deswegen, so sagt Paus, griffen Berliner Politiker auch so gern auf die Zahlen im Haushalt zurück. Auf große Ausgaben, große Einsparungen, Defizit-Ziele, eindrucksvolle Programme. Ein teures Programm steht dann flink für eine erfolgreiche Politik. Viel Geld für die Bauern wird verwechselt mit guter Agrarpolitik. Viel Geld für die Rentner mit einer guten Sozialpolitik. Ein guter Verkehrsminister hat einen hohen Etat für den Straßenbau. Zwar weiß natürlich jeder,

der Politik macht, dass die Wirklichkeit viel komplizierter ist. Doch mit nichts lässt sich erfolgreiche Politik so leicht beschreiben wie mit hohen Ausgaben für die eigene Klientel.

Diese Realität hat eine bittere Konsequenz. Sie sorgt dafür, dass Politiker kaum etwas mehr brauchen als ordentliches Wirtschaftswachstum, und zwar quer durch alle Parteien. Egal ob CDU/CSU oder SPD, FDP, Linke oder Grüne: Sie alle hängen am steigenden Bruttoinlandsprodukt (BIP) wie Drogenabhängige an der Spritze – spätestens wenn sie an der Regierung sind. Alles fällt ihnen leichter, wenn nur die Wirtschaft boomt. Unzählige Erwartungen, politische Versprechen und Verteilungsrituale hängen am Wachstum. Mit steigenden BIP sprudeln schließlich die Steuereinnahmen, und deren Höhe ist nun mal eine außergewöhnlich wichtige Größe für jede Regierung. Am Geld hängt für sie ungeheuer viel. Deswegen hat jeder Finanzminister im Bundeskabinett eine herausragende Stellung, kann sein Haushaltsentwurf dort nur vom Kanzler ausgehebelt werden. Deswegen wird die Haushaltsdebatte im Bundestag in der Regel für eine »Generalabrechnung« mit der Regierung genutzt, gilt das Zahlenwerk doch seit jeher als Spiegelbild der parteipolitischen Absichten. Und die lassen sich nun mal mit vollen Kassen viel schmerzloser demonstrieren als mit leeren.

Wachsen die Steuereinnahmen durch eine boomende Wirtschaft, fällt so vieles leichter. Dann kann die Regierung die Zinsen für die öffentlichen Schulden einigermaßen schmerzlos bedienen. Sie muss nicht bei den Ausgaben sparen, es gibt folglich keine Proteste von den Gruppen, die künftig weniger bekommen. Die Regierung kann möglicherweise die Steuern oder die Lohnnebenkosten senken. Vor allem aber kann sie mehr ausgeben. Politik wird damit leicht, phantasievoll und interessant: Es ist mehr Geld für Universitäten, Straßen und die schönen Künste da, bei den

Etats der Ministerien muss nicht gekürzt werden, der Beamtenbund wird friedlich, der Bundeszuschuss zur Arbeitslosenversicherung fällt leichter, genau wie all die schönen Programme für Familien und Kinder, Unternehmer und vielleicht sogar die Umwelt. Um zu verteilen und zu gestalten, muss nicht umverteilt werden. Die Politik atmet durch.

Wachstum ist die erste Bedingung für vieles, was kommen soll, und zwar längst nicht nur in Berlin. Neben dem Haushalt des Bundes sind seit jeher auch die Etats der Länder und Gemeinden sowie die Sozialsysteme darauf ausgerichtet: In den Rathäusern muss in guten Jahren nicht mehr über die Schließung von Schwimmbädern und Bibliotheken gestritten werden. Das teurer werdende Gesundheitssystem lässt sich leichter finanzieren, wenn das BIP steigt. Die Rentner lassen sich leichter zufriedenstellen, schließlich steigen in Boomzeiten meist auch die Löhne und damit die Renten. Und wenn, wie in Zukunft, immer mehr alte Menschen von immer weniger jungen versorgt werden müssen, geht auch das mit Wachstum natürlich viel leichter.

Die Aufzählung ließe sich beliebig fortsetzen: Denn in der Wirtschaft atmen bei Wachstum ebenfalls alle durch. Mehr Unternehmer machen mehr Umsatz und natürlich mehr Gewinn. Die Gehälter steigen, die Bonuszahlungen für die oberen Manager, die Aktien. Die Kredite für die Investitionen können leichter zurückgezahlt werden. Und die Gewerkschaften freuen sich, denn in Boomzeiten, wenn Arbeitskräfte gebraucht werden, lassen sich auch leichter Lohnerhöhungen durchsetzen.

Wer ein aktuelles Beispiel für die segensreiche Wirkung des Wachstums für die Politik braucht, schaue einmal in die Haushaltspläne der Bundesregierung. Im Jahr 2010 lag die Neuverschuldung noch bei 80 Milliarden Euro. Im Jahr 2011 hätte sie ohne die Eurokrise auf knapp 50 Milliarden sinken können, und das nicht etwa, weil die Regierung so übermäßig gespart hat. Der Boom macht es möglich. Welcher Wirtschaftspolitiker wird da Fragen stellen wollen? Wer wagt ein »aber« – aus ökologischen Gründen oder gar mit dem Argument, er wolle stattdessen die Lebensqualität steigern? Wer das riskiert, müsste sofort erklären, wie all das denn bitte schön ohne Wachstum gehen soll. Die möglichen Antworten sind jedoch kompliziert. Sie verlangen neues Denken jenseits der bekannten Argumentationsmuster, setzen andere Werte und Wertigkeiten voraus und eine andere Politik, gleich auf mehreren Ebenen. Für so viel Kompliziertheit haben einzelne Politiker in der Regel gar nicht die Zeit – und hätten sie sie, wer hörte ihnen bei den dann nötigen, längeren Erklärungen noch zu? Und so vermeiden die meisten Wirtschaftspolitiker solche Debatte lieber ganz, selbst jene, die mitunter Zweifel plagen, ob das alles so weitergehen kann, ob die Menschen so zufriedener werden und die Umwelt erhalten bleibt. Sie delegieren das Nachdenken über die Lebensqualität der Bürger an die Sozialpolitiker und die Sorgen über den Planeten ans Umweltministerium. Die sollen sich kümmern, aber bitte dem Wachstum dabei nicht in die Quere kommen.

Die Frage ist eben nur: Kann das in Zukunft so weitergehen, kommt die Politik damit noch durch? Es scheint nämlich, als glaubten die Bürger die alte Geschichte nicht mehr.

Zum ersten Mal passierte es im Herbst 2010. Die Wachstumsraten schossen ungewöhnlich stark nach oben. Ein »XL-Wachstum, das möglicherweise gar zu einem XXL-Wachstum« werden könne, prophezeite der damalige Wirtschaftsminister Rainer Brüderle und träumte bald davon, dass dem »goldenen Herbst ein wunderbarer Winter« folgen werde. Tatsächlich wurden die Zahlen besser und besser, und der Minister erging sich von Monat zu Monat in Kaufmannsprosa, schwärmte in immer neuen Tönen vom deutschen Wirtschaftswunder. Und hatte er nicht auch Recht? Tatsächlich hat Deutschland die Finanzkrise besser überstanden als viele andere Länder, kaum war das Schlimmste vorbei, wurde unser Land flugs zur Lokomotive des Kontinents. Die Nachbarn staunten. Die Medien aus ganz Europa sandten Reporter, um dem Geheimnis auf die Spur zu kommen. Und verwundert lobte sogar der britische »Economist« mit einem Titelblatt die starke Republik, die er noch ein Jahrzehnt zuvor als »kranken Mann Europas« tituliert hatte. Trotzdem stimmte etwas nicht.

Normalerweise steigt mit den Zahlen aus der Wirtschaft auch die Zustimmung zur Regierung. Fast immer hat die Bundesregierung in den vergangenen Jahrzehnten davon profitieren können, dass die Wirtschaft boomt. Diesmal aber ging diese Rechnung nicht auf: Obwohl der ökonomische Aufschwung auch das Ansehen der Berliner Koalition schon 2010 hätte in die Höhe treiben müssen, blieb ihr Rückhalt bei den Wählern unsicher. Die Deutschen wollten Angela Merkel für den Aufschwung nicht belohnen. Wachstumsraten und Zustimmungswerte hatten sich weitgehend entkoppelt. Das lag sicher auch an dem ziemlich desaströsen Auftreten der Koalition in vielen anderen Fragen, an dem dauernden Streit zwischen Union und FDP sowie dem Mangel an Ideen und Professionalität. Dennoch: Für die Kanzlerin und all die Kanzlerinnen-Deuter war die völlige Irrelevanz der Konjunkturdaten trotzdem ein großes Rätsel. »Diese Entwicklung hat etwas zutiefst Beunruhigendes«, konstatierte Matthias Krupa damals in der »Zeit« besorgt und setzte hinzu: »An ihrem Ende steht die Frage an die Bürger: Was wollt ihr eigentlich?«

Für Regierungen ist es tatsächlich bedrohlich, wenn traditionelle Erfolgskriterien beim Wähler plötzlich nicht mehr zählen, sie aber noch keine neuen formulieren kann. Deuten dann auch noch Umfragen einen Wertewandel an, der sich nur schwer mit den Zielen der eigenen Parteien in Einklang bringen lässt, dann wird es nachgerade dramatisch. Dass sich in Deutschland genau so etwas abzeichnet, darauf wies schon Anfang 2010 eine Umfrage hin, die das Meinungsforschungs-institut Emnid im Auftrag der Bertelsmann-Stiftung durch-geführt hatte, ein Jahr vor der Atomkatastrophe in Fuku-shima. Die besagte: Die Wirtschaftskrise hat die Deutschen nachdenklich gemacht. Nur noch ein Drittel der Bürger glaubt daran, dass Wachstum automatisch auch ihre private Lebensqualität steigere. Der überwiegende Teil der Bürger ist hingegen ins Lager der Wachstumskritiker gewechselt. Im-merhin vier von fünf Befragten finden, dass »jeder seine Le-bensweise dahingehend überdenken sollte, ob wirtschaftli-ches Wachstum für ihn alles ist«. Ob sie ihre Lebensweise dann auch wirklich verändern, ist eine andere Frage. Doch immerhin ahnten ganz offensichtlich schon damals immer mehr Menschen, dass ein Weiter-so nicht der richtige Weg in eine gute Zukunft ist.

Und dann bebte im Frühjahr 2011 auch die Erde in Japan, in Fukushima explodierten die Atomkraftwerke, verstrahlten die Menschen und große Teile des Landes. Ein solches Ri-siko, das zeigte sich hierzulande schnell, ist den meisten Deutschen ihr Wohlstand nicht mehr wert. Diesen Preis wollen sie für Fortschritt nicht zahlen müssen, selbst wenn das Risiko einer ähnlichen Katastrophe in Deutschland ver-gleichsweise gering ist. Und so zeigten sich die Deutschen in der Kernenergiefrage einig wie selten: »Weniger ist mehr und Abschalten besser als Weitermachen«, lautete der Tenor der großen Mehrheit. Das hatte bis dato undenkbare Folgen. Eine schwarz-gelbe Bundesregierung, die noch ein paar Mo-nate zuvor die Verlängerung der Laufzeiten durchgesetzt hatte, sorgte nun für den schnelleren Ausstieg aus der Atomkraft – in der Hoffnung, ihre Politik so wieder ein wenig mehr in Einklang mit dem Lebensgefühl der Wähler zu bringen. Und überall im Land wird seitdem nicht nur über umweltfreundliche Energiequellen diskutiert, sondern auch über die Reduzierung des Energieverbrauchs. Über weniger Verbrauch. Über höhere Kosten. Über Verzicht!

Sogar die Talkshows am Nachmittag beschäftigten sich schon kurz nach der Ankündigung vom Atomausstieg plötzlich nicht mehr nur mit Beziehungsdramen, Diäten und Stars, sondern mit dem Energiesparen. »Meine kleine Sünde ist der Wäschetrockner. Den benutze ich noch zu oft, dabei könnte ich die Wäsche auch auf dem Balkon aufhängen. Das würde Strom sparen«, sagte da eine ältere Frau schüchtern lächelnd und setzt hinzu: »Das Problem meines Mannes ist sein Auto. Der fährt gerne schnell.« Alle lachen. Und doch, so lächerlich und naiv diese kleinen Annäherungen an die große Frage vom Verzicht anmuten, so viel sagen sie über die Gemütslage des Landes aus. Deutschland fühlt sich nicht nur renovierungsbedürftig. Es traut sich auch zu, eine völlig andere Energiewirtschaft aufzubauen, mit einer Mischung aus Technikbegeisterung und Wagemut. Und einer guten Prise Unmut über die gebetsmühlenartig wiederholte Warnung der Energiekonzerne, dass bald die Lichter ausgehen.

Damit hat sich etwas grundlegend geändert. Seit die Bundesrepublik existiert, war eine ihrer Grundfesten, dass alles mehr werden soll, von allem mehr verbraucht werden darf und dass so der materielle Wohlstand steigen wird. Deutschland verstand sich seit dem Ende des Zweiten Weltkrieges als ein Land, das auf Zuwachs baut und in dem die Erzählungen vom »Weniger« in die Sonntagspredigten, in die Fastenzeit und in die Märchen verbannt wurden. Umstritten war jeweils nur, wer mehr profitieren sollte und wer weniger, also die Verteilung des Ganzen. In den Anfangsjahren was das im Grunde egal, da bekamen tatsächlich alle mehr. Mehr gute Butter, echten Kaffee, dann Nylonstrümpfe, einen Kühlschrank und einen Fernseher. Erst in den 1970er Jahren änderte sich das, und prompt begann die Blütezeit der SPD. Die sorgte dann mit Bafög und Bildungsoffensive immerhin dafür, dass mehr Arbeiterkinder aufsteigen und damit mehr vom Kuchen abbekommen konnten.

Eine Konstante aber existierte in allen Zeiten: Der Staat konnte kontinuierlich mehr ausgeben – selbst in Zeiten, in denen gegen Sozialkahlschlag protestiert wurde. Sogar in den grausamen Jahren der Harz IV-Reform, in denen sich die SPD den Ruf einer Partei ohne Herz für die Schwachen erwarb, waren die staatlichen Ausgaben am Ende unter dem Strich höher als zuvor. Ob man sie anders, besser, gerechter hätte verteilen können, steht auf einem anderen Blatt. Sicher aber ist: Kaum ein Ziel war in der Geschichte der Bundesrepublik weniger umstritten als das Wachstum. Meinhard Miegel, einst Leiter der CDU-Grundsatzabteilung und einer der klügsten Beobachter der deutschen Nachkriegszeit, nennt es gar »die Antwort des Westens auf den Verlust des Alten, das Ende des Nationalen«. Seit dem Zweiten Weltkrieg habe die materielle Wohlstandsmehrung eine außerökonomische »Sinn und Halt gebende Funktion« bekommen. Es hieß, »besser Konsumismus als Faschismus oder Kommunismus«, so Miegel in seinem Buch »Exit«. Wenn es schon sonst wenig Grund für Nationalstolz gab, waren wir wenigstens die Schöpfer des Wirtschaftswunders, wurden Exportweltmeister und zuletzt auch Europas Lokomotive. Wenigstens aus der ökonomischen Stärke ließ sich Selbstbewusstsein ziehen.

Nur wenige Politiker haben das in den Anfangsjahren

der Republik in Frage gestellt. Ludwig Erhard gehört überraschenderweise zu denen, die sich so ihre Gedanken machten. Der Minister mit der Zigarre, der wie kein anderer als Vater des deutschen Wirtschaftswunders gilt, mahnte damals, keiner solle »allein in der fortdauernden Expansion des Materiellen noch länger das Heil erblicken«. Der Mann musste für diese Erkenntnis tatsächlich nur kurz in die Vergangenheit blicken. Da nämlich zeigt sich: In den Jahrhunderten zuvor hatte es selten geboomt. Das Nachkriegswachstum war im historischen Vergleich außergewöhnlich hoch. Nun müssen vergangene Entwicklungen nicht unbedingt immer richtige Rückschlüsse auf die Zukunft ermöglichen. Aber zumindest könnten sie ein paar Fragezeichen hinter allzu optimistische Annahmen für die Zukunft setzen. Doch davon wollte die deutsche Politik nichts wissen.

Spätestens seit der SPD-Politiker Karl Schiller Wirtschaftsminister wurde und dann 1967 das »Gesetz zur Förderung der Stabilität und des Wachstums der Wirtschaft (StabG)« durchgesetzt hatte, war die Sache sogar rechtlich entschieden. Preisstabilität, hoher Beschäftigungsstand, ein außenwirtschaftliches Gleichgewicht sowie stetiges und angemessenes Wachstum gehören seither zu den gesetzlichen Grundlagen des bundesdeutschen Regierens. Seither tragen alle Parteien den Boom (mehr oder weniger) als unumstrittenes Ziel der Bundesrepublik mit. Der ehemalige Generalsekretär der CDU und spätere sächsische Ministerpräsident Kurt Biedenkopf fiel da allerdings schon früh aus der Rolle. Er nennt die Konzentration aufs Wachstum seit langem und auch jüngst wieder eine der »folgenreichsten politischen Fehlentscheidungen seit dem Zweiten Weltkrieg«. Weil es den Stabilitätsgedanken begrub und die Expansion der Politik zuließ. Und weil mit dem Wachstum auch die Verschuldung explodierte – immer mit dem Argument: Wir müssen

Schulden machen, um zu wachsen, und wachsen müssen wir dann wieder, um die Schulden leichter zurückzuzahlen.

Ein deutscher Sonderweg war das Ganze allerdings nicht. In den USA hatte sich schon in den 1950er Jahren durchgesetzt, dass soziale Probleme über Wachstum, die Steigerung von Produktivität und Effizienz beseitigt werden sollten. Umverteilung schien nicht mehr nötig, der amerikanische Konsens setzte ganz auf den »Trickle-down-Effekt« (wenn es denen oben besser geht, fällt schon genug nach unten durch), damit würde dann jeder nach seiner Fasson glücklich werden können.

Für diese Überzeugung wurde im westlichen Teil Europas kräftig und erfolgreich geworben, nicht zuletzt mithilfe der Milliarden des Marshall-Plans. »Dadurch sollten die sozialen Probleme aufgehoben und zugleich der Kommunismus abgewehrt werden«, schreibt Julia Angster in ihrem Buch über den »Konsenskapitalismus und die Sozialdemokratie«. In den meisten westeuropäischen Industrieländern wurde die Verteilungsfrage dann zwar trotzdem anders beantwortet als in den USA; alle Europäer bauten zum Beispiel in der einen oder anderen Form den Sozialstaat aus. Immerhin existiert die Tradition, den Staat auch für das Soziale in die Pflicht zu nehmen, in Deutschland seit Bismarck und Lassalle, und in den Nachbarländern war das ähnlich. Doch der Glaube ans Wachstum einte den Westen über den Atlantik hinweg. Als Bundeskanzler Helmut Schmidt gemeinsam mit dem französischen Präsidenten Valérie Giscard d'Estaing 1975 die Regierungschefs der wichtigsten Industrienationen zum ersten Weltwirtschaftsgipfel nach Bonn lud, einigten sich am Ende alle ohne größere Bedenken auf die Abschlusserklärung: »Besseres Wachstum ist erforderlich, damit die freie Welt den Erwartungen ihrer Bürger und den Bestrebungen der Entwicklungsländern gerecht werden kann.« Die

Lebensqualität, so wurde still und leise unterstellt, wächst dann auch schon mit.

Bis heute klingen die Kommuniqués der meisten G7-, G8- und inzwischen auch der G20-Gipfel ganz ähnlich. Heute eint die Regierungen dieser Welt nicht nur der gemeinsame Glaube an die Wohltaten des Booms, heute wachsen auch alle Länder in Ost und West, vom Südpol bis zum Nordpol um die Wette. Regelmäßig veröffentlichen die OECD, der IWF oder die Weltbank Wachstums-Ranglisten, und wer da oben steht, dem ist globale Bewunderung sicher. Über Lebensqualität reden die Herren (und die wenigen Damen) Regierungschefs bei ihren Treffen der G20 immer noch nicht und über die Umwelt nur, wenn es sich nicht vermeiden lässt. Und auch die Debatte darüber, ob der Norden vielleicht weniger materiellen Wohlstand brauchen könnte und damit weniger Umwelt verbrauchen sollte, damit für den Süden mehr Raum bleibt (wo es ja tatsächlich in vielen Ländern noch darum geht, der Armut zu entkommen und durch Wachstum existenzielle Nöte zu lindern), wird lieber an die Fachleute auf den Klima- oder Entwicklungskonferenzen delegiert. Die Regierungschefs geben sich in der Regel mit (nicht einklagbaren) Absichtserklärungen über ein paar Hilfsmilliarden für die Armen zufrieden.

Sicher, seit Jahrzehnten werden immer wieder auch Zweifel an diesem globalen »Weiter so« laut. Jeder Gipfel der Mächtigen wird längst von tausenden von Demonstranten umlagert, die mehr Gerechtigkeit, eine andere Weltwirtschaftsordnung und mehr Rücksicht auf die Natur fordern: mit verrückten Aktionen, bunten Plakaten, riesigen Konzerten und viel Enthusiasmus. Nur bewacht von Hundertschaften können sich die Regierungschefs noch treffen, hinter Gittern und Sicherheitsschleusen. Der Protest ist längst zum unvermeidlichen Bestandteil jedes dieser Events geworden.

Doch letztlich wissen die Regierungschefs und wissen auch die meisten Beobachter: Wirkung zeigt das vor allem auf die immer länger werdenden Abschlusskommuniqués. Längst wird dort immer auch Geld für die Armen versprochen und viele schöne andere Dinge. Wie viel davon am Ende allerdings geliefert wird, ist mehr als fraglich. Sicher ist: Selbst wenn sich die illustren Runden mitunter auf fast nichts einigen, für die Lobpreisung des Wirtschaftswachstum hat es noch immer gereicht.

Doch zurück nach Deutschland, denn eines gilt hier natürlich auch: Spätestens seit den frühen 1980er Jahren haben die Zweifel an der traditionellen Wirtschafts- und Wachstumspolitik in der politischen Debatte ihren Platz gefunden, bei den Linken, den Grünen, den Alternativen. Damals, Ende der 1970er Jahre, wurden diese Zweifel gleich durch mehrere Entwicklungen begünstigt. Der Club of Rome hatte bereits seinen Bericht über den Zustand der Welt veröffentlicht, eine düstere Prognose vom Untergang unseres Planeten. Die Republik hatte zum ersten Mal eine kräftige Rezession erlebt, nach den Wirtschaftswunderjahren lief plötzlich vieles nicht mehr rund. Die Arbeitslosigkeit wuchs, die Energiepreise ebenso. Und die Ölkrise hatte dem Land bereits die ersten autofreien Sonntage beschert. Mama, Papa und die Kinder waren deswegen zum ersten Mal mit den Rädern über die leeren Autobahnen gefahren, getrieben von einer Mischung aus Neugierde und Zukunftsangst.

Vor allem bei vielen jungen Leuten war die Stimmung besonders düster: Das atomare Wettrüsten, das Waldsterben und später dann auch noch Tschernobyl machten Angst und ließen zugleich die Ökobewegung wachsen. Beliebt war damals ein Ausspruch des Indianerhäuptlings Seattle, der mit den Worten zitiert wurde: »Erst wenn der letzte Baum gerodet, der letzte Fluss vergiftet, der letzte Fisch gefangen ist, werden die Menschen feststellen, dass man Geld nicht essen kann.« Später stellte sich heraus, dass dieser Mann so etwas wohl nie gesagt hat, aber das war dann eigentlich schon egal. Vielmehr zählte, dass der Spruch die Sorgen vor der Umweltkatastrophe auf den Punkt brachte und nach und nach das Wissen über die Nebenwirkungen des Wirtschaftsmodells ins Bewusstsein zunächst der Intellektuellen und schließlich auch in die Politik drangen. Doch von der Angst vor dem Umweltgau zur ökonomisch-ökologisch fundierten Wachstumskritik ist es ein weiter Weg. Und es stellt sich die Frage: Ist Wachstumskritik eigentlich automatisch grün? Oder eher links oder konservativ? Kurz: Aus welchen Wurzeln kann sie ihre Kraft saugen?

»ALLES STRUKTURKONSERVATIVE AUSSER UNS«:
Die Parteien und das W-Wort

Wachstum! Wenn man dieses Wort in den Berliner Parteizentralen laut ausspricht, erntet man in der Regel Zustimmung: Ja. Brauchen wir. Soviel wie möglich. Die meisten Polit-Strategen setzen inzwischen allerdings noch ein »nachhaltig« davor oder schreiben es in die Reden ihrer Chefs, wobei das abwechselnd mal »besonders stark« oder »ein bisschen grün« bedeuten soll. Wachstum gehört zu den modernen Erzählungen der meisten Parteien einfach dazu, so wie Gerechtigkeit oder Freiheit. Spricht man hingegen das Wort »Wachstumskritik« aus, dann wird schnell klar: Mit weitem Abstand fällt es den Grünen am leichtesten, ohne Pause einen längeren Vortrag über die Probleme mit dem Wirtschaftswachstum zu halten. Doch ist das wirklich erstaunlich? Schließlich war ja ein Grund für das Entstehen dieser Partei der Zweifel am »Weiter so«, waren die Grünen doch einst aus Bewegungen entstanden, die Alternativen zur Aufrüstung, zur Umweltzerstörung und zur sozialdemokratischen Fortschrittskultur suchten.

Jahrzehnte im Zeitraffer, Momentaufnahmen hintereinander geschnitten: Der Film »Joschka und Herr Fischer« zeigte unlängst noch einmal, wie die Grünen mit langen Haaren und Bärten, den Magen voll mit Müsli und bitterem Solidaritätskaffee in den 1970er Jahren von einer Bewegung bunter Spontis zur Partei wurden. 1979 zogen sie in die Bremer Bürgerschaft ein, 1983 dann in den Bundestag, setzten sich strickend ins Plenum und hängten an die Wände ihrer Büros die grünen Poster mit gelben Sonnenblumen. Zwei Jahre später schon wurde Joschka Fischer erster grüner Landesminister in Hessen, zuständig unter anderem für Energie und Atomkraft. Zur Vereidigung kam er in Turnschuhen. »Es musste sein«, sagt er heute und setzt hinzu, er hätte auch gerne andere Schuhe getragen. Bald schon wurde er wieder vom sozialdemokratischen Ministerpräsidenten entlassen, wegen des Neins der Grünen zur Atomkraft. Wie altmodisch das heute wirkt. Längst ist Fischer der beliebteste Ex-Außenminister des Landes, die Atomkraft wird von der Regierung Merkel beendet, und die Turnschuhe von damals können im Museum bewundert werden.

Und was sagten die Grünen damals über das Wachstum? »Durch den Parlamentsalltag überfordert, vermochten die Grünen (zu Beginn) aus sich heraus weder Alternativen zu Kern- und Kohlekraftwerken zu entwickeln noch neue Umweltprobleme zu identifizieren«, erinnert sich der Bielefelder Professor Joachim Radkau in seiner Weltgeschichte über »Die Ära der Ökologie«. Sie seien in ihren ersten Jahren im Bundestag stark auf Umweltverbände und Ökobewegungen angewiesen gewesen. Es fehlte ihnen am klaren Weltbild, eher verkörperten sie Strömungen, Empfindungen, Ängste: die Wut der Demonstranten gegen die geplanten Wiederaufbereitungsanlage in Wackersdorf oder das AKW in Whyl, die Angst vor der Wiederaufrüstung, der Ärger über den Hunger. Die Liste ließe sich noch beliebig verlängern. Sicher ist: Ein klares Weltbild, eine einende, ökonomisch-ökologisch fundierte Kritik am Wirtschaftssystem gab es nicht. Chamäleonhafte Farbwechsel, bescheinigt Radkau der Ökobewegung, und das stimmt wohl auch für die grüne Partei. Und doch hat sie bis heute ihre festen Leitmotive: »Die Grenzen des Wachstum, die Energie- und Emissionsprobleme, die Angst vor neuartigen Gesundheitsrisiken, die Sehnsucht nach lebensvoller Natur …« und so weiter.

Sicher ist jedoch auch: Die eine frühe Kernbotschaft der Umweltbewegung »Die Welt geht unter, wenn wir nicht verzichten!« wurde von den parlamentarischen Grünen mal mehr und mal weniger laut postuliert. So wie die selbstgestrickten Pullover verschwanden, verschwand nach und nach die Radikalität, mit der Alternativen zum umweltfressenden Wirtschaftssystem gefordert wurden. Zu fortschrittsverdrossen, zu lustfeindlich klang der Appell vom Verzicht. Zu abstrakt, zu fremd, zu unvorstellbar schien der Untergang der Welt, um die Mehrheit der Deutschen wirklich zu bewegen. »Weniger«, war als politisches Programm auch für die Grünen ganz offensichtlich zu gefährlich – oder schlicht politisch nicht in konkrete populäre Forderungen umsetzbar.

Die Partei musste diese Lektion bitter lernen. Als es im Wahlkampf 1998 so schien, als ob die Grünen, wenn sie erst einmal an der Macht wären, den Preis für einen Liter Benzin gern auf fünf Mark steigen lassen würden, endete das im gefühlten Desaster. Da schäumte nicht nur die »Bild«-Zeitung, es kostete auch Stimmen. Denn die Partei hatte gewagt, den Fetisch Auto anzugreifen und damit das deutsche Menschenrecht der »freien Fahrt für freie Bürger« sowie dessen wichtigste Lobby, den ADAC. Noch schlimmer aber war, dass die Grünen auch den Verdacht genährt hatten, das Leben der Bürger unbequemer machen zu wollen – und zwar erst einmal das derjenigen mit den kleinen Geldbeuteln. Schließlich hätten die durch einen höheren Benzinpreis unweigerlich als erste das Autofahren einschränken und auf öffentliche Verkehrsmittel umsteigen müssen.

Die Grünen erwiesen sich als lernfähig. Der »Green New Deal«, ein »grünes« Wachstumsprogramm war denn auch ihre Antwort in der jüngsten Finanzkrise – angelehnt an das

Programm des ehemaligen US-Präsidenten Franklin D. Roosevelt aus den 1930er Jahren. Statt der Abwrackprämie, die von der Regierung verabschiedet wurde, wollten sie zur Ankurbelung der Wirtschaft lieber grüne Förderprogramme sehen. Wenn schon mit Geld die Konjunktur anheizen, dann wenigstens umweltfreundlich – so der Grundgedanke. Kapitalismus und Industriegesellschaft sollten grün werden. Genutzt werden sollten die staatlichen Milliarden für den Ausbau von Ökoindustrien und Biolandwirtschaft, zum Umbau der Energiemärkte und zur Gebäudesanierung, Arbeitsplätze sollten vor allem in den neuen Industrien entstehen. Das sollte die Wirtschaft ankurbeln und gleichzeitig den Klimawandel stoppen. Im Grunde basierte also auch der Green New Deal auf der Wachstumshoffnung: Darauf, dass es leichter ist, über Zukunftsmärkte und Umweltindustrien zu sprechen als über kulturellen Wandel, den Abbau von Wachstumszwängen, über Entschleunigung, Gemeinschaftsgüter – oder Lebenslust und Glück.

Aus gutem Grund: Die Grünen, so klingt bis heute immer noch der Vorwurf der politischen Gegner, sind im Grunde doch nur eine Klientelpartei für Aussteiger, Studenten und all jene, die sich Öko leisten können. Die nicht mit dem Auto fahren müssen, weil sie in Altbauwohnungen in der Innenstadt oder in grünen Vierteln mit guter Nahverkehrsanbindung wohnen. Für alle anderen, so die Warnung, bedeutete Grün vor allem Verzicht auf Lebensqualität. Diese Vorwürfe trafen nicht nur in der Vergangenheit hart. Bis heute wirkt das alte Lied von der in die Jahre gekommenen »Ich kann mir Öko leisten«-Partei. Da unkt zum Beispiel der FDP-Abgeordnete Volker Wissing erst kürzlich: Die Grünen »verstehen sich zunehmend als Partei der Satten. Für diese Gruppe muss Wohlstand nicht erarbeitet werden, Wohlstand hat man.« Die CDU schaltete eine Weile auf ihrer Internetseite eine Karte, die angeblich zeigt, wo die Grünen überall »dagegen« sind, die CSU produzierte sogar kleine Comic-Filme zu dem Thema. Und der SPD-Politiker Matthias Machnig, der einst als Staatssekretär im Umweltministerium arbeitete und heute Wirtschaftsminister in Thüringen ist, beschimpft die Grünen als Latte-Macchiato-Partei, die mit ihrem Ökogetue nur die Bewohner im feinen Berliner Szene-Viertel Prenzlauer Berg bediene und nichts für die Armen in Neukölln tue. Das alles ist ziemlich leicht als Parteiengezänk durchschaubar, zumal die meisten anderen Parteien spätestens seit dem Atomgau in Japan selbst auf der verzweifelten Suche nach dem richtigen Mix von Ökologie, Ökonomie und Lebensqualität ist. Dennoch bleiben die Grünen bei diesem Thema verwundbar. Als der erste grüne Ministerpräsident Winfried Kretschmann in einem Interview der *Bild*-Zeitung sagte: »Weniger Autos sind natürlich besser als mehr«, ging ein erschrecktes Raunen durch die Republik. Und so wollen die Grünen (oder zumindest ihre Parteichefs) die Frage, ob die Gesellschaft nicht doch stärker verzichten muss (und wenn ja, auf was), bis heute nicht öffentlichkeitswirksam anpacken. Die Debatte, ob unsere Gesellschaft auch ohne Wachstum funktionieren kann, ebenso wenig.

Der ehemalige Parteichef und heutige Europaabgeordnete der Grünen Reinhard Bütikofer verteidigt diese Haltung: »Mit der Botschaft ›Hurra, wir sind gegen Wachstum‹ wird eine ökologische Reformpolitik nicht mehrheitsfähig. Bitte nicht die Theoriereflexion gegen die Politik ausspielen!« Die meisten Führungsfiguren der Partei reden heute ähnlich, sie halten die Debatte für zu abgedreht, fürchten, Wähler damit zu verscheuchen und die Partei in die nächsten Flügelkämpfe zu treiben. Zugleich aber wissen sie: Zumindest ihre Kernwählerschaft erwartet hier mehr als Schweigen. Wohl auch deswegen präsentierte Jürgen Trittin unlängst bei der Böll-Stiftung in Berlin das Buch des britischen Wachstumskritikers Tim Jackson mit den Worten: »Lesen Sie Tim Jackson! Ist wichtig!« Nur um dann sogleich hinzuzufügen: Die Debatte sei kompliziert. Denn »wer Wachstum kritisieren will, muss auch Mut haben zu sagen, was schrumpfen sollte. Der Mut ist nicht besonders groß.« Bei der Atomkraft seien jetzt alle dafür. Wer aber 100 Prozent Energieerzeugung aus nachhaltigen Quellen wolle, der müsse perspektivisch das Schrumpfen der Kohle organisieren. Trittin: »Es ist aber keine triviale Veranstaltung, dafür die gesellschaftlichen Voraussetzungen zu schaffen.« Doch es ist auch nicht sicher, ob die grüne Partei sich diesen Umbau zutraut. Trittin drückte sich jedenfalls geschickt vor der Frage, ob Wachstum an sich Teil des Problems oder der Lösung sei, wo er denn Deutschland schrumpfen wolle und ob das tatsächlich mit mehr Lebensqualität verbunden werden könne. Immerhin, die Stiftung seiner Partei lädt Jackson weiter mutig ein, wirbt für sein Buch und sorgt für die Debatte. Und der Fraktionsvorsitzende kommt zur Buchpräsentation.

Das Dilemma seiner Partei schildert ein grüner Bundestagsabgeordneter so: »Es gibt vier strukturkonservative Fraktionen bei dieser Frage. Und es gibt uns.« Bei den Grünen ginge der Riss quer durch die Partei, die einen wollten mehr Wachstum, die andern keines. Das Problem öffentlich zu thematisieren, sei deswegen extrem heikel. Denn dann stünde man jenseits der vier anderen Parteien, der CDU/CSU, SPD, FDP und Linken, bei denen sich die große Mehrheit weitgehend einig darin sei, dass der materielle Wohlstand in diesem Land weiter zunehmen müsse. Anders ginge es nun mal nicht. Punkt.

Wohl kaum einer Partei steckt hierzulande der Glaube an das Heil des W-Wortes so sehr im Blut wie den Sozialdemokraten, dem angeblich idealsten Koalitionspartner der

Grünen. Als Bundeskanzlerin Angela Merkel Anfang 2011 in Brüssel einen »Wettbewerbspakt« zur Stärkung des Euro für Mitglieder der Währungsunion durchsetzte, kritisierte der SPD-Fraktionsvorsitzende Frank-Walter Steinmeier nicht etwa zuerst die Wirkungslosigkeit oder die soziale Schieflage dieser Politik. Als erstes nannte er auf einer Podiumsdiskussion der Friedrich-Ebert-Stiftung, dass der Pakt zu wenig für »Wachstum« sorge. Ein paar Tage später warb er für Integration, weil sie »Wachstum« bringe, dann sollen die Energie- und Verkehrsnetze ausgebaut werden – mit dem gleichen Ziel. Und Antrag über Antrag des SPD-Präsidiums bekräftigt: »Wir benötigen stabiles, nachhaltiges Wachstum in Europa!«

Den magischen Klang, den das Wort bis heute für die meisten Sozialdemokraten hat, erklärt sich am leichtesten durch einen Blick in die Geschichte, ist doch der einzigartige Erfolg der Sozialdemokratie tief mit dem Glauben ans Mehr verbunden. Wachstum, Fortschritt, Lebensqualität, Bildung für alle – das schien eine Weile, in der Blütezeit der Sozialdemokratie, kein Widerspruch zu sein, sondern realistische Ziele, für die sich der politische Kampf lohnte. »Mehr« bedeutete mehr an Bildung, Einkommen und Sozialprestige. »In der Prosperitätsphase der alten Bundesrepublik meinten Spötter, das sozialdemokratische Projekt bestehe darin, dass jeder Haushalt mindestens über ein Einkommen in Höhe von BAT IIa verfüge. Die Besoldungsstufen des öffentlichen Dienstes wurden zum Maßstab der Gerechtigkeit«, spottet der Historiker Herfried Münkler, Professor am Institut für Sozialwissenschaften der Berliner Humboldt-Universität unlängst in der »Berliner Zeitung«. Die Sozialdemokratie habe ihr politisches Profil durch den Ausbau einer sozialen Regulations- und Nachsorgepolitik gewonnen, die bestimmte Effekte des Marktes ausgleichen und für das sorgen sollte, was man schon bald als »soziale Gerechtigkeit« bezeichnete. Das aber sei möglich gewesen, weil man in wachsendem Maße auf Steuern zurückgreifen und umverteilen konnte. Wie erfolgreich dieses Projekt (auch bei anderen Parteien) gewesen sei, so Münkler, sehe man auch daran, dass der Sozialetat den Verteidigungsetat bis heute bei weitem übersteigt. Was der Historiker nicht schreibt, aber implizit unterstellt: Steueraufkommen und Verteilungsmasse wuchsen stetig und erleichterten diese Politik ungemein.

Ralf Dahrendorf, ehemaliger FDP-Politiker, Professor für Soziologie und Leiter der London School of Economics, ging schon in den 1980er Jahren einen Schritt weiter. Er nannte das 20. Jahrhundert das »sozialdemokratische Jahrhundert«: In seinen besten Möglichkeiten sei das Jahrhundert sozial und demokratisch gewesen. An seinem Ende »sind wir (fast) alle Sozialdemokraten« geworden. Wir haben alle ein paar Vorstellungen in uns aufgenommen und um uns herum zur »Selbstverständlichkeit« werden lassen, die das Thema des sozialdemokratischen Jahrhunderts definieren: Wachstum, Gleichheit, Arbeit, Vernunft, Staat, Internationalismus. Dem langen Lob folgte dann allerdings die bittere Prognose. Dahrendorf läutete dem Modell das Totenglöckchen: »Diese Annahmen stimmen heute allesamt nicht mehr. Wir erleben das Ende des sozialdemokratischen Jahrhunderts in der OECD-Welt. Noch nie haben so viele Menschen so breit gefächerte Möglichkeiten gehabt wie am Ende der sozialdemokratischen Epoche.« Damit aber sei das Ganze an sein historisches Ende gekommen. Nun stünden eher liberale Themen auf der Tagesordnung.

Dahrendorf wurde damals heftig gefeiert, hart kritisiert und später dann verspottet. Denn mit dem Beginn der 1990er feierte die Sozialdemokratie überall in Europa Triumphe. Der »dritte Weg« Tony Blairs, Bill Clintons und Gerhard

Schröders war auch für bürgerliche Schichten attraktiv. Plötzlich war Sozialdemokratie etwas, in dem nicht mehr von materieller Gleichheit, sondern von Chancengleichheit, nicht mehr von Umverteilung, sondern von Deregulierung und der Förderung der Leistungsbereitschaft die Rede war. Als Agenda 2010 wurde das Ganze schließlich auch in deutsche Politik übersetzt, und der damalige Bundeskanzler Gerhard Schröder nannte als Ziel explizit die Verbesserung der »Rahmenbedingungen für mehr Wachstum und für mehr Beschäftigung«. Wachstum war nun nicht einmal mehr ein Mittel zum Ziele der Umverteilung. Im Gegenteil: Die Steigerung des Wachstums wurde zum Ziel an sich, weil nur so die nötigen Arbeitsplätze entstünden. Mahnungen wie die von Erhard Eppler oder Hermann Scheer, die mehr Rücksicht auf den globalen Süden oder die Umwelt forderten, verhallten.

Wie das Ganze ausging, ist bekannt. Deutschland erlebte tatsächlich einen Boom. Die Zahl der Arbeitslosen sank eindrucksvoll, die roten Zahlen im Staatshaushalt wurden (bis zur Finanzkrise) endlich wieder kleiner. Zugleich aber war der Reichtum in Deutschland nie so ungerecht verteilt wie nach diesem sozialdemokratischen Jahrzehnt. Das alte sozialdemokratische Fortschrittsversprechen, die Verbindung von technologischer Erneuerung und wirtschaftlichem Erfolg mit steigendem individuellem und gesellschaftlichem Wohlstand, funktionierte nicht mehr. Es ging nicht mehr allen besser. Und zugleich wuchs die Verunsicherung: Die Angst vor der globalen Konkurrenz, vor dem plötzlichen Abstieg fraß sich bis tief in die Mittelschicht. Und das nicht nur in Deutschland. Eine der Folgen: Zurzeit gibt es fast nirgends in Europa mehr Mitte-Links-Koalitionen. Und eine strahlende Rückkehr der Sozialdemokratie zur alten Stärke ist weit und breit nicht zu erkennen.

Hat Dahrendorf also verspätet doch Recht? Interessant an seiner Analyse aus den frühen 1980er Jahren (und heute weitgehend vergessen) ist auch, dass er damals schon darüber nachdachte, was eigentlich mit unserem Wohlfahrtsstaat bei Nullwachstum passiert, dann wenn das Wohlstandsversprechen nicht mehr zu halten ist, zumindest nicht materiell. Dahrendorf verglich die Wachstumsgesellschaft mit einem Radfahrer. Der fällt um, wenn sein Rad stehenbleibt. Schon er stellte damals also die Frage, die die Sozialdemokraten heute mehr denn je beschäftigt: Wie können sie ihren Wählern künftig noch überzeugend mehr Wohlstand versprechen, wenn sie erstens die ökologische Frage ernst nehmen und zweitens an großen Spielraum für mehr Umverteilung selbst nicht mehr so recht glauben? Dass man den Sozialstaat besser schützen will als andere, reicht nicht als Wahlversprechen, vor allem nicht nach der jüngeren Vergangenheit des »Dritten Wegs« und Hartz IV.

Die Fragen sind inzwischen auch bei der SPD-Parteiführung angekommen. Anfang 2010 erfand diese deswegen den »neuen« Fortschritt. Unter dem Begriff soll nun für die Sozialdemokraten alles wieder gut werden. Dabei knüpft man mit »Fortschritt« an eine lange Tradition an, denn schon immer war die SPD die Partei, die mehr als alle anderen Hoffnung in den »Fortschritt« gesetzt hat, den technologischen und den gesellschaftspolitischen. »Brüder zur Sonne, zur Freiheit«, singen Sozialdemokraten seit fast hundert Jahren und: »Hell aus dem dunklen Vergangenen leuchtet die Zukunft empor.« Vorne sein, das Morgen zum Positiven verändern, die Welt gerechter, besser und gleicher machen; Fortschritt nicht nur durch die Förderung neuer Technologien, sondern auch durch die Förderung der weniger Privilegierten.

»Neuer Fortschritt, unser Modell für ein faires Deutschland« hieß dann auch der Leitantrag für den Arbeitsparteitag der SPD im Herbst 2010, und er sollte an all das anknüpfen: Veränderung durch die richtige Politik, durch technischen und sozialen Wandel. Im Internet bebildert die Partei ihren Leitantrag mit einem Foto von langen Solarpanels, die auf einer grünen Wiese stehen. Wachstum soll es aus Sicht der Sozialdemokraten zwar auch künftig geben, nur soll es grün werden, beschäftigungsintensiv und sozialverträglich sein.

Liest man dann im Leitantrag genauer nach, dann wirken allerdings viele Formulierungen wieder altbekannt. Wie seit Jahrzehnten wird weiter gefordert: »Vollbeschäftigung«, »gerechte Einkommensverteilung«, »gerechte Verteilung von Arbeit«, »Investition statt Spekulation«. Nur zwischendrin finden sich dann versprengt Passagen, in denen vor allem das Wort »neu« ein Signal setzen soll: »Wir brauchen NEUEN Aufbruch und NEUEN Fortschritt« für Deutschland. Oder: Wir brauchen ein »nachhaltiges NEUES Wachstum, das nicht auf Kosten der Natur und zu Lasten des sozialen Ausgleichs geht. Ein anderer Wohlstand, der sich nicht nur am Bruttoinlandsprodukt, sondern vor allem auch an der Lebensqualität einer möglichst großen Zahl von Menschen bemisst. Die SPD will Fortschritt NEU definieren.«

Die Sozialdemokraten haben Zweifel an ihrem traditionellen Fortschrittsmodell: Das immerhin drücken ihre Dokumente aus, und das gibt in stillen Stunden auch so manch einer zu, nicht zuletzt weil man mit dem Denken von gestern ganz offensichtlich den Vormarsch der grünen Konkurrenz nicht stoppen kann. Rund ist das jedoch alles noch nicht. Ein Teil des Problems ist sicher, dass die alten Ziele wie die »gerechte Einkommensverteilung« reichlich scheinheilig klingen, wenn gerade unter den Sozialdemokraten die Einkommensschere weiter auseinandergegangen ist als je zuvor – und darauf kein Bezug genommen wird. Das Erbe von Bundeskanzler Gerhard Schröder, der die Bundesrepublik mit den

Hartz-Gesetzen im Schnelldurchgang reformierte und dabei vergaß, das Land und seine Partei durch ein offenes Gespräch über Gerechtigkeit und Reformzwänge mitzunehmen, wiegt immer noch schwer. Denn seither gilt Reform und sozialdemokratischer Fortschritt zumindest in großen Teilen der Linken als Synonym für Sozialabbau, Kürzung, Verschlechterung der Lebensumstände. Das ist zum Teil sicher ungerecht. Trotzdem wird die SPD damit noch lange zu kämpfen haben.

Mindestens so problematisch ist jedoch, dass alte Begriffe nicht einmal hinterfragt werden. Denn die Zielkonflikte sind durch das »neu« vor alten Formeln ja nicht ausgeräumt: Was, wenn Wachstum kurzfristig allen das Leben leichter macht, langfristig aber die Umwelt und damit auch die Lebensqualität der Bürger ruiniert? Wie sieht denn dieser neue Fortschritt aus, wenn zugleich ein »tragfähiger Wachstumspfad« erreicht werden soll, die »Kaufkraft und die Binnennachfrage gestärkt« werden sollen – ohne dass darüber nachgedacht wird, welche Nachfrage zu diesem Pfad passt und welche nicht? Wie können die Kaufkraft gestärkt und zugleich die endlichen Ressourcen geschont werden? Wie kann man über Soziales, über Gerechtigkeit anders sprechen, wenn der Fortschritt vielleicht nicht mehr materiellen Wohlstand bringt? Oder noch konkreter: Was würde denn eine SPD-Regierung tun, wenn Opel wieder einmal Pleite geht und sie das Sagen hätte? Würde sie den Autobauer dann retten, wegen der Arbeitsplätze, oder untergehen lassen, wegen der Ökologie? Und wie definieren die Sozialdemokraten Lebensqualität, wenn sie tatsächlich nicht mehr zu verteilen hätten, sondern weniger? Wie gewänne sie damit noch ihre klassische Klientel?

Matthias Machnig, der einst den Wahlkampf von Gerhard Schröder erfolgreich leitete, dann während der großen

Koalition unter Umweltminister Sigmar Gabriel als Staatssekretär arbeitete und heute Wirtschaftsminister in Thüringen ist, versucht sich dieser Tage als Vordenker. Der Mann will in Berlin noch etwas werden, und er weiß, dass das nicht ohne programmatische Erneuerung der SPD klappen wird. Machnig benutzt deswegen gern Worte wie »nachhaltige Lebensqualität«, »Teilhabe« oder »sozialer Fortschritt«. Er versucht bewusst, ökologische Themen zu besetzen und arbeitet sich zugleich mit Vorliebe an den Grünen ab. »Vor allem bei denen, die es sich leisten können, ist Wachstumsskeptizismus wieder modern. Dabei vergessen diese Postmaterialisten nicht nur gern, worauf ihr Bionade-Lebensstil beruht. Sie haben auch die Idee und die Vorstellung von Fortschritt aufgegeben. Sie sind ökonomisch wie sozial blind und perspektivlos. Und sie können sich nicht mehr vorstellen, dass wir die Probleme der bestehenden, alten Industriegesellschaft mit neuen Methoden lösen können«, schrieb er 2010 in der »Zeit« und wiederholt das seither bei jeder Gelegenheit. Für ihn sind »Wachstum und Fortschritt« trotz alledem die »politischen Kampfbegriffe« dieser Tage, und er sieht seine Partei nach wie vor auf der richtigen Seite, auf der, die von beidem mehr will.

Dabei ist an Machnigs Argumentation zweierlei interessant: Zum einen glaubt er fest, dass sich die ökologische Frage nur lösen lässt, wenn sie mit der sozialen verknüpft ist. Nur wenn die Mehrheit der sozialdemokratischen Wähler und der Leute mit kleinem Geldbeutel den Umbau der Wirtschaft nicht als Bedrohung empfindet, hält er ihn auch für politisch machbar. Mehr Umweltschutz muss mehr Lebensqualität auch für Arbeiter und Angestellte bringen. Damit das aber möglich ist, will er mit seiner Fortschrittsidee an alte sozialdemokratische Traditionen anknüpfen: Fortschritt ist danach viel mehr als neue Technologie, er bedeutet mehr Verteilungsgerechtigkeit, mehr Teilhabe und mehr Chancen für die da unten. Immerhin, Machnig sagt heute laut, was unter Sozialdemokraten in der Schröder-Ära ein Tabu war: Es müsse auch wieder mehr über Umverteilung geredet werden.

Und wenn es doch etwas weniger wird, wo sollen die Deutschen sparen? Auf diese Fragen fiel dem sonst so eloquenten Mann bei einer Podiumsdiskussion in der thüringischen Landesvertretung im April 2011 erst nichts ein, und dann sagte er: »Es braucht nicht jeder Haushalt vier Fernseher und drei Autos.«

Das Problem der Sozialdemokraten hat die Linke noch in verstärkter Form. Immerhin kommt auch sie aus einer langen Tradition des Wachstums. »Unser Tisch soll mit dem Besten gedeckt werden, was die Natur zu bieten hat: hochwertige Fleisch- und Milchprodukte, Edelgemüse und beste Obstsorten, früheste Erdbeeren und Tomaten zu einer Zeit, da sie auf unseren Feldern noch nicht reifen. Weintrauben im Winter, nicht nur zu Zeiten der großen Schwemme. Was da auf den Handel zukommt, diese immer mächtiger anschwellende Woge von Lebens- und Genussmitteln aus aller Herren Länder, von Kleidung und Schuhen, von wundervollen neuwertigen Stoffen. Die ganze Welt oder fast die ganze Welt wird uns offen stehen, und die Entfernungen spielen keine Rolle. Mehrmonatige Weltreisen werden zu einem festen Bestandteil des Bildungsganges der Jugend gehören.« Diese Worte stammen aus dem Jugendweihe-Buch »Unsere Welt von morgen« aus den 1960er Jahren. Für eine Studie zur Konsumgeschichte der DDR hat Annette Kaminsky sie zusammengetragen.

Heute sind die Ziele der Linken bescheidener. Der linke Berliner Wirtschaftssenator Harald Wolf sagt es der »taz« so: »Eine Stadt wie Berlin, die bei Wirtschaftskraft und Einkommen einen deutlichen Rückstand gegenüber dem Bundesdurchschnitt hat, ist der falsche Ort, um zu sagen: ›Wir brauchen kein Wachstum.‹« Der Mann steckt in den gleichen Zwängen, wie alle anderen Politiker, die regieren müssen. Deswegen weiß er genau: Jedes kleine bisschen mehr an Bruttoinlandsprodukt sorgt dafür, dass er mehr Steuern einnimmt und damit mehr Geld ausgeben kann. Jedes bisschen weniger macht seine Arbeit ungleich viel schwerer. Doch erste Zweifel am ewigen Wachstum gibt es auch ganz links: »Der alte Refrain stimmt nicht mehr«, findet Linken-Vize Katja Kipping und forderte ihre Genossen auf, sich der »grünen Herausforderung« durch einen »sozialökologischen Populismus« zu stellen. Ihrer Partei fehle, anders als den Grünen, eine »ökosoziale Erzählung«. Kipping empfiehlt deswegen, nicht länger »Verachtung« für Ökoläden auszustrahlen, sondern künftig für das kleine dezentrale Bürgerkraftwerk zu werben. Abgucken bei den Grünen als Erfolgsrezept?

Zumindest die FDP tut das ganz sicher nicht. Die ist bei diesem Thema endlich einmal ganz mit sich im Reinen. Bei den Liberalen spricht der Bundestagsabgeordnete Volker Wissing wohl für den parteiinternen Konsens, wenn er sagt: »Wachstum und Wohlstand sind tragende Elemente unserer wirtschaftlichen Ordnung. Es kann nicht darum gehen, sie zur Disposition zu stellen.« Und so können die Liberalen wahrscheinlich immer noch gut mit dem Koalitionsvertrag der aktuellen Regierung leben. Ganz oben auf dem Papier von CDU, CSU und FDP aus dem Herbst 2009 steht das Wort: »Wachstum«. Und das erste Kapitel handelt dann gleich vom »Wohlstand für alle« und vom »Aufschwung«.

Dabei ist sich zumindest Bundeskanzlerin Angela Merkel der Problematik dieser Formulierungen durchaus bewusst, immerhin war sie in einem früheren Leben auch einmal Umweltministerin. Deswegen benutzt sie heute fast immer den Zusatz »nachhaltig«, wenn sie von Wachstum spricht, wobei das bei ihr mal »umweltfreundlich«, oft aber auch »stark« heißen kann.

Erst 2008 hatte die CDU ihr Verhältnis zu Ökonomie, Ökologie und der Lebensqualität der Bürger programmatisch erneuert. »Wir haben in den siebziger und achtziger Jahren die Bewahrung der Schöpfung in unserer Politik nicht dahin gestellt, wo sie hingehört: in den Mittelpunkt«, sagte auf dem damaligen Parteitag der nordrhein-westfälische CDU-Politiker und Generalsekretär Ronald Pofalla. Damals, das waren wohl die Zeiten, in denen der Wertkonservative Herbert Gruhl die CDU verließ und zu den Grünen stieß. Heute sagen Konservative ganz selbstverständlich Dinge, mit denen Gruhl einst Proteste auslöste. Der ehemalige Hamburger Bürgermeister Ole von Beust beteuerte auf jenem Parteitag 2008: Die »alten Schützengräben Wachstum gegen Nachhaltigkeit« seien endgültig Vergangenheit. Das neue Parteiprogramm, das in jenem Jahr verabschiedet wurde, bekräftigt denn auch: »Wir wollen unseren Kindern und Enkeln eine Welt bewahren, die auch morgen lebenswert ist.« Und weiter: »Eine hohe Lebensqualität am Standort Deutschland kann nur durch eine wirksame Umwelt- und Klimapolitik sowie eine bürgerfreundliche Verbraucherschutzpolitik gesichert werden.« Da sind alle Schlagworte drin: Umwelt, Nachhaltigkeit, Lebensqualität.

Traditionell gibt es in der CDU eine Gruppe von Abgeordneten, die sich aus christlichen Motiven mehr um die Bewahrung der Schöpfung bemühen will, für die Werte, Umwelt und Soziales wichtige Zukunftsthemen sind und die vielleicht auch die Optionen für eine künftige grün-schwarze Koalition am Leben halten will. Und es existiert längst ein Arbeitskreis, sogar angesiedelt bei CDU-Generalsekretär Hermann Gröhe, der sich kritisch mit Wachstumsfragen beschäftigt. Doch der tagt nur sporadisch, und an die Öffentlichkeit dringen sollen dessen Debatten auch nicht.

»Der größte Teil der CDU-Fraktion sieht jede Debatte, die das Wachstum in Frage stellt und anders über Lebensqualität redet, sehr kritisch«, sagt Stefanie Wahl, Geschäftsführerin des »Denkwerk Zukunft«. Wahl kennt sich gut in konservativen Kreisen aus, ihre Stiftung wurde unter anderem vom ehemaligen CDU-Generalsekretär Meinhard Miegel gegründet. »Die Angst, dass man durch solche Debatte die schöne soziale Marktwirtschaft kaputt machen will, ist groß«, sagt Wahl. Zudem sei allen klar: Auf viele Fragen, die sich heute durch das Klimaproblem für unser Wirtschaftssystem stellen, gebe es noch keine überzeugenden Antworten. Deswegen würden viele die Debatte lieber gar nicht an sich heranlassen.

Tatsächlich gab es in der CDU lange nur wenige, die sich durch kluge Antworten auf Umweltfragen einen Namen gemacht haben. Klaus Töpfers Name fällt da wohl mit weitem Abstand als erster; er war einst Bundesumweltminister unter Helmut Kohl und später dann Exekutivdirektor des Umweltprogramms der Vereinten Nationen (UNEP). Töpfer hat schon früh betont: »Die nächste industrielle Revolution wird eine ökologische sein. Das ist nicht nur ethisch geboten, sondern auch ökonomisch zwingend.« Auch unsere Art des Wirtschaftens stellt er in Frage: »Wenn wir ein Problem haben, ist die Lösung immer das Wachstum. Das kann nicht funktionieren. Wir können nicht alte Instrumente benutzen für die Bewältigung neuer Probleme.« Und 2008 forderte er in seiner Weimarer Rede: »Wir müssen Wohlstand weiterentwickeln. Das ist keine Sonntagsfrage.« Es ginge dabei letztlich um Krieg und Frieden. Kein Wunder, das die *Frankfurter Allgemeine Zeitung* den Mann einst »Mr. Nachhaltig« taufte. Und noch weniger verwundert, dass Töpfer vielen in der CDU lange eindeutig zu grün eingefärbt war, ihnen sein Reden darüber, dass wir uns ändern müssen, viel zu links klangen.

Heute ist die Partei froh, dass sie einen wie ihn hat. Denn neben Umweltminister Norbert Röttgen, der unter seinem Zickzackkurs in der Atomfrage leidet, gibt es nicht viele andere christdemokratische Politiker, die einem beim Thema Umwelt spontan einfallen würden. Und beim Nachwuchs schon gar nicht. Töpfer hingegen macht erst unlängst wieder von sich reden. Er wurde von Bundeskanzlerin Angela Merkel zum Leiter der Ethikkommission für sichere Energieversorgung der Bundesregierung ernannt. Merkel hatte diese Ethikkommission im März 2011 als Folge der Nuklearunfälle von Fukushima und der wieder aufflammenden Proteste gegen die Atompolitik der Bundesregierung eingesetzt. Unter Töpfers Leitung erarbeitet das Gremium ein kluges Gutachten über den künftigen Umgang mit der Kernkraft und erleichterte der Regierung so den Ausstieg.

Interessant ist allerdings auch Kurt Biedenkopf. Der ehemalige sächsische Ministerpräsident, der lange mit Meinhard Miegel zusammengearbeitet und gedacht hat, sucht nach einer explizit liberal-konservative Variante der Wachstumskritik. Biedenkopf sagt seit einem Jahrzehnt immer wieder, dass sich viele Probleme vor allem durch den Abbau des Sozialstaates lösen ließen. Dessen überbordender Anspruch, für alle und jede Lebenslage vorzusorgen, hat nach seiner Meinung überhaupt erst zu der Spirale aus Boom, Verschuldung und zu hohem Wachstumsdruck geführt. Also liege die Lösung im Abbau des Ganzen. Schon vor zehn Jahren schrieb Biedenkopf: »Die soziale Frage des 19. Jahrhunderts ist in allen westlichen Ländern dem Prinzip und – jedenfalls in der Bundesrepublik – auch der Sache nach gelöst. Die Institutionen zur Gewährung von sozialer

Sicherheit und Freiheit von Not sind nahezu perfekt. Verteilungsungerechtigkeiten im Bereich der Einkommen und der Vermögen sind auf ein Minimum reduziert. Es ist Zeit zu erkennen, dass der Sozialismus als politische Antwort auf die Probleme des 19. Jahrhunderts keine Antworten für die Fragen bereithält, die unserer Gesellschaft von heute durch das ausgehende 20. Jahrhundert gestellt werden.« Biedenkopf schlussfolgerte daraus: »Der Grenznutzen der Solidarität nimmt ab.«

Heute ist er noch radikaler, fordert »Freiheit oder Vater Staat« und den »Abbau der Staats- und Sozialbürokratie, die nicht zukunftsfähig ist«. Der Professor setzt auf die Kernfamilie, auf »andere Lebenskreise«, auf die »kommunale Ebene« und »Subsidiarität«. Er argumentiert nicht platt libertär, setzt aber trotzdem auf den Rückzug des Staates zugunsten von privater Solidarität und Eigenverantwortung. Immer treibt ihn dabei die Analyse, dass der Sozialstaat, so wie wir ihn haben, nicht dauerhaft finanziert werden kann, dass das nur durch »Maßhalten« geht. Interessanterweise argumentiert er dabei letztlich auch mit Worten wie »Sinn«, »Würde« oder »Lebensqualität«: »Das Konzept einer an Subsidiarität und personaler Solidarität ausgerichteten Familien- und Sozialpolitik, die Freiheit und Verantwortung des Einzelnen fördert, kann eine sinnstiftende Alternative sein zu einer Welt ständiger materieller Wohlstandssteigerung.«

Mehrheitsfähig ist Biedenkopf mit solchen Gedanken in seiner Partei natürlich nicht, und das nicht nur, weil er den Sozialflügel der Union gegen sich hat. Letztlich bietet Biedenkopf auch keine Antworten, wie ein sozialpolitischer Kahlschlag bei gleichzeitig steigenden Kapitalrenditen die Forderung nach einer halbwegs gerechten Politik erfüllen kann. Doch der Professor aus Sachsen versucht zumindest, aus konservativer Sicht eine Gesellschaft ohne Wachstum zu denken. Das ist immerhin etwas.

Mehr Glück? An dieses Thema hat sich zuletzt nur der ehemalige CDU-Bundestagsabgeordnete und spätere stellvertretende Vorstandsvorsitzende von Burda Jürgen Todenhöfer herangewagt, allerdings richtet er seinen Appell nicht direkt an Politiker: »Teile dein Glück«, heißt sein Buch. Immer wieder stellt er darin die Frage: Warum suchen die Menschen das Glück an den falschen Stellen? Eine seiner Antworten: »Das hat viel mit Zeitgeist und Werbung zu tun. Früher habe auch ich gedacht, dass mich ein großes Auto glücklicher machen würde. Jetzt werden meine Autos kleiner. Ich ziehe auch in eine kleinere Wohnung. Reich ist nicht, wer viel hat, sondern wer wenig braucht.« Ungewöhnliche Worte sind das, zumindest für einen Politiker und Manager, der in seinem Leben lange immer mehr wollte.

Für die Politiker, die noch aktiv sind, ist das bestenfalls eine Anregung zum Nachdenken. Denn ob links oder rechts, liberal oder libertär – aktiven Politikern, die umsteuern wollen, stellen sich zwei Fragen unmittelbar: Wenn Wachstum und Wohlstand nicht mehr das Maß aller Dinge sein sollen, wie kann die Politik dann ihre Erfolge messen und wie soll sie Fortschritt beschreiben?

FALSCHE ZAHLEN MIT FATALEN FOLGEN:
Wie wir unseren Wohlstand besser berechnen könnten und an wem das scheitert

Im Herbst 2010 stehen vier Männer und eine Frau vor den Kameras der Bundespressekonferenz. Die sogenannten Wirtschaftsweisen. Das Ritual, dem sie sich unterziehen werden, ist in jedem Jahr das gleiche – egal wer in Deutschland regiert. Nach Monaten des Rechnens und Schätzens, nach langen Diskussionen und kurzen Nächten reisen die Sachverständigen nach Berlin. Dort verkünden sie dann immer im Herbst, wie sie die Zukunft des Landes sehen. Schon in den Tagen zuvor haben die Medien spekuliert, welche Berechnungen wohl vorgetragen werden, welche Wachstumsschätzungen die fünf Weisen wohl bieten können.

Diesmal wird ihr Auftritt ganz besonders heiß erwartet. Immerhin war die Wirtschaft im Jahr zuvor eingebrochen wie seit dem Krieg nicht mehr. Die Finanzkrise hatte auch in Europa getobt. Nun geht es wieder bergauf, die Frage ist eben nur: Wie stark? Die Wirtschaftsprofessoren prognostizieren ein Wachstum von 3,7 Prozent für das Jahr 2010 und von über zwei Prozent für das Jahr 2011. Es sieht also nach einem ordentlichen Aufschwung aus, und so sind alle fröhlich: Die Regierung, weil sie mit sprudelnden Steuereinnahmen rechnen darf und weil sie darauf hofft, dass ihr das Wachstum vom Wähler doch irgendwie als Erfolg angerechnet wird. Die Ökonomen, weil sie die Regierung zwar gerne mal kritisieren und bemängeln, aber in solch einer Situation die Mahnungen dann doch lieber mit einem fröhlichen und optimistischen

Unterton versehen. Und die Journalisten, weil sie sich von der guten Laune anstecken lassen.

Entsprechend fröhlich ist auch die Kommentierung. Wir alle lieben Dinge, die sich messen lassen, und vor allem lieben wir es, auf Ranglisten ziemlich weit oben zu stehen. Von Optimismus schreiben die Kommentatoren, gar von Euphorie, von »positiv gestimmter Industrie« und »beflügelten Erwartungen«, von »stabil«, »stark«, »nachhaltig«. Die Kraft der deutschen Wirtschaft wird quer durch die Presselandschaft bewundert, und natürlich schwingt da Stolz mit, dass wir es geschafft haben. Wir sind wieder wer: Haben wir es den Amerikanern, den Franzosen, den Briten nicht gezeigt? Deren Journalisten bestaunen denn auch kleinlaut das Wirtschaftswunderland Deutschland. Und in vielen Kommentaren schwingt mit: Nun wird alles gut. Die »Bild«-Zeitung formuliert das wie immer ganz unverblümt und fragt: »Kommen jetzt die goldenen Jahre?«

All das wegen einer Zahl, wegen der drei Prozent? De facto haben doch nur Statistiker unglaubliche Mengen an Zahlen addiert – und daraus schließlich das Bruttoinlandsprodukt (BIP) und das Bruttosozialprodukt (BSP) errechnet. (Die beiden unterscheiden sich folgendermaßen: Das BIP zählt die Leistungen von In- und Ausländern in Deutschland – berechnet also die Wirtschaftskraft des Landes. Das BSP zählt die Leistung der Menschen mit deutschem Pass, berechnet also die Kraft der Deutschen.) Dabei besagen beide Werte im Grunde doch nur: Wenn sie um zwei oder drei Prozent wachsen, wird in Deutschland im laufenden Jahr mehr produziert werden als im Jahr zuvor. Oder etwas genauer: Der Wert der in Deutschland für den Endverbrauch produzierten Waren und Dienstleistungen wird wachsen. Doch diese Sicht ist pure Theorie. In der Realität verbinden alle, die Journalisten, die Politiker, Ökonomen und auch viele

Bürger, unterschwellig viel mehr mit der Zahl. Denn in den vergangenen Jahrzehnten ist sie zu einem Synonym geworden. Wächst das BIP, wird indirekt unterstellt: Uns Deutschen geht es wieder ein bisschen besser. Die Zukunft wird gut. Hurra, wir wachsen! Wir sind die Zugmaschine Europas. Wir sind das Wirtschaftswunderland Deutschland.

Nur leider stimmt das eben nicht. Wenn das Bruttoinlandsprodukt oder das Sozialprodukt wachsen, steigt zwar der Umsatz vieler Unternehmen, es werden mehr Waren verarbeitet, verkauft und verbraucht. Es wird gehandelt, es brummen die Maschinen, es gibt mehr Dienstleistungen. Doch das heißt mitnichten automatisch, dass es mehr Menschen besser geht. Ein gestiegenes Produkt legt zwar nahe, dass es in der Regel mehr Arbeit, mehr Konsum, mehr Steuereinnahmen für den Staat gibt. Nur müssen das Vermutungen bleiben. Das BIP selbst sagt nicht automatisch etwas über das Leben in einem Land. Es ist blind, wenn es um die Verteilung des Reichtums geht. Es zählt nicht all die Arbeit, die ehrenamtlich oder freiwillig in einem Land verrichtet wird, und es kann die Schwarzarbeit nicht messen, denn für beides reichen die Informationen nicht. Das BIP verrät nicht, ob eine Wirtschaft solide und krisenresistent ist. Und es sagt nichts darüber aus, ob ein Land sich in die richtige Richtung entwickelt oder ob es einfach Raubbau an Mensch und Umwelt betreibt – es zählt Umweltzerstörung sogar als Gewinn.

Wie absurd es ist, den ökonomischen Erfolg eines Landes auf das BIP zu reduzieren, zeigen ein paar einfache Beispiele. Ereignet sich heute ein Unfall, wird ein Auto zu Schrott gefahren und landet der Fahrer im Krankenhaus, dann wächst laut Bruttoinlandsprodukt die Wirtschaft – obwohl doch das Ereignis dem Mann wie der Gesellschaft schadet. Oder, ein zugegebenermaßen ziemlich altmodisch klingendes Beispiel: In dem Augenblick, in dem der Mann seine

Haushälterin heiratet und sie fürderhin umsonst für ihn putzt, sinkt das Sozialprodukt. Es sinkt auch in dem Augenblick, in dem an der Börse die Luftbuchungen der Banken platzen, das haben wir in der Finanzkrise ja gerade hinreichend erlebt. Und noch absurder verhält es sich beim Verbrauch der Umwelt. Ob Ressourcen nachhaltig genutzt werden oder nicht, ist dem BIP völlig egal. Die Umwelt kann sogar kaputtgehen, das BIP wird trotzdem größer. Wenn wir jeden Morgen und an jeden Feierabend auf dem Weg zur Arbeit mit dem Auto im Stau stehen, dann wächst dadurch der Benzinverbrauch, die Luft wird verpestet – und das BIP steigt. Es wächst auch durch einen Hagelsturm, der den Lack vieler Autos verkratzt, Dächer abdeckt und Bäume umweht – weil dies den Wert der umgesetzten Waren und Dienstleistungen erhöht. Schließlich müssen die Autos in die Werkstatt, die Dächer neu gedeckt und der Wald neu gepflanzt werden. Jeder normale Mensch würde nach so einem Ereignis indes nicht an die Steigerung von Wohlstand denken, sondern ans Gegenteil: an Verlust.

Die ganze Perversität dieses Mechanismus belegt nichts plastischer als das Unglück der Bohrinsel »Deepwater Horizon« im Golf von Mexiko. Das Unglück kostete im Frühjahr 2010 nicht nur Menschenleben (elf Arbeiter wurden durch die Explosion getötet). Durch zwei Lecks strömten auch monatelang viele hunderttausend Liter Öl ins Meer. Bis heute weiß man nicht genau, wie groß die Schäden sind, die die Ölpest in dem riesiges Ökosystem vor der Küste angerichtet hat, wie viele Wasservögel, Garnelen und Austernbänke gestorben sind und welche Lebewesen, die bislang unentdeckt in den Tiefen der See schwammen, unwiederbringlich zerstört wurden. Sicher ist nur: Volkswirtschaftlich gesehen war das Ganze ein echter Gewinn. Denn das Sozialprodukt ist durch dieses Unglück sicher gestiegen. Schließlich wurden garantiert mehr Waren umgesetzt, wurde mehr gekauft und verkauft – allein schon um die Schäden für die lokale Wirtschaft halbwegs wieder zu reparieren. Dass so etwas bizarr ist, ist einigen Menschen schon früher aufgefallen. US-Senator Robert Kennedy sagte bereits 1968 über das BIP: »Es misst alles, außer den Dingen, die das Leben lebenswert machen.«

Seinem Schöpfer war das jedoch egal, aus gutem Grund. Entwickelt wurde das BIP nämlich Mitte der 1930er Jahre, also während der großen Depression, aus einem ganz speziellen Grund. Die New Yorker Börse war Ende Oktober 1929 komplett zusammengebrochen, und das löste die bis dato schlimmste Weltwirtschaftskrise der Geschichte aus. Das Bruttoinlandsprodukt entstand nun, weil man nach einem Instrument suchte, das wie ein Thermometer die Auslastung der Wirtschaft messen konnte. Denn die Politiker tappten ziemlich im Dunkeln: Sie wussten zwar, dass die Wirtschaft in der Krise war und Produktionsstätten nicht ausgelastet wurden. Das konnte jeder mit eigenen Augen sehen, denn nach dem Börsencrash machten die Unternehmen reihenweise Bankrott, die Menschen saßen auf der Straße, das Elend wurde groß und größer. Doch in welchem Ausmaß die Wirtschaft genau geschrumpft war, wusste niemand. Keiner konnte vorhersagen, wann die Talsohle erreicht sein würde, wann die Maschinen wieder angeworfen würden und wann die Ökonomie sich erneut überhitzte, sich neue Spekulationsblasen bildeten. Also war es entsprechend schwer, die richtige Wirtschaftspolitik zu machen, die Geldmenge zu steuern, die Steuereinnahmen vorauszusagen.

Um der Politik aus dieser Klemme zu helfen, entwickelte der Ökonom Simon Kuznets für den US-Kongress 1934 das sogenannte »gross domestic product« (Bruttoinlandsprodukt). Er warnte allerdings sofort: »Die Wohlfahrt einer Nation kann kaum durch die Messung des Inlandsproduktes abgelesen werden.« Dieser Hinweis verhallte bald. Denn nach dem Ende des Zweiten Weltkrieges trat das Maß seinen Siegeszug rund um den Globus an. Dabei entwickelte es sich immer mehr zu einem Propagandamittel, schließlich konnte es vom Westen ganz wunderbar als Argument im Kampf der Systeme verwendet werden. Es belegte mit harten Zahlen, wie sehr der Kapitalismus dem Kommunismus überlegen war. Das BIP dokumentierte den Wiederaufschwung in Westdeutschland und zementierte den legendären Ruf des »Wirtschaftswunders«. Niemand brauchte mehr über die Mauer zu schauen, ein Blick in die Statistiken reichte: Der Westen lag eindeutig vorn. Der traurige Zustand der DDR stand in krassem Gegensatz zum Wirtschaftswunder Deutschland.

Dann aber verselbstständigte sich das Maß. Eigentlich sagt es seriös nur: Die Wirtschaft wächst, es werden mehr Waren umgeschlagen. Es sagt viel über Quantität, aber nichts über Qualität. Doch wir verwechseln das oft und denken: Ja, das BIP wächst, alles wird besser. Und die Politik argumentiert: Ein hohes BIP zeigt die Stärke des Landes, die Güte ihrer Politik. Dabei beantwortet das Maß mitnichten die Frage, welche die meisten Menschen heute bewegt: Wird es uns und der Welt besser gehen? Ebenso wenig sagt das BIP etwas darüber aus, ob die Politik das Land für die Zukunft richtig aufstellt, ob sie richtig investiert oder Ressourcen verschleudert. »Die Ressourcenausbeutung, der Verzehr des ökologischen Kapitals, müsste eigentlich abgeschrieben werden«, sagt der Oldenburger Wirtschaftswissenschaftler Niko Paech, einer der profiliertesten deutschen Wachstumskritiker. Aber genau das passiert eben nicht. Das Bruttoinlandsprodukt ist ökologisch und sozial blind.

In Zeiten, in denen wir uns um die Zerstörung der Welt sorgen, klingt das absurd. Fortschritt ist für uns etwas anderes. Wir wollen Systeme, die nicht möglichst schnell boomen, sondern weniger krisenanfällig sind. Und genau deswegen trifft unsere traditionelle Maßzahl für den Fortschritt die Wirklichkeit nicht mehr. Wir ahnen das längst: Das Wachstum als Bruttoinlandsprodukt (BIP) oder Bruttosozialprodukt (BSP) gemessen, ist eine trügerische Größe.

Der französische Präsident Nicolas Sarkozy entdeckte das Thema als einer der Ersten für die große Politik. Am Montag, dem 14. September 2009, also genau ein Jahr nach dem Bankrott der amerikanischen Bank Lehmann Brothers, dem Ereignis, das die Welt in die Wirtschaftskrise stürzte, lud er zu einer internationalen Konferenz in die Große Aula der Pariser Sorbonne Universität. Dort rief der Staatschef zu einer statistischen Revolution auf: »Raus aus der Religion der Zahlen«, lautete die Parole. Dann stellte er die Ergebnisse der »Kommission über die Messung der wirtschaftlichen Leistung und des gesellschaftlichen Fortschritts« vor. An deren Spitze standen Experten im Anders-Denken: die nobelpreisbewährten Ökonomen Joseph Stiglitz (Columbia Universität) und Amartya Sen (Harvard) sowie deren französischer Kollege Jean-Paul Fitoussi, Präsident des französischen Instituts für Konjunkturbeobachtung (OFCE). Sie sollten gemeinsam als Lüge entlarven, dass unser aller Maß für das Wirtschaftswachstum, das Bruttoinlandsprodukt (BIP), den Wohlstand der Nationen widerspiegele. Und sie sollten Alternativen vorschlagen.

Der Grundgedanke ihrer Überlegungen war dabei die einfache Erkenntnis, dass jeder Index wertet. Ein Index basiert auf Werturteilen darüber, was als Fortschritt oder Rückschritt gilt – so auch das BIP. Ein Index kann Fragen beantworten, die Menschen oder die Wissenschaft stellen. Problematisch wird das aber, wenn sich die Frage verändert, die Antwort aber gleich bleibt und damit falsch wird. Und genau das ist beim BIP passiert.

Die Stiglitz-Sen-Fitoussi-Kommission musste nicht bei Null anfangen, denn in den vergangenen Jahrzehnten wurden bereits eine ganze Reihe anderer Indizes entwickelt. So hatte der aus Indien stammende Ökonom und Nobelpreisträger Amartya Sen schon bevor ihn der französische Präsident um Hilfe bat über die Messung von Wohlstand nachgedacht. Denn Sen beschäftigt sich seit Jahrzehnten mit der Suche nach den Schlüsselfaktoren für Entwicklung und Lebensqualität. Dabei beschränkt sich der Harvard-Professor nicht auf ökonomische Modelle, sondern führt – ganz in der Tradition von Ökonomen wie Adam Smith – Wirtschaftswissenschaft und Philosophie zusammen: Mit seinem Buch »Die Idee der Gerechtigkeit« hat er erst unlängst ein grundlegendes Werk über eine gerechtere Welt veröffentlicht.

Schon 1990 entwickelte Sen zum ersten Mal eine Alternative zum BIP. Ihm ging es dabei, wie allen anderen Weiterdenkern, nie um den Abschied vom Markt. Er wollte ihn nur in eine breitere Vorstellung von Entwicklung einbetten, mehr Auskunft darüber geben, was Menschen und Völker wirklich voranbringt und ihre Länder lebenswerter macht. Für das Entwicklungsprogramm der Vereinten Nationen berechnete er deswegen einen alternativen Indikator, den Human Development Index (HDI), der seither jedes Jahr im Entwicklungsbericht der Vereinten Nationen veröffentlicht wird – mit vielen Empfehlungen versehen, die sich speziell an Politiker in Entwicklungsländern richten. Von Afghanistan bis Zypern werden die Länder dieser Erde verglichen. Dabei schaut der HDI neben dem Einkommen auch auf die Lebenserwartung und den Bildungsgrad der Bevölkerung. Denn Sen und sein pakistanischer Freund, Kollege und Mentor Mahbub ul-Haq waren von Anfang an überzeugt: »Der wahre Wohlstand der Nationen sind ihre Menschen.« Erhöht man in armen Ländern also beispielsweise den Bildungsstand, so bietet das die besten Chancen, um die Entwicklung eines Landes auf längere Sicht zu beschleunigen. Setzt man besonders auf die Bildung von Mädchen, zahlt sich das für die Gesellschaft gleich mehrfach aus. Lesende Frauen bekommen weniger Kinder, also steigen die Bevölkerungszahlen nicht mehr so rasant. Sie können sich und ihre Kinder besser versorgen, wodurch die Sterblichkeitsrate von Müttern und Kindern sinkt. Und sie sind insgesamt gesünder und eher in der Lage, Arbeit zu finden.

Doch heute weiß Sen längst: Auch der Human Development Index ist nicht perfekt. Zwar kann man an ihm eher etwas über das Wohlergehen der Menschen ablesen als am BIP, aber der HDI bezieht beispielsweise nicht die Auswirkungen von Umweltschäden in seine Berechnungen mit ein. Auch dieser Index kann also wachsen, obwohl ein Land seine Flüsse vergiftet, das Klima schädigt und die Wälder abholzt. Erst wenn die Menschen dann wegen der Luftverschmutzung oder der Verseuchung des Wassers früher sterben, spiegelt sich das in einem sinkenden HDI-Wert wider. Sen war deswegen leicht zu begeistern, als ihn der französische Staatspräsident im Februar 2008 bat weiterzudenken. Sein offizieller Auftrag lautete, »die Grenzen des BIP als ein Maß für ökonomische Performance und sozialen Fortschritt zu identifizieren unter Berücksichtigung der Messprobleme und darüber nachzudenken, welche zusätzlichen Informationen nötig sind, um relevante Indikatoren für sozialen Fortschritt zu finden«.

Sarkozy bot damit die große Bühne, die auch Ökonomen brauchen, wenn sie mit ihren Ideen die Welt verändern wollen. Die Stiglitz-Sen-Fitoussi-Kommission (zu der übrigens kein Ökonom einer deutschen Universität gehörte) füllte insgesamt 292 kluge Seiten. Die Ökonomen empfehlen der Welt, neue statistische Instrumente zur Messung des Wohlstands der Nationen einzuführen. »Die Welt ist reif, von der Messung der Produktion zur Messung des Wohlergehens der Menschen zu wechseln«, schreiben die Forscher. Und sie sagen ganz explizit: »Diejenigen, die unsere Gesellschaften mithilfe des BIP lenken wollen, sind wie Piloten ohne einen verlässlichen Kompass.« Um politisch zu führen und die Weichen für das eigene Land richtig zu stellen, sei eine andere Art von Berechnung nötig. An die Stelle des Bruttoinlandsprodukts (BIP) soll ein »Nationales Netto-Produkt« (NNP) treten. Insgesamt zwölf Empfehlungen legen die Wissenschaftler vor. Ihre wichtigste Erkenntnis aber lautet: »Sind die Bemessungssysteme, auf die sich unser Handeln stützt, schlecht konzipiert oder missverständlich, so sind wir quasi blind.« »Unser« und »Wir« meinen hier die Politik oder die Nationen. Was wir nicht messen, wissen wir somit nicht. Und dann fehlen der Politik die Grundlagen für die richtigen Entscheidungen.

Dennoch: Am Ende lässt der Bericht der Stiglitz-Sen-Fitoussi-Kommission vieles offen. Er soll »eher der Anfang einer Debatte sein als ihr Ende«, heißt es. Die Wissenschaftler verlangen eine »globale Diskussion über soziale Werte«, nationale runde Tische aller Betroffenen, an denen die richtigen Indikatoren für Fortschritt identifiziert und diskutiert werden sollen. Kritiker könnten die Kommission mutlos nennen, weil sie ihre Kriterien für den Fortschritt nicht explizit zu benennen traut. Aber warum sollte sie den Job der gewählten Politiker übernehmen? Diese müssten sich auf die Kriterien verständigen, nach denen sie Fortschritt beurteilen wollen. Die Politik muss die Debatte über andere Werte führen, ohne die jeder noch so schöne neue Index wertlos bleibt und schnell wieder vergessen wird.

Präsident Sarkozy nahm die Bitte von Sen und seinen Kollegen, am Ball zu bleiben, ernst und hielt – anders als bei vielen anderen Themen – diesmal sogar Wort. Er überzeugte Anfang 2010 auch Bundeskanzlerin Angela Merkel davon, dass es sich lohnen könnte, ein paar Gedanken an das Thema zu verschwenden. Immer auf der Suche nach gemeinsamen Projekten, die einen deutsch-französischen Gipfel füllen können, gaben sich beide das Wort, ihre Stäbe weiterdenken zu lassen. Ein Maß für das 21. Jahrhundert dürfe sich nicht allein auf »klassische, ökonomische Wachstumsgrößen« berufen, sondern müsse »nachhaltigen Wohlstand« sichern, verkündete Merkel kurz darauf per Video-Podcast dem Volke – und wiederholte das Versprechen damit ganz öffentlich. Entscheidende Rollen spielten dabei »die Sicherheit, die Lebensqualität, die Gesundheit und der nachhaltige Umgang mit Rohstoffen«.

Die beiden Regierungschefs aber taten noch etwas. Gemeinsam beauftragten sie ihre jeweiligen Wirtschaftsberater, doch bitte möglichst konkret über Alternativen zum BIP nachzudenken. In Deutschland musste der Sachverständigenrat zur Begutachtung der gesamtwirtschaftlichen Entwicklung, also die Wirtschaftsweisen, ran. In Frankreich wurde der Conseil d'Analyse Économique beauftragt. So ein Angebot lässt sich nicht ablehnen, doch die Ökonomen waren von ihrem Auftrag wenig begeistert. Vor allem die Deutschen fanden das Thema von Beginn an höchst überschätzt und das Interesse der Regierung vor allem politisch motiviert. Damit lagen sie nicht einmal ganz falsch. Denn die Regierungschefs trieb die Frage ja tatsächlich nicht nur aus intellektueller Neugier um. Ihr Interesse an der berühmten Zahl und deren Grundlagen hatte noch einen anderen Hintergrund: Mitten in der Finanzkrise war die Wirtschaft ihrer Länder eingebrochen, das BIP dokumentierte das brutal. Deswegen wollten die Chefs letztlich auch wissen: Gibt es nicht schmeichelhaftere Maßstäbe für unsere Politik? Verwerflich ist das nicht, wenn dadurch am Ende die Politik besser wird.

Die Ökonomen dachten nach und präsentierten ihre Antwort schließlich Anfang Dezember 2010 in Freiburg. Da hatten sich die Zeiten allerdings schon wieder gewandelt. Längst brannte den Auftraggebern die Suche nach einem neuen Wachstumsmaß nicht mehr auf den Nägeln, zumindest der Bundeskanzlerin nicht. Denn inzwischen wuchs das BIP in Deutschland ja wieder, und damit war auch die Regierung wieder einen Schritt weiter – oder hatte einen Schritt zurück getan, je nach Perspektive. Jedenfalls befassten sich Merkel und Sarkozy in Freiburg auffallend stark mit anderen Themen und angenehmen protokollarischen Aufgaben: Sie besuchten den Dom, schritten eine Ehrenformation der Bundeswehr ab, genossen Gänseleber und Rebhühnchen auf Champagnerkraut und redeten viel über den Euro. Das zwischenzeitlich geplante große Seminar zum Thema BIP-Alternativen: vergessen. Wachstumskritik: Warum das? Schließlich sonnte sich die Bundesregierung längst wieder in wunderbaren Zahlen, bejubelte »ihren« Aufschwung. Und die Bürger stürzten sich fröhlich in den Weihnachtseinkauf. Braucht man da noch Alternativen zum BIP?

Die Wirtschaftsweisen werden die Politiker mit diesem Thema jedenfalls nicht belästigen, so viel ist sicher. Denn nach langem Denken und viel Diskutieren kommt der Sachverständigenrat zu dem klaren Urteil: Die »erste und wohl bedeutendste Schlussfolgerung« ihrer Expertise sei »die Ablehnung jedes Ansatzes, der die Messung des menschlichen Fortschritts mit nur einem einzigen Indikator vornehmen will«. Ablehnung wird dabei extra fett gedruckt. Weiterhin sei das BIP »das beste Maß zur Beurteilung der wirtschaftlichen Leistung eines Landes«. Es sei unerlässlich, um die Wirtschaftsentwicklung oder die Politik zu beurteilen. Damit sei das »Monitoring des materiellen Wohlstandes unabdingbare Voraussetzung für sinnvolle Wirtschaftspolitik.« Der menschliche Fortschritt hingegen sei »im Hinblick auf nicht-materielle Aspekte nur sehr schwer zu fassen«. Die Ökonomen begründen ihre Haltung damit, dass das Leben »zu komplex« sei und »die Anforderungen an statistische Ausweise zu verschieden, um die Zusammenfassung des erreichten Zustandes in einem einzigen umfassenden Indikator sinnvoll zu ermöglichen«.

Weil's schwierig ist, versucht man's erst gar nicht? Ganz so einfach machen es sich die Wirtschaftsweisen zwar nicht, immerhin diskutieren sie eine ganz Reihe von anderen Maßzahlen als Ergänzung zum BIP. Doch selbst die wollen sie erst noch weiterentwickelt wissen. Das ist eine bewährte Taktik, um eine ungeliebte Debatte zu vertagen und dann zu vergessen. Verwunderlich ist das nicht. Zwar sind die fünf Weisen, die offiziell und feierlich von der Bundeskanzlerin berufen werden, das wichtigste unabhängige wirtschaftspolitische Beratungsgremium der Republik. Gegründet 1963, verfügt der Sachverständigenrat über einen Stab von Mitarbeitern, über das Ohr der Presse und viel Selbstsicherheit. Schließlich sollen die fünf Wirtschaftsweisen ja stellvertretend für die wertfreie, unabhängige Wissenschaft die Politik beraten. Ihr Urteil über die Politik und deren Maßnahmen werde, so die Annahme, dem Land sicher helfen. Doch die Realität ist leider weniger rosig. Nicht nur haben die Ökonomen bei ihren Voraussagen in der Vergangenheit ziemlich oft danebengelegen. Sie gehörten auch nicht zu denjenigen, die laut und vernehmlich vor Gefahren wie der Finanzmarktkrise warnten. Im Gegenteil: Die meisten der Sachverständigen stehen traditionell auf der Seite der Deregulierer, egal um welche Märkte es gerade geht, und gehören damit eher zu den neoliberalen Traditionsbewahrern. Modern ist dort schon, wer auch mal keynesianisch denkt. Wachstumskritik – das klingt in den Ohren der Weisen wahrscheinlich wie Esoterik. Und neuen Ideen aus der Umweltbewegung oder der Glücksforschung stehen sie auch nicht gerade aufgeschlossen gegenüber.

Andreas Kraemer vom Forschungsinstitut Ecologic hält die Empfehlungen der Ökonomen, weiter zu forschen und zusätzlich neue Zahlenreihen zu entwickeln, daher auch für den Versuch, sich vor allem gegen die Kritik aus Gesellschaft und Umweltbewegung »zu immunisieren«. Wann immer diese nun etwas forderten, könne man ja darauf verweisen, dass man sehr wohl für weitere Forschungen offen sei. So könne das Thema auf den Sankt-Nimmerleins-Tag verschoben werden. Nicht nur Kraemer denkt so. Vor allem Forscher aus dem Umweltbereich, die versuchen, den Bürgern die Zerstörung der Natur durch alle möglichen Datensätze zu verdeutlichen, haben seit langem das Gefühl, dass sie und ihre Erkenntnisse von der klassischen Ökonomie bewusst übersehen und ausgeblendet werden.

Vielleicht ist der Pessimismus der Umweltforscher typisch deutsch. Immerhin ist hierzulande der Spalt zwischen den verschiedenen Wissenschaften besonders tief. Hinzu kommen dann noch Kommunikationsschwierigkeiten zwischen den Wissenschaftlern der unterschiedlichen Disziplinen und den Politikern. Die einen forschen und verschwenden kaum einen Gedanken daran, wie ihre Erkenntnisse nutzbringend auch von anderen Disziplinen verwendet und wo sie am besten platziert werden könnten. Die anderen haben gar nicht die Zeit, sich die vielen (oft schlecht aufbereiteten) Forschungsergebnisse anzuschauen; häufig finden sie sie nicht einmal oder wenn, dann halten sie sie für ihren Alltag für kaum relevant. So sickern neue Erkenntnisse aus der Forschung nur sehr langsam in die Politik, vor allem wenn sie aus fremden Disziplinen kommen und jenseits der gewohnten Bahnen wirken müssten. Beim Wissenstransfer zwischen Ökologie und Ökonomie zeigt sich das beispielhaft.

Wenn das Bundeswirtschaftsministerium einen Rat braucht, dann fragt es seine Beiräte oder beauftragt ein wirtschaftswissenschaftliches Forschungsinstitut. Die Erkenntnisse der Umweltforschung nimmt es kaum zur Kenntnis, weil deren Studien im Forschungs- oder Umweltministerium landen. Also wirken sie auch nur dort. Das klingt absurd, ist aber Berliner Alltag. Die hohe Mauer zwischen den Ministerien und deren Ausrichtung auf »ihren« Minister führen dazu, dass auch die Bundesregierung nur ganz selten interdisziplinär denkt. Sachfragen werden dort schnell zu Machtfragen zwischen den Häusern und deren Chefs. Besonders schlimm ist das, wenn sich die auch noch als Widersacher verstehen, wie es häufig zwischen Umwelt- und Wirtschaftsministerium der Fall ist.

Folglich sind die Umweltstatistiker heute ziemlich entmutigt. Ihr Eindruck ist: Damit ihre Zahlen wirklich von der Öffentlichkeit bemerkt werden und um sich gegen das einflussreichere Wirtschaftsministerium durchsetzen zu können, bräuchten die Umweltfreunde eine ganz andere institutionelle und politische Hilfestellung. Doch die ist nicht in Sicht. An einen erfolgreichen Angriff auf das BIP glauben nur wenige, obwohl alle wissen, wie sehr diese Zahl in die Irre führt. Und obwohl sich alle wünschen, dass die Medien nicht mehr nur über BIP und Dax berichten, sondern über Zahlen, die wirklich etwas über den Zustand des Landes sagen.

Aber vielleicht ist das doch zu pessimistisch gedacht. Denn es tut sich was. In Frankfurt, Berlin und London, in Kiel, Kanada und Australien.

DER QUERDENKER:

Warum sich ein Frankfurter Ökonom auf die
Suche nach dem Glück machte

Stefan Bergheim ist Ökonom, aber keiner von denen, die auf alles sofort eine Antwort haben. Zwischen seinen thesenstarken Kollegen, die gern selbstsicher und wortgewaltig in Talkshows mal den Aufstieg, mal das Ende Deutschlands prophezeien, erscheint er seltsam fremd. Der schlanke, jugendlich wirkende Mann ist nicht selbstverliebt, nicht laut, nicht ideologisch festgelegt. Doch in einem ist er sich sicher: Er findet nicht, dass wir unseren Wohlstand heute richtig betrachten. Gerade die Urteile seiner Zunft hält er für ziemlich beschränkt.

Dabei kommt Bergheim eigentlich mitten aus dem Establishment der deutschen Wirtschaft. Als junger Mann hatte er mit 28 Jahren bei der Investmentbank Merrill Lynch begonnen und dann später für das Forschungsinstitut der Deutschen Bank gearbeitet. Dort untersuchte er die klassischen Themen der Ökonomie, die Konjunktur, die Demographie und deren Folgen für die Volkswirtschaft, die Unternehmen und die Anleger. Wie seine Kollegen hat Bergheim Modelle berechnet und sich im Rahmen der herrschenden ökonomischen Lehre bewegt. Doch dann erschien ihm genau dieses Gedankengebäude immer mehr wie ein Gefängnis. Und es gab ihm auch immer weniger Antworten auf die entscheidenden Frage: Wie organisiert man eine Wirtschaft so, dass die Menschen mehr davon haben? Wobei sein »Mehr« eben nicht nur die Maximierung des Materiellen meint.

Eine Studie dazu schreibt er noch für die Deutsche Bank Research. Den Exkurs über »die glückliche Variante des Kapitalismus« finden seine Chefs auch ganz interessant. Denn Bergheim bereitet darin unter anderem Erkenntnisse der internationalen Glücksforschung auf und stellt sie so dar, dass auch deutsche Ökonomen Sinn darin erkennen können. Doch als der junge Kollege nicht lockerlässt und weiterforschen möchte, reicht es seinen Vorgesetzten. Sie finden, dass Bergheim zu viele Erkenntnisse aus wirtschaftsfremden Disziplinen in seine Studien einfließen lässt, und halten sie letztlich für zu speziell, absonderlich und irrelevant. Und auch die Kritik, die er am BIP als bekanntestes Maß für Wohlstand und Wachstum übt, teilen sie nicht. Bergheim zieht die Konsequenzen. Er geht. 40-jährig gibt er den sicheren, gut dotierten Job bei der Deutschen Bank Research auf und macht sich 2009 in Frankfurt selbstständig. Er gründet das »Zentrum für gesellschaftlichen Fortschritt«.

Der Name ist Programm. Und Bergheims Neugierde ist nun seine Stärke, denn er sucht jenseits der ausgetretenen Pfade nach Antworten. Er findet, dass die Wirtschaftswissenschaften längst in eine Sackgasse geraten sind und nur dann noch relevant bleiben können, wenn sie die Erkenntnisse anderer Disziplinen ernst nehmen. Bergheim forscht nun, wie Wohlstand und Wohlergehen der Menschen verbessert werden können und wie man das messen kann. Das BIP, so findet er, sei ein »wichtiges Maß für die Konjunktursteuerung« und damit für Zentralbanken und Finanzministerium von Bedeutung. Es sei nur eben kein Maß für Wohlfahrt. Bergheim macht sich auf die Suche nach einem anderen Index – und hat Erfolg. Im Herbst 2010 geht er den mutigen Schritt, den viele berühmte Ökonomen bisher nicht gewagt haben und den die Wirtschaftsweisen sogar ablehnen: Bergheim berechnet einen »Fortschrittsindex«.

Der junge Frankfurter Forscher bietet also die eine Zahl, die nun künftig jedes Jahr sagen soll, ob es Deutschland besser oder schlechter geht. Sie erlaubt auch den Vergleich mit anderen Nationen. Und sie sagt etwas darüber aus, ob unsere Art zu leben und zu wirtschaften genug für die nächste Generation lässt oder ob wir die Reserven aufzehren. Um zu dieser Zahl zu kommen, hat Bergheim Daten aus vier Bereichen zusammengefasst: aus Wirtschaft, Umwelt, Gesundheit und Bildung. Diese Auswahl hat er getroffen, weil die Daten aus den vier Bereichen seiner Meinung nach die Wohlfahrt und die Veränderungen einer Nation ziemlich gut beschreiben. Gesunde Menschen seien glücklicher als kranke, gebildete eher zufrieden mit ihrem Leben als ungebildete, eine saubere Umwelt steigert die Lebensqualität.

Nur eine Kategorie fehlt – die andere Glücksforscher durchaus für wichtig halten: die Einkommensungleichheit. In den Index von Bergheim fließt keine Zahl, die über die Verteilung von Einkommen und Besitz in der Gesellschaft etwas sagt. Bergheims Idee von Lebensqualität hat also nichts mit Gleichheit zu tun. Er begründet seine Entscheidung damit, dass es noch keine Möglichkeit gebe, das ideale Niveau von Gleichheit oder Ungleichheit zu bestimmen. Und eine völlige Gleichverteilung als wünschenswert anzunehmen, wie es andere tun, fände er falsch. Das ist verständlich. Nur blendet er damit leider einen wichtigen Grund für (Un-)Zufriedenheit aus und drückt sich um ein Urteil. Schließlich wissen wir ja inzwischen, dass in ungleichen Gesellschaften besonders viele Menschen unzufrieden, mehr Menschen krank und ungebildet sind als in gleicheren. Zwar könnte man argumentieren, dass die Kategorien Gesundheit und Bildung ja deswegen schon Folgen der Ungleichheit abbilden. Aber sie tun das eben nur zum Teil. Ehrlicher wäre es wohl zu sagen: Diese Frage ist mir zu heikel, hier wage ich kein Werturteil.

Denn das ist der springende Punkt bei einem Index, der gerne übersehen wird: Jeder Index basiert letztlich auf Werturteilen. Man muss wissen, welche Kriterien für Wohlstand, Wachstum, Fortschritt oder Glück wichtig sind. Und man muss wissen, welche von ihnen man (nicht) messen will. Bergheim ist immerhin mutig. Er riskiert mehr als die vielen zögernden Wissenschaftler: Er wagt Werturteile und legt sie offen. Er setzt fest – wie es die Erfinder des BIP auch getan haben –, was in seine Fortschrittszahl einfließt und was nicht. Und er kreiert so ein Maß, das ziemlich gut zu unserer Zeit und unseren Bedürfnissen passt.

In seiner ersten großen Studie analysiert Bergheim die Daten für 22 reiche Länder, und zwar von 1970 bis 2008. Auf den ersten Plätzen seiner Rangliste liegen die nordischen Länder: Norwegen, Schweden und Finnland. Diese Länder böten »hohen materiellen Reichtum, hohe Lebenserwartung und Bildung – und belasten die Umwelt wenig«. Die vielleicht wichtigste Nachricht: Deutschland kommt nicht gut weg. Die Bundesrepublik landet unter den 22 Ländern gerade mal auf Platz 18. Abgesehen von den Fortschritten in der Ökologie, steht es um Deutschland nicht sehr gut. Ganz besonders schlechte Noten bekommt die Bundesrepublik für ihr Bildungssystem. Das nennt Bergheim explizit die »Schwachstelle Deutschlands« und hält das für brandgefährlich: Denn für eine Republik ohne Rohstoffe, die ihren Lebensstandard wohl künftig nur durch das Wissen und die Ideen seiner Bürger wird sichern können, ist dieser Befund alarmierend. Nur kluge Köpfe werden künftig dafür sorgen können, dass dieses Land interessant, dynamisch und innovativ bleibt.

Noch schlechter als die Deutschen schneiden die Amerikaner ab. Die USA belegen gerade mal den drittletzten Platz. Zudem hat sich dort die Lage in den vergangenen Jahren kaum verbessert. Das überrascht auch, weil die meisten vorhandenen Daten aus den Boomjahren der USA stammen, aus der Zeit, in der sie überall als Vorzeigeland galten, auch weil der Reichtum dort angeblich enorm zunahm. Laut Bergheims Index tat er das jedoch nicht. Er belegt vielmehr: Trotz rasanten Wirtschaftswachstums ging es den Amerikanern nicht besser, und sie legten auch keinen Grundstein für künftiges Wohlergehen. Bergheims Datensätze erklären das so: Die USA haben unter den reichen Ländern die niedrigste Lebenserwartung und zugleich den zweitgrößten ökologischen Fußabdruck, sie verbrauchen also ihre Umwelt, statt sie so zu nutzen, dass ihre Kinder auch noch etwas davon haben. Auch Dänemark, das ja im World Value Service ganz oben lag, kommt bei Bergheim nicht so gut weg. Der ökologische Fußabdruck des Landes ist zu tief. Der Frankfurter misst eben nicht nur aktuelle Lebensqualität, sondern auch künftiges Wohlergehen und Perspektiven – und da muss der Umgang mit der Natur natürlich eine wichtige Rolle spielen.

Dass es auch anders geht, zeigen die Koreaner. Das einstige Entwicklungsland ist auf Bergheims Fortschrittsindex klar an Deutschland vorbeigezogen und liegt heute auf Platz neun. Das hat nicht nur damit zu tun, dass Einkommen und Lebenserwartung dort in den vergangenen Jahrzehnten massiv gestiegen sind. Korea ist auch stark, weil es vergleichsweise schonend mit der Umwelt umgeht und in Bildungsfragen erstaunliche Erfolge vorweisen kann: Bei allen PISA-Tests finden sich junge Koreaner in Mathematik regelmäßig unter den Besten.

Im Herbst 2010 reiste Bergheim nach Berlin und präsentierte dort seine Ergebnisse, denn der Mann will politische und gesellschaftliche Wirkung erzielen, die Schwächen unseres Landes aufzeigen und damit die Politik verändern. »Dann kann politisches und finanzielles Kapital an den Stellen investiert werden, die das Wohlergehen der Bürger am meisten verbessern«, sagt Bergheim. Doch seine Präsentation bleibt zunächst recht folgenlos. Im hektischen Berliner Alltag gehen solche Denkanstöße erst einmal unter. »Der Fortschritt ist eine Schnecke«, sagt Bergheim und träumt davon, dass die Regierung irgendwann Leuten wie ihm zuhört und anders handelt.

Damit er dann alle nötigen Daten liefern kann, will er nun auch Maßzahlen für einzelne Regionen in Deutschland ausrechnen. So ließe sich vergleichen, welche Bundesländer auf dem Weg nach oben sind und welche ihr Kapital verschleudern, wo sich die Lebensqualität verbessert und wo sie sich verschlechtert. Dafür fordert Bergheim Hilfe vom Staat: »Die statistischen Ämter sollten mehr Daten messen, die für das Wohlergehen der Menschen wichtig sind: Mitsprache, mentale Gesundheit oder Fernsehkonsum beispielsweise«, sagt Bergheim. Nur dann könne den Menschen wirklich der Spiegel vorgehalten werden.

Ob Stefan Bergheim mit seinem Fortschrittsindex jemals die deutsche Debatte bestimmen wird? Er wird von Monat zu Monat zunehmend optimistischer. Er sieht, wie das Thema für die Medien wichtiger wird. Er spürt in Berlin wachsendes Interesse dafür in fast allen Parteien. Er weiß, dass es längst eine internationale Debatte gibt. Und er beobachtet, wie die Regierungen und Politiker wichtiger anderer Länder schon viel stärker als die Deutschen in seine Richtung denken.

VON LONDON NACH TASMANIEN:
Weltweit tun sich die Umdenker zusammen

»Think Tank« ist ein englischer Begriff, der sich schlecht übersetzten lässt. »Denkstube« wird meist geschrieben, wenn man ein deutsches Wort dafür sucht, doch das klingt viel zu altbacken, und genau das wollen Think Tanks auf keinen Fall sein. Sie verstehen sich als moderne Brutkästen für Neues, angesiedelt zwischen den Wissenschaftlern an den Universitäten und der politischen Bühne. Sie wollen explizit die Gesellschaft und die Politik (wissenschaftlich fundiert) reformieren. Daher forschen sie seriös wie die Kollegen in den universitären Elfenbeintürmen. Aber sie bereiten ihre Ergebnisse auf wie PR-Profis und vermarkten sie entsprechend munter, schließlich sollen sie von den Politikern und den Bürgern auch bemerkt und gelesen werden. Anders als den vielen traditionellen Wissenschaftlern (vor allem in Deutschland) gilt es den Think-Tankern daher auch nicht als Schande, wenn jedermann ihre Ergebnisse gut und schnell versteht. Das ist ihr Ziel. Und wenn ihre Studien dann auch noch als Argumente für Reformen und Veränderungen dienen, ist das der Ritterschlag.

In England gibt es eine bunte Szene sogenannter Think Tanks oder Think-and-Do-Tanks (Denk-und-Aktions-Fabriken). Die new economics foundation (nef) gehört dazu, die sich der Förderung von sozialer Gerechtigkeit, Nachhaltigkeit und dem »well-being« (dem Wohlergehen der Menschen) verschrieben hat. 1986 wurde der Think Tank von Organisatoren eines alternativen Weltwirtschaftsgipfels gegründet und vereint heute Forscher, die mit dem herrschenden ökonomischen und politischen Denken unzufrieden sind. Nef-Chef Charles Seaford erklärt: »Alle Politiker brauchen einen Kompass, der sie leitet. In den vergangenen 50 Jahren war das BIP dieser Kompass. Aber es ist sehr wahrscheinlich, dass wir damit an ein Ende gekommen sind. Wirtschaftliches Wachstum macht die Menschen in den reichen Ländern nicht zufriedener. Im Gegenteil, es erhöht die Ungleichheit und treibt unser Ökosystem aus der Balance.« Nef sucht daher explizit nach Alternativen zum BIP. Die Organisation betreibt, so die Selbstdarstellung, »Wirtschaftswissenschaften so, als ob die Menschen und der Planet eine Rolle spielen.«

Mit britischem Pep und viel jugendlichem Elan setzten die Mitarbeiter diese Mission seither um. 2006 landeten sie einen Coup. Sie präsentierten zum ersten Mal ihren »Happy Planet Index« (HPI) und erregten damit weltweit Aufsehen. Der Index greift die wachsende Unzufriedenheit mit den traditionellen Messmethoden auf und versteht sich ausdrücklich als Alternative zu ihnen. So richtet der HPI das Augenmerk auch auf den Umweltverbrauch einer Nation und das Glück der Menschen. Doch dass dieses neue statistische Maß überhaupt auf Interesse stieß, lag nicht nur an seinem frischen Blick auf Fortschritt und Entwicklung. Es hatte auch mit der Aufmachung zu tun. Denn der Happy Planet Index kommt nicht wie ein trockener statistischer Bericht daher. Er wird, im Gegenteil, in bestem britischen Webdesign präsentiert: Er bietet seriös berechnete Zahlen und Listen, ist aber leicht verständlich. Er meint es ernst und hat doch spielerische Elemente. Auf der Webseite des HPI findet man eine Liste von 143 Ländern, die deutlich zeigt, wo es sich am besten leben lässt, wo die meisten Menschen zufrieden mit ihrem Alltag sind und die Natur nicht belasten.

Wer die Idee mag, kann die »Happy Planet Charta« unterschreiben. Oder er kann selbst seine Ideen für die Verbesserung der Welt einsenden. Das ist ganz ernst gemeint. Schließlich verstehen sich die HPI-Erfinder zwar als Wissenschaftler, aber sie wollen nicht nur ihre Wahrheiten verkünden, sondern gemeinsam mit anderen gesellschaftliche Probleme lösen. Dass sie die Gesellschaft brauchen, um die Welt zu retten, wurde den Leuten von nef im Laufe der Jahre immer klarer: Umweltschutz, so sind sie sich heute sicher, lässt sich nur dauerhaft durchsetzen, wenn die Menschen ihn verstehen und darin auch einen Vorteil sehen. Deswegen begannen die nef-Forscher immer stärker über die Grundbedingungen eines guten Lebens, sprich über Sozialpolitik, Verteilung und Gerechtigkeit, nachzudenken. Als sie den Happy Planet Index zum ersten Mal veröffentlichten, suchten sie folglich nicht nach dem Land mit der intaktesten Umwelt, sondern nach demjenigen, in dem Menschen heute und in Zukunft wohl am besten leben können – wobei das eine natürlich mit dem anderen zu tun hat. Schließlich sorgt nur ein nachhaltiger Umgang mit der Natur dafür, dass auch für die Enkelkinder noch genug für ein gutes Leben bleibt.

Ganz oben auf der Liste als Sieger aller Disziplinen steht: Vanuatu. Dieser Staat befindet sich im Westpazifik und besteht aus insgesamt 83 traumhaften Inseln, die teils unberührt und mit Palmen bewachsen mitten im blauen Meer liegen. Vanuatu ist eine parlamentarische Demokratie, in der fast hundert verschiedenen Sprachen gesprochen werden. Es gibt kein Militär. Die meisten Menschen leben vom Fischen oder vom Anbau ihrer Felder und sind vergleichsweise arm – zumindest gemessen mit klassischen Maßen wie dem Sozialprodukt pro Kopf. Trotzdem beträgt die durchschnittliche Lebenserwartung 68,8 Jahre. Und fragt man nach, dann schätzen sich die Inselbewohner selbst als so glücklich und zufrieden ein wie die ungleich reicheren Bewohner Neuseelands. (Und auch die sind verdammt glücklich.) Forscher nennen für die große Zufriedenheit vor allem drei Gründe: Die hohe Lebenserwartung und damit ein relativ gesundes, langes Leben; die üppige, wenig zerstörte Natur mit einem Reichtum an natürlichen Ressourcen, unversehrten Küsten und einzigartigen Regenwäldern; und die demokratische Regierung, dadurch große persönliche und politische Freiheiten.

Für die Spitzenposition Vanuatus im Happy Planet Index fiel neben dem Glück der Bewohner allerdings auch stark ihr ökologischer Fußabdruck ins Gewicht. Der beträgt nur 1,1, was bedeutet, dass man in Vanuatu fast im Einklang mit der Natur lebt. Dort werden nur etwa zehn Prozent mehr Ressourcen verbraucht, als die Erde (hochgerechnet auf alle Erdbewohner) für jeden Einzelnen vorhält, ohne dass sie dabei zerstört wird. Oder anders gesagt: Würden wir alle so leben wie die Leute in Vanuatu, bräuchten wir uns kaum noch Gedanken über Umweltschutz und Klimawandel machen.

Auf dem zweiten Platz des HPI liegt Costa Rica und damit wieder ein Land des Südens. Costa Rica wird auch die »Schweiz Zentralamerikas« genannt, denn es ist nicht nur für lateinamerikanische Verhältnisse eine erstaunlich stabile Demokratie. Seit 1948 hat auch dieses Land keine Armee mehr, es steckt hingegen viel Geld in das Gesundheits- und Bildungssystem. Die Lebenserwartung beträgt 78,2 Jahre; in wenigen anderen Ländern werden die Menschen älter. Wie Vanuatu verfügt Costa Rica, das wegen seiner Küsten und Regenwälder (und wegen der Sicherheit) längst zu einem beliebten Urlaubsziel geworden ist, über eine ungewöhnliche Artenvielfalt. Gut ein Drittel der Landesfläche und etwa zwei Drittel der Regenwälder stehen unter Naturschutz. Etwa eine halbe Million Tier- und Pflanzenarten findet man hier. Und: Auch in Costa Rica bezeichnen sich die Bewohner als ungewöhnlich zufrieden.

Ziemlich weit oben auf der Liste stehen auch Kolumbien, die Dominikanische Republik und Jamaika. Deutschland findet sich erst auf Platz 51. Und ganz unten stehen Länder wie Australien, Neuseeland oder auch Dänemark und die USA. Ihre schlechten Platzierungen hängen vor allem mit dem großen ökologischen Fußabdruck dieser Industrienationen zusammen. Unverkennbar liegen dem Happy Planet Index drei Werturteile zugrunde: Er wertet Umweltzerstörung hoch, Einkommen niedrig und Lebenszufriedenheit wieder hoch, denn ganz offensichtlich kann man in der richtigen Umgebung auch mit geringerem Einkommen zufrieden sein. Es lohnt sich also für einen guten Listenplatz auf dem HPI nicht, die Umwelt zu zerstören, wenn damit zwar Wachstum generiert wird, die Menschen aber nicht zufriedener werden.

Als der Happy Planet Index zum ersten Mal veröffentlicht wurde, hagelte es prompt Spott. »Lächerlich«, fanden ihn die Kritiker und lästerten: Sollen wir nun alle in die Südsee auswandern und fischen gehen? Dabei stießen sie sich nicht einmal am ersten Platz für Vanuatu oder am zweiten für Costa Rica. Beides sind immerhin funktionierende Demokratien mit gesunden, zufriedenen Einwohnern. Zweifelhafter fanden sie, dass sich beispielsweise auch Jamaika auf einem der vorderen Plätze wiederfindet. Tatsächlich klingt das bizarr. Denn politisch liegt in Jamaika vieles im Argen, die Korruption ist hoch, ebenso wie Arbeitslosigkeit und Kindersterblichkeit. Der Happy Planet Index bewertet das anscheinend gering. Er sagt also, platt formuliert, dass viel Sonnenschein und geringe Umweltverschmutzung für das zufriedene Leben der Menschen und das Überleben des Planeten wichtiger sind als Bildung, Einkommen, Gesundheitsfürsorge und eine funktionierende Demokratie. Das ist natürlich Blödsinn. Karibisches Leben mag wunderbar sein, doch selbst wenn es so wäre, dass die Karibik (Armut und Elend wollen wir kurz verdrängen) dem Paradies aller Umweltschützer ziemlich nahe kommt, weil man dort eben noch nicht die Mittel hatte, die Umwelt durch eine wachsende Wirtschaft zu zerstören, taugt sie als Modell für den Rest der Welt sicher nicht.

Dass sich der Index dann aber trotzdem durchsetzte, und inzwischen sogar von Statistikern aus konservativen Fachkreisen gelobt wird, hängt wohl eher mit seiner Signalfunktion zusammen. Er hat vielen die Augen dafür geöffnet, dass man die Welt, die Menschheit und ihre Errungenschaften auch ganz anders sehen kann, dass Rankings auf Werturteilen beruhen und die eben auch anders ausfallen können. Und dass Kriterien wie Umwelt und Lebensqualität bisher in der Debatte um die richtige Entwicklungsstrategie für Länder offensichtlich viel zu kurz kommen. Schließlich legen sowohl Vanuatu als auch Costa Rica die Schlussfolgerung nah, dass nicht in erster Linie der materielle Reichtum der richtige Maßstab für den wahren Erfolg eines Landes ist, sondern Freiheit, Demokratie, hohe Lebenserwartung und ein Umgang mit der Natur, der auch den nächsten Generationen etwas übrig lässt. Und das alles kann man sogar in vergleichsweise armen Ländern finden.

Inzwischen hat der Happy Planet Index sogar bei der OECD, der Organisation der reichen Industrieländer, zu neuer Nachdenklichkeit geführt: »Die Entwicklung von umfassenden Messmethoden für ›Well-Being‹ und sozialen Fortschritt ist eine Grundlage, um Politik und das Funktionieren unserer Gesellschaften zu verbessern. Die Studien des nef sind ein wichtiger Schritt in diese Richtung«, findet Enrico Giovannini, der bis 2009 Chef-Statistiker der OECD war. Dass ausgerechnet diese Organisation das Thema heute wieder ernst nimmt, heißt einiges. Denn die OECD war jahrzehntelang ein Club, der dem Rest der Welt vor allem durch den Boom und den massiven Ausbau der Industrie ein Vorbild sein wollte. Werdet wie wir, baut Industrien auf und fördert die Wirtschaft, und alles wird gut, war der Subtext all ihrer Botschaften.

Sicher muss man der Fairness halber hinzufügen, dass auch die OECD ihre frühen Jahre des Zweifels hatte. 1970 beschloss beispielsweise ihr Ministerrat, also die Wirtschaftsminister aller Mitgliedsländer, man solle der Frage größere Aufmerksamkeit widmen, »wie der aus dem Wachstumsprozess resultierende zusätzliche Wohlstand besser gesteuert werden könnte, zur Verbesserung der Lebensqualität und zur Befriedigung sozialer Bedürfnisse«. Zu diesem Zweck sollte schon damals ein Informationssystem zur Identifizierung und Messung der Lebensqualität entwickelt werden. Doch das war wohl nur dem Zeitgeist der 1970er Jahre und ihrer kurz aufblitzenden Wachstumskritik geschuldet. Jedenfalls wurden die Ideen schnell wieder vergessen, und die OECD wandelte sich für Jahrzehnte wieder in einen Club der Wachstumsgläubigen.

In der jüngeren Vergangenheit ändert sich das nun erneut. 2009 organisierte die OECD in Südkorea eine große Konferenz, auf der die alte Idee aus den 1970er Jahren mit neuem Leben gefüllt werden sollte. Diskutiert wurde, welche neuen Indikatoren besser geeignet sind, Fortschritt zu messen. Zudem wurde überlegt, wie man diesen Indikatoren am besten zur Wirkung verhelfen könne, wie sie am ehesten in die politischen Entscheidungsprozesse und öffentlichen Debatten einfließen könnten. Das ist nicht unwichtig, schließlich hilft der schönste Indikator nichts, wenn ihn die entscheidenden Leute oder Institutionen nicht nutzen. Es wurde in Südkorea viel diskutiert und klug geredet. Und am Ende appellierte Generalsekretär José Angel Gurría eindringlich: Wenn nicht eine neue Generation von Statistiken entwickelt würde, die »sozialen Fortschritt und Lebensqualität anders als bisher misst, dann könnten die Menschen das Vertrauen in ihre Institutionen verlieren und auch in die Fähigkeit ihrer Regierungen, ihre Probleme zu lösen«. Und er fügte hinzu, dass er sich vom nächsten OECD-Forum, das 2012 in Indien stattfinden soll, konkrete Ergebnisse erhoffe. Schließlich weiß der Mann nur zu gut, dass eine Organisation wie die OECD zwar für eine Veränderung im Denken werben kann. Handeln müssen jedoch die Regierungen.

Doch damit noch nicht genug. Gurría ließ auch seinen Apparat arbeiten. Im Juni 2011 konnte er den »Your Better Life Index« (den Index für dein besseres Leben) vorstellen. Pünktlich zu ihrem fünfzigsten Geburtstag präsentiert sich die OECD damit in neuem Gewand. Die Internetseite (www. oecdbetterlifeindex.org), auf der man den Index findet, hat so gar nichts mehr von dem grauen, drögen Image der Organisation. Sie kommt leicht und spielerisch daher und kann kaum verhehlen, dass sie sich vom Happy Planet Index hat inspirieren lassen, zumindest in ihrer Anmutung. Dessen Schöpfer bei nef können also ziemlich stolz sein, ihr Pionierwerk hat sich gelohnt.

»Bastele dir deinen eigenen »Better Life-Index«, lockt die OECD auf ihrer Homepage und richtet sich damit demonstrativ nicht mehr nur an Experten, sondern an jeden Interessierten. Der kann dann wählen und werten, was ihm im Leben wichtig ist: »Schön wohnen«, »gesund sein«, »viel Geld verdienen«, eine »saubere Umwelt« haben: Insgesamt gibt es elf verschiedene Kriterien. Denen kann man jeweils Punkte geben (von null bis fünf), und dann rechnet die OECD für 34 Länder nach. Je nach vergebener Punktzahl, wachsen auf der interaktiven Webseite Blumen in die Höhe, die die Länder repräsentieren. Will man von allem viel, vergibt man also fünf Punkte für alles, sollte man nach Australien, Kanada, Neuseeland oder Schweden ziehen. Deren Blumen wachsen eindeutig höher als die vieler anderer Länder. Deutschland liegt irgendwo im oberen Drittel. Will man nur viel Geld verdienen, sollte man übrigens nach Luxemburg ziehen oder in die USA.

Eine nette Spielerei ist das und zugleich doch mehr. Es zeigt, wie sich Prioritäten verändern. »In den vergangenen 50 Jahren hat die OECD viele Empfehlungen gegeben, wie sich Wachstum stärken lässt. Unsere heutige Herausforderung ist es, genauso viele hilfreiche Tipps für den Fortschritt der Gesellschaften zu entwickeln«, heißt es bei der OECD. Im Klartext bedeutet das (auch wenn es die Organisation so natürlich nie schreiben würde): Wir haben uns viel zu lange nur auf eine Sache, nämlich auf das Wachstum, konzentriert. Damit kommen wir aber nicht mehr weiter, wenn wir wirklich etwas für das Wohlbefinden der Menschen tun wollen. Sicher treibt die OECD dabei nicht nur das reine Forscherinteresse oder eine komplett neue Sicht auf die Welt. Sie verändert sich natürlich auch, um für die Regierungen der Mitgliedsländer (die schließlich die Kosten für die OECD tragen) wichtig zu bleiben und nicht irgendwann als unmoderne, irrelevante Behörde im Museum des 20. Jahrhunderts zu landen. Doch letztlich ist der Grund für diese Neuausrichtung auch egal. Viel entscheidender ist: Wenn selbst die OECD bemerkt, dass wir mit dem Weiter-so nicht mehr weiterkommen, dann spricht das Bände.

Wenn zudem auch noch internationale Organisationen um ein Thema wetteifern, und das ist bei der Suche nach neuen Wohlstands-Indikatoren inzwischen der Fall, dann bekommt es nach und nach immer größerer Bedeutung – schon allein, weil sich immer mehr Menschen damit beschäftigen und sich dafür interessieren. Es sickert sozusagen langsam durch. So hat man beispielsweise auch in der Brüsseler EU-Kommission, die ebenfalls immer nach neuen Betätigungsfeldern sucht, die Bedeutung neuer Berechnungsmethoden erkannt. Auch dort arbeiten Beamte emsig an anderen Indikatoren für den Fortschritt. Allerdings, so richtig wagen sie sich damit trotz anfänglicher Begeisterung bis heute nicht an die Öffentlichkeit, denn ihr Chef, der Kommissionspräsident José Manuel Barroso, fürchtet nichts mehr als Krach mit den Mitgliedsregierungen. Und der wäre programmiert, wenn Barroso Europa ernsthaft andere Indikatoren für die Entwicklung verschreiben würde. Denn dann müsste die Kommission nicht nur ihre komplette Wirtschaftsstrategie für die EU überarbeiten, weil die vor allem auf die Steigerung von Effizienz, auf Deregulierung und mehr Wettbewerbsfähigkeit setzt. Sie müsste wahrscheinlich Fragen des Umweltschutzes und der Verteilung in den Mitgliedsländern ganz anders ansprechen, als sie es bisher tut. Das aber wäre bei den meisten Regierungen nicht sehr willkommen.

Doch vielleicht ändern sich die Zeiten. Darauf hofft zumindest einer der Beamten, die in der Kommission seit langem an dem Thema arbeiten: »Wenn Umwelt und Soziales auf der Tagesordnung wieder mal nach oben rutschen, dann könnten wir etwas bieten.« Spätestens 2012 will die Kommission nun erst einmal einen Bericht vorlegen. Vom EU-Parlament wird sie dabei immerhin unterstützt. Das forderte im Juni 2011 explizit von der Behörde, künftig auch den wirtschaftlichen, sozialen und ökologischen Fortschritt zu messen. Und es fordert die Kommission auf, dafür bald geeignete Indikatoren zu entwickeln.

Anderswo geht es glücklicherweise etwas schneller voran. Schauen wir noch einmal kurz nach Großbritannien, dem Geburtsort des Happy Planet Index. Der hat dort nämlich die politische Debatte längst grundlegend verändert. »Es gilt nicht länger als frivol, dass sich Regierungen mit der Lebenszufriedenheit ihrer Bürger beschäftigen«, kann nef heute selbstbewusst verkünden. Schon nach den ersten Studien sprachen 2007 nicht nur der damalige britische Premierminister Gordon Brown, sondern auch sein Gegner, der Oppositionsführer und heutige Premierminister David Cameron plötzlich davon, dass man eine Alternative zum Sozialprodukt brauche. Cameron wurde in seiner Partei und auch von den Medien anfangs zwar noch kräftig verspottet, als er plötzlich einen Glücksindex für das Land forderte. Dann aber zog er in die Downing Street ein und machte im Herbst 2010 die einst exotisch klingende Idee zur Grundlage seiner Regierungspolitik. Er beauftragte das Büro für Nationale Statistik, ab sofort das »well-being« in Großbritannien zu messen, und versprach, das Ergebnis dann auch zur Grundlage seiner Politik zu machen. In der sollte statt des überbordenden Staates die »big society« (die »große Gesellschaft«) gestärkt werden.

Dass sich der neue Premierminister überhaupt darauf eingelassen hat, dafür finden sich gleich mehrere Gründe. Der Mann lebt in einem Land, in dem die Öffentlichkeit schon länger und viel breiter als in Deutschland über die Messung des Glücks und des guten Lebens diskutiert. An den britischen Universitäten gibt es zudem eine ganze Reihe bekannter und bewährter Ökonomen, die weit weniger auf dem neoklassischen Weltbild beharren als die deutschen: Dadurch kann sich Cameron ganz anders von der Wissenschaft getragen fühlen, als eine Kanzlerin, die Neuerungen gegen ihre Wirtschaftsweisen durchsetzte müsste. Doch natürlich spielten auch bei Cameron von Anfang an politische Argumente eine Rolle. Seine Regierung musste gleich nach Beginn ihrer Amtszeit im Mai 2010 den Haushalt als Folge der Finanzkrise massiv kürzen. Deswegen war es Camerons Hoffnung, dass die neue Messung des »well-being« dabei hilft, den Rotstift klüger anzusetzen, als es seine Vorgänger getan haben, und dadurch zugleich mehr über die sozialen Kosten seiner Sparpläne zu erfahren. Nicht zuletzt hoffte er insgeheim wohl auch darauf, positive Daten präsentieren zu können – statt ständig die düsteren BIP-Zahlen kommentieren zu müssen.

»Wir begrüßen die Pläne von Herrn Cameron«, lobte der nef-Gründer Charles Seaford deswegen gleich zu Beginn von Camerons Amtszeit, fügte aber hinzu: »Jetzt muss die Politik reformiert werden, die uns daran hindert, ein langes, glückliches Leben zu führen.« Cameron, so die anfängliche Hoffnung, könnte vielleicht sogar zeigen, dass manche Einsparung dem Leben ihrer Bürger mitnichten schadet, und würde so dazu beitragen, sich von der traditionellen Tonnenideologie zu lösen, die besagt: Je mehr Sozialausgaben, desto besser ist der Sozialstaat.

Leider sieht es bisher nicht so aus, als ob die britische Regierung den Spagat schafft: Sparen und zugleich die Lebensqualität der Bürger verbessern, das scheint doch schwieriger zu sein, als zunächst gedacht. Zumindest fällt es der Regierung in London sehr, sehr schwer. Nef konzentriert sich deswegen heute auch längst nicht mehr nur auf die nationale Ebene. Schließlich sind für die Lebensqualität in einer Region auch die Angebote der lokalen Behörden, die Vereine, die jeweiligen Traditionen, die Umwelt und die Arbeitsbedingungen vor Ort wichtig.

Zusammen mit dem Stadtrat von Nottingham haben die Forscher von nef daher unlängst in einem Pilotprojekt die Lebensqualität in der Stadt untersucht. Dabei wollten sie gleich mehrere Dinge wissen. Ersten: Wie definieren vor allem junge Leute ein gutes Lebensgefühl? Zweitens: Was kann die Stadt dazu beitragen? Und drittens: Wie können die Ergebnisse der Untersuchung am besten politisch genutzt werden? Da wurden die Jugendlichen beispielsweise gefragt, wie sie mit ihrer Familie, der Schule, mit Freundschaften und der Umwelt zufrieden sind. Sie sollten über ihre Selbstachtung und Neugierde Auskunft geben und darüber, ob sie schon mit Gewalt zu tun hatten. Heraus kam am Ende eine detaillierte Karte der Befindlichkeiten. Nef weiß, wie die Jugendlichen in Nottingham ihre Zeit verbringen, was sie in der Stadt mögen und in welchem Viertel, in welcher familiären Situation oder in welcher Schule die Zufriedenheit am größten ist. Dabei bestätigen die Ergebnisse längst nicht immer die Vorurteile über gute oder schlechte Gegenden.

Die Forscher fanden heraus, dass zwei Drittel der Grundschulkinder gern zur Schule gehen. Weiterführende Schulen besucht hingegen nur noch ein Drittel der Jugendlichen gern, wobei es oft keinen Zusammenhang mit dem Ruf der jeweiligen Schulen gibt. Eine große Zahl der Jugendlichen verliert zudem die Lust am Lernen und die Neugierde. Dabei wächst der Unmut so stark, dass man ihn nicht nur mit dem Schulwechsel oder der Pubertät begründen kann. Fast ein Zehntel der Jugendlichen leidet zudem bereits unter Depressionen. Aus Sicht der Forscher müsste hier dringend nachgehakt werden: Warum ist das so? Ist das wichtig für die Politik, oder sollte sie so eine Entwicklung einfach ignorieren? Liegt hier der Grund für den Abbruch von Schulkarrieren? Nef empfiehlt, vielleicht doch über einen anderen Unterricht nachzudenken. Warum nicht das, was im Leben wichtig ist und glücklich macht, zum Teil des Lehrplans machen?

Interessant fanden die Forscher auch, dass die meisten Jugendlichen sehr viel Wert auf Wohlstand legen – egal aus welcher Art von Familie sie kommen. Aussagen wie: »Es ist sehr wichtig, viel Geld zu verdienen« oder »Es ist wichtig, ein schönes Haus mit allen möglichen coolen Sachen zu besitzen«, stimmte ein hoher Anteil der Befragten zu. Nef kommentiert das so: »Es ist mittlerweile bekannt, dass der Wunsch nach und der Besitz von Dingen nicht automatisch zufriedener macht. Trotzdem wird ganz offensichtlich der Mythos, dass mehr auch besser ist, an die nächste Generation weitergegeben.«

Die Forscher haben ihre Studie vor dem Start und nach der Auswertung mit dem Stadtrat von Nottingham diskutiert. Nick Lee vom Nottingham City Council kommentiert die Ergebnisse erfreut: »Sie regen die Diskussion darüber an, was gute städtische Behörden tun sollten.« Statt die Bürger wie in der Vergangenheit nur zu fragen: »Wollt ihr von X mehr oder von Y?«, könne man durch die Daten nun viel konkreter auf Probleme reagieren. Dabei ist man weder im Rathaus noch bei nef so blauäugig, nun an Wunder durch eine neue Politik des Glücks zu glauben. Immerhin ist man sich einig: »Wir gehen davon aus, dass wir das menschliche Bedürfnis nach Lebensqualität derzeit nicht optimal befriedigen.« Oder anders gesagt: Nottingham könnte seinen Reichtum besser nutzen.

Nicht nur in England denkt man so. In einer ganzen Reihe vor allem angelsächsisch geprägter Länder macht das Messen von Lebensqualität inzwischen rasante Fortschritte – und wirkt zugleich auf die Politik zurück. In Kanada gibt es zum Beispiel den »Canadian Index of Wellbeing«. Im australischen Bundesstaat Victoria den »CIV – Community Indicators Victoria«. In Neuseeland wird ein Index namens »New Zealand Quality of Life« (NZQoL) gemessen, und auf der australischen Insel Tasmanien gibt es den »Tasmania Together«-Plan (TT). All diese Indizes vereint dabei: Sie sollen nicht nur messen. Sie sollen den Regierungen, Behörden und Parteien auch dabei helfen, die Lebensbedingungen der Bürger zu verbessern. Zum Beispiel in Tasmanien.

»Wollen Sie wirklich glücklich leben? Kaufen Sie ein Haus in einer kleinen Stadt, heiraten Sie, kriegen Sie Kinder und engagieren Sie sich ehrenamtlich. Ach ja, eine Frau zu sein, hilft zusätzlich.« Der »Mercury«, eine Zeitung aus Tasmanien, gibt diese Tipps, bebildert mit zwei strahlenden Frauen, die ihre Hunde Millie und Lutana in die Kamera halten. Beide helfen freiwillig im Delta Therapie Dogs Club mit, besuchen mit ihren Hunden alte und behinderte Menschen. Der »Mercury« schreibt dazu: »Ein Ehrenamt lässt unser Selbstwertgefühl steigen.« So einfach ist das glückliche Leben? Und so spießig?

Dass die Lokalzeitung der australischen Insel überhaupt darüber berichtet, welche Lebensbedingungen ganz offensichtlich viele Menschen zufrieden machen, hat mit dem »Tasmania Together«-Plan zu tun. Der wurde um die Jahrtausendwende erfunden – damit Bürger und Regierung immer wieder neu nach den Kriterien für das gute Leben suchen, denn die können sich schließlich ändern. Heute kann es der Traum vom kleinen Einfamilienhaus im Grünen sein, der die Leute beglückt. Morgen etwas anderes. In dem Programm wird daher nicht nur regelmäßig neu gemessen, was die Einwohner Tasmaniens zufrieden macht. In ihm werden auch Ziele beschlossen, damit das Leben auf der Insel in Zukunft noch besser wird. Bis 2020 sollen zwölf Ziele erreicht werden. Ob das klappt, messen über 100 Indikatoren. Das alles klingt zunächst sehr technisch, spiegelt aber ganz konkret den Alltag der Bürger wider. Da soll beispielsweise die Sicherheit steigen, für Tasmanier ist das ganz offensichtlich ein wichtiges Thema. Gemessen wird das durch Befragungen, in denen die Leute zum Beispiel Auskunft geben sollen, wann sie sich bedroht fühlen. Als ein Zeichen für Erfolg gilt, wenn die Zahl derjenigen, die sich nachts in ihrem Haus sicher fühlen, in den kommenden Jahren von den aktuellen 80 auf 90 Prozent wächst. Wie das erreicht werden kann, darüber diskutieren alle Beteiligten: die Polizei, die städtischen Behörden, die Bürger.

Ein weiteres Ziel: Die Chancen auf ein gutes Leben, darauf, erfolgreich, gebildet und zufrieden zu werden, sollen schon in jungen Jahren gerechter verteilt werden. Dies wird daran gemessen, ob mehr Kleinkinder den Kindergarten-Check bestehen, statt 76 Prozent wie heute, sollen es künftig 84 Prozent sein. Erreicht werden könnte das, indem Kinder aus sozial schwachen Familien noch früher gefördert werden. Und es soll die Zahl der Menschen steigen, die das Gefühl haben, bei wirklich wichtigen politischen Entscheidungen mitreden zu können. Auch hier zählt wieder, was die Befragten heute und in ein paar Jahren sagen.

TT gibt noch viele solche Tipps, handeln müssen allerdings andere. Doch dadurch, dass ein unabhängiges Gremium die lokale Regierung berät und mit allen möglichen Behörden und Initiativen zusammenarbeitet, wissen diese heute schneller als in der Vergangenheit, wo ihre Maßnahmen wirken und wo nicht. »Unsere Berichte helfen dabei, die Bedingungen für eine gute Lebensqualität klarer zu erkennen«, heißt es im Jahresbericht der Organisation. Und die Veränderungen wiederum zeigen, ob die Regierungen ihren Job gut oder schlecht gemacht haben.

Die Bertelsmann-Stiftung hat diese und viele andere Beispiele unlängst untersucht und verglichen. Sie wollte wissen, welche Länder, Städte und Regierungen überall auf der Welt den Fortschritt neu definieren, neu messen – und wie sie sich dadurch selbst verändern. Die Stiftung fasst die Ergebnisse so zusammen: Die neuen Indizes hätten eine Reihe von positiven »Begleiteffekten«: Sie führten zu einer von »Werten« geleiteten politischen Führung. Sie sorgten für ein stärkeres Gefühl der Beteiligung bei den Bürgern. Sie formulierten klare Kriterien für Reformen und einen ständigen Lernprozess aller Beteiligten. Für Malte Boecker von der Bertelsmann-Stiftung lautet das Fazit so: »Das Entscheidende an all den vielen Diskussionen über Lebensqualität und neue Fortschrittsindikatoren ist gar nicht der neue Indikator.« Boecker ist sicher: »Die Suche nach dem richtigen Indikator wird nie abgeschlossen sein. Entscheidend ist deshalb, was während der Suche und danach mit den Gesellschaften passiert.« Das aber sei durchweg positiv.

Robert Habeck hat das unlängst erst erlebt. Der Fraktionsvorsitzende der schleswig-holsteinischen Grünen präsentierte im Sommer 2011 der Öffentlichkeit zum ersten Mal einen »Wohlfahrtsindex«, also eine Art »grünes« Bruttoinlandsprodukt für sein Bundesland – und damit auch eine neue Sicht auf Wachstum, Umwelt und Lebensqualität. »Wir wollen endlich die Spielregeln ändern, nach denen gute Wirtschaftspolitik beurteilt wird«, begründet das Habeck. Mit Hilfe des neuen Index könne die Politik endlich zwischen gutem und schlechtem Wachstum unterscheiden. »Neu ist, dass es tatsächlich gelingt, Wohlstand zu beschreiben«, meint Habeck, »nicht blumig oder wortreich, sondern indem ökologische oder soziale Folgen einen monetären Wert erhalten.«

Damit das auf einer seriösen Grundlage passiert, haben die Grünen ihr BIP nicht etwa selbst errechnet, sondern Experten der Forschungsstätte der Evangelischen Studiengemeinschaft, des Institutes für ökologische Wirtschaftsforschung Berlin und des Forschungszentrums für Umweltpolitik der Freien Universität Berlin um Hilfe gebeten. Und die sind unter der Leitung der Wirtschaftswissenschaftler Hans

Diefenbacher und Dorothee Rodenhäuser zu einem höchst überraschenden Fazit gekommen. Danach ist nicht nur die Lebenszufriedenheit der Bürger in Schleswig-Holstein überdurchschnittlich hoch. Das Land verfügt auch über reiches Naturkapital und ein großes Potenzial an mittelständischen Betrieben. Im vergangenen Jahrzehnt hat sich zudem vieles zum Guten verändert – im Gegensatz zu anderen Regionen der Republik. Kurz gesagt: Laut grünem BIP sinkt der Wohlstand in Deutschland. In Schleswig-Holstein steigt er.

Schleswig-Holstein wird reicher? Das widerspricht zunächst allen Klischees, die gemeinhin im Umlauf sind, galt das Land im hohen Norden der Republik doch bislang eher als strukturschwach. Landschaft, Wasser und sonst nicht viel, eine schöne Gegend, aber leider ohne großes Potenzial: So beschrieben klassische Analysen den Standort. Nun also soll das Land in Wirklichkeit gar nicht so schlecht dastehen?

In Zahlen drücken die Wissenschaftler diese Erkenntnis so aus: Im Bundesdurchschnitt ist das traditionelle BIP von 1999 bis 2008 (preisbereinigt) um 7,4 Prozent gestiegen. In Schleswig-Holstein nahm es gerade mal um 0,2 Prozent zu. In der traditionellen Sicht hat sich die Wirtschaftskraft der Republik also deutlich verbessert, die in dem nördlichen Bundesland nicht. Berechnet man nun aber das grüne BIP, sieht die Situation ganz anders aus. Das ist nämlich bundesweit um 3,2 Prozent gefallen. In Schleswig-Holstein hingegen wuchs es um 9,4 Prozent. »Ganz offensichtlich kann sich die Wohlfahrt eines Landes ganz anders entwickeln, als es das BIP suggeriert«, kommentiert Hans Diefenbacher, der Autor der Studie, und setzt hinzu: »Viel zu lange haben wir Wirtschaftswachstum mit Lebensqualität verwechselt.«

Diefenbacher hatte schon vor Jahren für das Bundesumweltministerium seine Alternative zum BIP berechnet, den Wohlfahrtsindex. Der wurde zwar in Fachkreisen hoch gelobt, setze sich allerdings in der Öffentlichkeit und auch in der Politik nicht durch. Dort gilt nach wie vor ein hohes BIP als Zeichen dafür, dass es einem Land oder einer Region besser geht. Diefenbacher hält das für grundfalsch. Sein Index berechnet sich deswegen anders. Er sinkt zum Beispiel durch Verkehrsunfälle und Umweltverschmutzung und steigt durch ehrenamtliche Arbeit. Dass ausgerechnet Schleswig-Holstein nun dabei so gut abschneidet, hat gleich mehrere Gründe. Der Energieverbrauch ist dort deutlich gesunken, und es werden heute viel mehr erneuerbare Energiequellen genutzt. Die Schleswig-Holsteiner tragen also weniger zum Klimawandel bei als früher. Zudem ist die Einkommensverteilung weniger ungleich als in anderen Regionen, und die Kriminalität ist gesunken.

»In unserem Index wird ersichtlich, ob eine Region ihre natürlichen Ressourcen und damit auch die Chancen der nächsten Generation zerstört«, sagt Diefenbacher und spricht deswegen auch lieber vom »nationalen Wohlfahrtsindex«. Er will schließlich zeigen, wann es Umwelt und Menschen besser geht und so womöglich auch die Wirtschaft krisenfester wird. Kann sich eine Region wie Schleswig-Holstein etwa stark mit erneuerbaren Energien versorgen, dann wird dort nicht nur die Luft besser, auch die Menschen leben gesünder. Dann bewirken auch die Schwankungen des Ölpreises weniger.

Für Diefenbacher ist Messen allerdings nur der erste Schritt. Er will viel mehr die Debatte um Wachstum und Fortschritt weiter beleben. In Schleswig-Holstein provoziert er deswegen mit zehn Thesen. Er warnt davor, das Bundesland durch »traditionelle Wachstumspolitik« weiter zu schwächen, und schlägt als Alternative eine »selektive« Industriepolitik vor: Die staatliche Förderung solle sich vor allem auf die Umwelttechnik konzentrieren und auf kleine und mittlere Unternehmen. Empfohlen werden die Erschließung der »Ökosystemleistungen« des Wattenmeers, der Ausbau der ökologischen Landwirtschaft und die Förderung der regionalen »Suffizienz«.

So etwas sorgt für Streit, das weiß der grüne Fraktionsvorsitzende Robert Habeck inzwischen. Doch er freut sich darüber: »Bisher mussten wir uns immer den Kriterien der traditionellen Ökonomie unterwerfen und beweisen, dass auch grüne Wirtschaftspolitik, erneuerbare Energien oder eine umweltfreundliche Landwirtschaft das BIP erhöhen. Nur dann waren sie akzeptabel. Jetzt können wir kontern.« Der Politiker zeigt an Beispielen auf, was sich durch den neuen Index ändern könnte – wenn die Grünen, die bisher in der Opposition sind, irgendwann wieder einmal in die Regierung gewählt werden: »Wir haben in Schleswig-Holstein beispielsweise auf Biogasanlagen zur Erzeugung von Strom gesetzt. Die sorgen für traditionelles Wachstum. Das grüne BIP aber senken sie, weil durch die Maisfelder zu viel Nitrat ins Wasser gerät und die Monokulturen die Natur und sogar den Tourismus schädigen.« Oder: »Alle wollen in Schleswig-Holstein die Elektromobilität fördern. Nach dem grünen BIP ergibt das aber nur Sinn, wenn der Strom dafür aus erneuerbarer Energie kommt.«

Für die Politik sei das eine Hilfe, meint Habeck: »Jetzt sind wir endlich gut gerüstet.« Er weiß jedoch, dass das mögliche Koalitionsverhandlungen mit den anderen Parteien, die weiter auf klassische Industriepolitik setzen, nicht leichter macht. Er setzt aber darauf, dass er mit den neuen Rechenmethoden einfach besser versteht, was gut für das Land ist – und für die Menschen. Von denen jedenfalls, so findet er, kommt viel Zuspruch: Dass der Index Schleswig-Holstein plötzlich reich rechne, das entspreche »viel mehr der Wahrnehmung der Menschen hier als das traditionelle

›Kellerkindgerede‹«. Das Bundesland habe Schwächen, »es ist bei den Bildungsabschlüssen zurück, hat zu wenig Hochschulabsolventen und entwickelt zu wenige Patente. Aber die vermeintliche Hauptschwäche, keine Großindustrie und Exportindustrie zu haben, ist tatsächlich seine Stärke. Wir brauchen hier keine große Auto- oder Petroindustrie. Das Potenzial liegt bei den Life-Sciences, der Bioökonomie, neuen Produktionsketten, einer Renaissance der Landwirtschaft, den erneuerbaren Energien mit all ihren Verästelungen.« Robert Habeck freut sich, dass mit Hilfe des Wohlfahrtsindex darüber nun offener gestritten werden wird.

VON LOHAS, PARKOS UND SCHREBERGÄRTEN:

Wie Bürger anders einkaufen und besser leben wollen

Wie wäre es mit der Vogelgezwitscher-CD für 17,50 Euro oder dem »Peace«-Fußball für 28,50 Euro? Der »Schlupfjacke anthrazit« für 49 Euro, dem »Basic-Shirt« für 15 Euro oder dem »Baby-Pyjama Tiere« für nur 14,90 Euro. Im Schnäppchen-Markt von Greenpeace kann man all das beruhigt einkaufen: »Diese Dinge sind sanft zum Gewissen«, so der Werbetext. »Die Baumwolle ist aus nachhaltigem kontrolliertem Landbau aus Zentralindien und Tansania. Die Stoffe werden ohne Chlorbleiche, ohne Farbstoffe mit giftigen Schwermetallen und ohne Formaldehyd-Ausrüstung verarbeitet. Faire Löhne und Abnahmegarantien sichern die Existenz von mittlerweile über 10 000 Bauernfamilien. Kinderarbeit ist selbstverständlich tabu.« Und natürlich sind alle Klamotten auch noch »angenehm zu tragen«.

Am Shop der berühmten Umweltorganisation und an seiner Werbesprache lässt sich ablesen, wie sehr sich hierzulande in den vergangenen Jahren Lebensstile und Werte verändert haben, wie die Attitüde einer einst kleinen Öko-Bewegung inzwischen zur Mode geworden ist und vielleicht bald schon zur Norm in dieser Republik werden könnte. Und wie sehr sie sich wiederum selbst angepasst hat. Denn die Werbebotschaft von Greenpeace spiegelt ja gleich mehrere Trends: Privater Konsum darf nicht auf Kosten der Umwelt gehen – zumindest soll es nicht zu offensichtlich danach aussehen. Wichtig sind darüber hinaus die faire Produktion und das politisch korrekte Drumherum. Genuss darf zwar sein, muss aber grün daherkommen. Und das gilt längst nicht mehr nur für ein paar Verrückte.

Dass Umweltbewusstsein, Konsum und die Suche nach mehr Lebensqualität sich so scheinbar problemlos paaren, war nicht immer so. Noch in der jüngeren Vergangenheit, in den späten 1970er und frühen 1980er Jahren, schien eher das Gegenteil plausibel. Damals durchlebte die junge Republik zum ersten Mal einen Wachstumsschock, nach den Wirtschaftswunderjahren lief plötzlich vieles nicht mehr rund. Die Arbeitslosigkeit wuchs. Der Club of Rome hatte schon früher seinen Bericht über den Zustand der Welt veröffentlicht, mit düsteren Aussichten. Das atomare Wettrüsten, das Waldsterben und Tschernobyl sorgten für düstere Perspektiven – und das Wachsen der Ökobewegung. Die propagierte das Müsliessen, den bitteren Solidaritätskaffee und die selbst gestrickten Pullover. Und das »Weniger«. Doch diese gefühlte Kernbotschaft der Umweltbewegung vom besseren Leben durch weniger haben war damals zu radikal und ist es wohl heute auch noch. Besser leben durch grünen Konsum, wurde zur attraktiven, viel marktgängigeren Variante. Die passte nicht nur besser in den Markt, die setzte eben auch viel weniger die Veränderung des privaten Verhaltens voraus, stellt nicht all die eingespielten Verhaltensweisen im Umgang mit Status (ich bin, was ich habe), Arbeit (ich arbeite, damit ich mir was leisten kann) und Freizeit (ich leiste mir heute was) in Frage.

Moderne Ökos reden deswegen heute nicht mehr vom Verzicht als Lebensstil. Stattdessen sprechen sie über Genuss. Und das mit Erfolg. Am ehrlichsten drückte das im Herbst 2010 ausgerechnet ein Journalist aus. Schon einen ganzen Tag lang hatten auf Einladung der Internetplattform Utopia verschiedene Unternehmer mit grünem Touch, Wissenschaftler, Schauspieler und angegrünte Politiker über die Welt nachgedacht und darüber, wie sie besser werden könnte. Viele hatten klug geredet, schöne Ideen beschrieben und von tollen Projekten erzählt. Da gesteht der »taz«-Reporter Peter Unfried dem versammelten Publikum: Er sei eigentlich kein »Moralöko«. Ihn hätten grüne Themen lange ziemlich kaltgelassen. Auf »Öko« sei er angesprungen, seit es als »kalifornischer Lifestyle« daherkommt.

Öko als lustbetonter Lebensstil? Wie Unfried ergeht es in Deutschland heute vielen anderen. Verzicht war gestern, Öko ist schick, seit es für »besser« steht und nicht für »weniger«. Kluge Konsumenten lassen die Finger eben nicht nur von gespritzten Flug-Erdbeeren aus Südspanien, weil das der Umwelt nützt, sondern auch, weil das Obst vom Bauern nebenan besser schmeckt. Gesünder ist es natürlich obendrein. Seit helle Biosupermärkte die alten Ökoläden mit den Lilalatzhosen-Verkäuferinnen verdrängt haben und man dort auch Tüten bekommt, ohne fünf Entschuldigungen nuscheln zu müssen, seit es in jedem Supermarkt Bioeier gibt, ist die Kundenzahl für Ökoprodukte explodiert. Längst bieten auch die Discounter ganze Regale voller Waren an, die grün tun.

So wie in den 1950er Jahren auf jedes gute Büffet der Eiersalat gehörte, darf heute nur noch das Freiland-Huhn auf den Tisch von Genießern und neuerdings nicht einmal mehr das, sondern besser nur noch Gänseblümchensalat. Denn spätestens seit immer mehr Hollywoodgrößen zu Vegetariern mutieren und deutsche Sterneköche ihnen komplette Menus ohne einen Bissen Fleisch bieten können, wird Gemüse immer populärer. Und so reduzieren schon 20-Jährige ihren Fleischkonsum, kennen natürlich den Unterschied zwischen lacto-vegetarisch und vegan und wissen: Zuviel Rind ist nicht nur ungesund, zudem verpestet das pupsende

Vieh mit seinem Methan aus dem Darm auch noch die Atmosphäre. Zugleich lesen sie amüsiert, wie die Schriftstellerin Karen Duve den Selbstversuch eines guten Lebens ohne Fleisch beschreibt. Danach jetten sie mit dem Billigflieger am Wochenende nach Rom oder Prag. Die Sünde kann ja mit einer kleinen Spende an Atmosfair klima-neutralisiert werden – weil mit dem Geld irgendwo ein Baum gepflanzt wird. Das Leben ist eben nicht widerspruchsfrei.

Das Credo des aufgeklärten Konsumenten heißt heute: Ich kann nachhaltig genießen. Ich will Umweltschutz *und* Lebensqualität. Und längst wird das von einer boomenden Industrie unterstützt. Dabei ist die Kundengruppe so groß und bunt und für die Werbeindustrie von so hohem Interesse, dass ihre Einstellungen entsprechend gut untersucht wurden. Immerhin handelt es sich immer noch um eher gebildete und damit potenziell auch kaufkräftige Kunden. Der amerikanische Soziologe Paul Ray beschrieb sie zum ersten Mal im Jahr 2000 in seinem Buch »The Cultural Creatives: How 50 Million People Are Changing The World« und nannte diese Leute »Lohas«. Die Abkürzung steht für »Lifestyles of Health and Sustainability« (gesunde und nachhaltige Lebensstile). Ray meinte damit Menschen, die ihre »Identität in der Auseinandersetzung mit Materialismus und Hedonismus suchen«. Er bezieht sich mit seinen Untersuchungen allerdings explizit auf die USA. Deswegen beschreibt der Wissenschaftler die Lohas auch als Menschen, die jenseits der klassischen Auseinandersetzung von rechts und links stehen und die kein Bewusstsein ihrer Existenz als gesellschaftliche Gruppe haben.

In Deutschland ist das seit der Gründung der Grünen anders. Hier gibt es eine traditionelle politische Heimat für die Lohas, die sich allerdings längst auch unter den Wählern anderer Parteien finden. Die Werbeindustrie hat sie durch

Kaufverhalten, Lebensstil und Wahlverhalten hierzulande als »Gruppe« mit folgendem Verhalten identifiziert: Sie wollen durch ihre gezielte Produktauswahl Gesundheit und Nachhaltigkeit fördern. Dazu gehört der samstägliche Einkauf im Biosupermarkt ebenso wie das richtige Label auf der Kleidung, das sparsame Auto und das energieeffiziente Haus. Auch »Utopia« verdankt seinen Erfolg beispielsweise diesem Verhalten. Auf der »Internetplattform für strategischen Konsum« können Kunden Kinderkleidung aus Ökobaumwolle und nachhaltig produzierte Reizwäsche kaufen. Dazu gibt es Tipps für den korrekten Einkauf, Rezepte für den fleischlosen Genuss, den Aufruf zur Massenkündigung bei den Produzenten von Atomstrom oder »zehn einfache Wege, das Öl zu vermeiden«. Moderner Konsum, so die unterschwellige Nachricht, ist mehr als ein Kaufakt. Es geht um Haltung. Da zählt nicht mehr nur das Produkt, mindestens so wichtig für den Genuss mit gutem Gewissen ist, wie es hergestellt wurde, wie viel Ressourcen dafür verbraucht wurden und unter welchen Bedingungen die Produzenten leben. Moderner Konsum braucht den Dreiklang: Er muss die Lebensqualität erhöhen, ökologisch unbedenklich sein und soziale Mindeststandards erfüllen.

Immer auf der Suche nach Kunden, die neue Trends setzen und damit für neue Werbekampagnen interessant sind, hat die Marketing-Branche längst weitere Verwandte der Lohas identifiziert. Da gibt es zum Beispiel die Lovos (Lifestyle of Voluntary Simplicity), die vor allem ein einfaches Leben wollen. Oder die besonders anspruchsvolle Gruppe der Parkos, der partizipativen Konsumenten. Die nutzen zum Einkaufen bewusst und aktiv das Internet, setzen sich kritisch mit der Kommunikation und den Marken von Unternehmen auseinander und fordern im Zweifel Veränderungen. Angeblich zählt jeder fünfte Deutsche zu den Parkos und damit knapp 13 Millionen Menschen. Das behauptet zumindest Zucker Kommunikation, eine Berliner PR-Agentur.

Die Liste ließe sich noch beliebig fortsetzen. Nur, wie weit tragen diese Konzepte? Die entscheidende Frage auf der Suche nach mehr Glück für alle ist doch: Wann dokumentiert der Konsum tatsächlich einen anderen Umgang mit sich, der Gesellschaft und mit der Welt? Wann bleibt er nur ein schöner Schein? Wenn der Kauf von Ökoprodukten am Ende nur ausdrückt: »Guckt her, ich kann mir das leisten, ich gehöre zur Elite!«, dann wäre er ja doch nur eine neue Form des Statuskonsums und mitnichten ein Ausweg aus der Tretmühle des Glücks, aus dem Wettbewerb um »Immer mehr, immer besser, immer schneller«. Dann würde die von Manufactum verschönerte Wohnung, der samstägliche Einkauf auf dem Bauernmarkt oder das Öko-Mangoeis für den Kleinen in seinem Bugaboo-Kinderwagen eben doch nur auf besonders perfide Weise zeigen, wie gut der Kapitalismus funktioniert: Selbst der unterschwellige Wunsch nach mehr Gerechtigkeit, mehr Umweltschutz und Lebensfreude wird kaufbar gemacht und endet schließlich im schnell vergänglichen Glück des Konsums.

Sind die modernen Ökos, die sich in ihrem Hybridauto vor dem Niedrigenergiehaus so gut fühlen, also am Ende doch nur auf eine perfide Strategie der Werbeindustrie hereingefallen – und ermöglichen einem zerstörerischen System, so weiterzumachen wie bisher? Manch ein Vertreter der traditionellen Umweltbewegung kritisiert genau das. Der Konsumismus habe durch den grünen Anstrich lediglich ein neues, zeitgeisttypisches Image bekommen. Der Liedermacher und Kabarettist Rainald Grebe nennt das spöttisch eine Art »Bionade-Biedermeier«. Am Ende gehe es in dieser grüneren Gesellschaft aber eben doch immer noch und vor allem um das »Mehr«. Der Verbrauch der endlichen Ressourcen würde zwar verlangsamt, aber nicht gestoppt. Die Gesellschaft würde nicht glücklicher. Nur die Karotten schmecken besser, und im Salat fänden sich weniger Pestizide.

Nicht schlecht, aber wirklich helfen, so die Kritik, kann uns nur ein sehr bewusster und weit reichender Konsumverzicht. »Eine künftige Lebens- und Überlebenskunst kann nur darin bestehen, das erreichte zivilisatorische Niveau in Sachen Bildung, Gesundheit, Sicherheit zu halten und die Fehlentwicklungen radikal zurückzunehmen«, fordert der Soziologe Harald Welzer vom Kulturwissenschaftlichen Institut in Essen. Damit die Menschen den Verzicht aber als Gewinn an Lebensqualität empfinden können, müsse er von der Politik flankiert werden – es müsse viel offensiver in Alternativen zum Konsum gedacht werden. Nur wenn es »in« sei, weniger zu verbrauchen und zu besitzen, gebe es eine Chance auf wirklichen Wandel. Nur wie soll das gehen?

Vielleicht ganz einfach durch den Generationswechsel. Wenn 20-Jährige heute über die CD-Regale ihrer Eltern lächeln und für ihre Musikschätze längst nur noch den Computer brauchen, dann verändert das den Umgang mit anderen Dingen. Viele taugen eben nicht mehr in der gleichen Weise wie früher als Statussymbole. Vielleicht sind morgen schon die Bücherregale dran, wenn vieles nur noch elektronisch gelesen wird. Zumindest bei den Lexika und den Nachschlagewerken gibt es diesen Trend ja schon seit geraumer Zeit. Die meisten Enzyklopädien, die einst im Wohnzimmer jeder Mittelschichtfamilie das Interesse an Bildung und Wissen demonstrierten und die spätestens zur Konfirmation auch in vielen Jungendzimmer standen, verstauben oder sind längst ins Altpapier gewandert. Wissen holt man sich bei Wikipedia oder durch eine kluge Netzrecherche. Gut möglich, dass sich dieser Trend verstärkt und nur noch besonders schöne oder wertvolle Bücher in Papierform erscheinen und gesammelt werden. Und wenn dann erst die CDs und viele Bücher verschwunden sind oder man zumindest Menschen, die auf sie verzichten, nicht mehr automatisch Ignoranz und Bildungsferne unterstellt, sondern Modernität – warum soll es dann nicht auch mit anderen Dingen so gehen? Vielleicht haben die Enkel und Urenkel der Wirtschaftswundergeneration ja einfach lange genug im Immer-Mehr gelebt.

Sicher gibt es viele Gegenargumente. Plausibel lässt sich beispielsweise argumentieren, dass Menschen einfach die alten Statussymbole durch neue ersetzen. Die Bücher durch den Bildschirm, die Platten und CDs durch den iPod. Ob der so viel schonender für die Ressourcen der Welt oder das Klima ist, bleibt abzuwarten. Dennoch sprechen viele Indizien dafür, dass der Trend ein kollektives Weniger erleichtert, dass Menschen hierzulande künftig zwar weiterhin Dinge benutzen, aber nicht unbedingt besitzen wollen. Sind sie ihrer müde, löschen sie sie, geben sie weg oder tauschen sie. Internetseiten wie netcycler.de, webtauschen.de und tauschticket.de oder auch die Tauschbörsen, die sich längst in manchen Großstädten etabliert haben, unterstützen solche Trends.

Der schon mehrfach zitierte Oldenburger Ökonom Niko Paech sagt dazu: »Vieles, was wir tun könnten, lässt die alten Damen bei mir zuhause lächeln. Denn es bedeutet nichts anderes, als die Rückkehr zu alten Traditionen.« Tatsächlich lesen sich Paechs Vorschläge für ein umweltgerechtes Leben wie Grüße aus der guten alten Zeit: Da fordert der Ökonom beispielsweise, »die Steigerung von Güterwohlstand und Komfort« zu beenden. Jeder sollte sich Fragen stellen wie: »Von welchen Energiesklaven, Konsum- und Komfortkrücken kann ich mich (und die Gesellschaft als Ganzes sich) befreien?« Und dann wird er sehr konkret: »Wir müssen Produkte länger nutzen, sie reparieren und pflegen und sie lieber gebraucht kaufen als neu. Wir müssen Knöpfe selber annähen und Fahrräder eigenhändig reparieren – und wieso soll das eigentlich keinen Spaß machen?«

Also los, zurück in die Vergangenheit? Manches mag so klingen, doch viele der neuen alten Ideen nehmen eben nur den Slogan vom »Besser leben, statt mehr haben« ernst. Weil nämlich das Besitzen von der Lust zur Last geworden ist. Nirgends zeigt sich das deutlicher als in den großen Städten, bei der Deutschen liebstem Spielzeug: dem Auto.

Wenn Andreas Knie aus dem Fenster seines Konferenzraums blick, sieht er die Zukunft. Denn dann blickt er in eine umgebaute Fabriketage, in der Elektroautos parken, daneben E-Räder, Scooter und zwischendrin große Ladestationen. Manchmal stellt er sich auch noch den großen Solarpilz vor, der schon bald auf der Wiese vor der Fabriketage installiert sein soll, um umweltfreundlichen Strom zu produzieren. Mit dem sollen die Elektromobile direkt geladen werden, bevor sie wieder ein Mieter abholt. »Wir werden dann alles bieten können, was man für eine umweltfreundliche Fortbewegung braucht«, schwärmt der Professor, und er ist ganz sicher: »Wir erfinden hier die städtische Mobilität neu.«

Knie beschäftigt sich seit Jahrzehnten mit dem Verkehr. Lange galt der schwarz gekleidete Mann mit den grauen, in alle Richtungen stehenden Haaren und dem hellwachen Blick als Phantast. Wenn er wieder mal über das veränderte Mobilitätsverhalten von jungen Leuten und vom Ende des eigenen Wagens redete, klang das doch sehr nach verrücktem Professor. Doch inzwischen hört auch die Autoindustrie dem Soziologen aufmerksam zu. Denn immer mehr Studien belegen, dass er so falsch wohl nicht liegt, wenn er sagt: »Die Menschen wollen künftig immer seltener im schicken, eigenen Wagen durch die Gegend kurven.« Viele Nutzer treibt die Suche nach mehr Bequemlichkeit: Warum ein Auto besitzen, versteuern, pflegen, reparieren? Warum Zeit mit so etwas verbringen, wenn man das Ding einfach leihen kann? Vor allem unter Jüngeren eignet sich offensichtlich das Fahrzeug immer weniger als Statussymbol, sie melden immer seltener neue Wagen an. Gerade gebildete, städtische junge Erwachsene geben mit anderen Dingen an, nicht mehr mit dem Auto. Davon standen eh immer genug rum, seit sie laufen können. Eine Blechkarosse brauchen sie nicht mehr, um cool zu sein. Das Auto, so Knie, gerate als Statussymbol zunehmen aus der Mode. Es überlebe noch am ehesten als Teil eines komplett neuen Verkehrskonzeptes. Denn die Menschen würden immer mehr zu »intermodalen Verkehrsnutzern«. Car-Sharing-Modelle, die in allen Städten aus dem Boden sprießen, zeigen das, und doch sind sie erst der Anfang. Wie sehr diese Entwicklung unser Leben und unseren Umgang mit den Dingen verändern wird, genau das interessiert Knie.

Kling theoretisch und ziemlich verrückt. Doch mitten im Berliner Stadtteil Schöneberg, auf einem ehemaligen Industriegelände, bastelt Knie schon sehr konkret an dieser Zukunft, als Geschäftsführer des Innovationszentrums für Mobilität und gesellschaftlichen Wandel (InnoZ). Gerade Städte wie Berlin, so der Professor, seien Brutstätten für Neues, und deswegen könne man dort den Wandel auch am schnellsten sehen und nutzen. Bezogen auf den Verkehr bedeutet das: Auch künftig wollen die Bürger schnell, billig und bequem von A nach B kommen. Aber sie werden dafür nicht mehr automatisch ins eigene Auto springen. Sie suchen sich ihr Transportmittel jeweils neu aus. Und genau das wollen Knie und andere nutzen und fördern.

Auf einem großen Plakat, das an der Fabrikwand hinter einem Smart ed (»electric drive«) hängt, ist Knies Vision aufgemalt. Wer zügig vom Süden Berlins in den Norden will, wird danach künftig zuerst sein Handy fragen. Das zeigt ihm dann die besten Alternativen: Mal ist es die S-Bahn, mal kombiniert mit dem Fahrrad – oder mit dem elektrisch betriebenen Auto. Diese E-Autos werden, so hofft Knie, schon bald überall in Berlin stehen. In allen Vierteln soll es an zentralen Orten, in Parkhäusern oder neben Bahnhöfen reservierte Plätze geben, an denen die kleinen Stadtwagen warten. Die können dann per Anruf gebucht, freigeschaltet und bezahlt werden. Und los geht's.

Damit das Ganze sich schnell durchsetzt, soll es in Berlin bald schon ein Monatsticket geben, das genau das erlaubt: U- und S-Bahn fahren, 100 freie Kilometer mit dem Elektroauto und dazu auch die Nutzung der Leihfahrräder. Das Auto, so Knie, werde dann nur noch genutzt, wenn es sich wirklich lohne – und stünde eben nicht die meiste Zeit in der Gegend herum.

Der französische Konzern »Transdev« denkt in die gleiche Richtung, nutzt das allerdings als Argument für den Nahverkehr. Das Privatunternehmen, das inzwischen auch in Deutschland als privater Anbieter im öffentlichen Personennahverkehr aktiv ist, hat sogar eine eigene Forschungsabteilung. Dort denkt man längst über Themen wie »well-being«, Stress und die bevorzugten Arten der Fortbewegung nach. Mobilität, so das Fazit einer großen Umfrage in mehreren EU-Ländern, werde weiterhin für viele Menschen sehr wichtig sein. Aber Status spielt dabei eine geringere Rolle als Sicherheit, Kosten und Bequemlichkeit. Eine schnelle, bezahlbare, pünktliche Bahn, die im Sommer gut gekühlt und im Winter angenehm geheizt ist, hat damit eigentlich jede Chance im Wettbewerb gegen das Auto.

Wenn weniger Menschen Autos besitzen, werden weniger produziert, ergo schont das zwar die Umwelt – senkt aber auch die Verkaufszahlen. Die Autofirmen wiederum wissen das längst, beobachten den Trend mit Sorge, suchen nach Alternativen – und finden sie inzwischen in eigenen Mobilitätsangeboten. Es wird also ganz neue Kooperationen und Konkurrenzen im Verkehr geben. Statt ein Auto zu verkaufen, werden Autohersteller künftig »Mobilität« anbieten. Daimler testet das seit einer Weile in Ulm, Peugeot in Berlin, Hamburg und München: »Mu by Peugeot« richtet sich an alle, die unabhängig, flexibel und günstig mobil sein wollen. Nutzen können die Kunden »die ganze Modellpalette vom Fahrrad über Scooter, Pkw, Transporter bis hin zum Zubehör«. Geworben wird mit Slogans wie »Ausflug machen« und »Stau entkommen«: Mit mehr Lebensqualität, mehr Zeit, mehr Wohlbefinden.

Das Sein zählt mehr als das Haben. Für Großstadtbewohner mag das beim Autothema noch einleuchten. Doch wie interessant und kurios das Leben werden kann, wenn man dieses Postulat rundum ernst nimmt, hat der Autor Colin Beavan herausgefunden. Der Journalist ist mitten in New York aus dem normalen Alltag ausgestiegen ist und hat sein »ökologisch korrektes Abenteuer« höchst unterhaltsam aufgeschrieben. Eigentlich wollte der Amerikaner zunächst nur beweisen, dass man nicht aufs Land ziehen muss, um eine gute Ökobilanz zu haben und den eigenen CO_2-Verbrauch zu senken. Er verzichtete also auf Fahrstühle, Autos und Fernseher. Er reduzierte seinen Stromverbrauch und kaufte außer den Lebensmitteln keine neuen Produkte (und auch die nur von Bauern aus der Umgebung). Er verlor etliche Kilos beim Radeln durch die Stadt und gewann Stunden, die er sonst im Fitness-Studio verbracht hatte. Der Selbstversuch liest sich höchst ulkig, denn Beavan treibt das Abenteuer mit typisch amerikanischem Elan auf die Spitze. Er erzählt, wie er und seine Frau sich streiten, wer das Kind zu Fuß zur Krippe bringt oder die Milchflaschen zur einzigen Molkerei, die sie wiederverwertet. Die liegt am anderen Ende der Stadt.

Aus dem Erfahrungsbericht »No Impact Man: Can you save the planet without driving your family crazy?« (Der Mann ohne Spuren: Kann man den Planeten retten, ohne die Familie in den Wahnsinn zu treiben?) ist inzwischen ein Buch und ein Film geworden, Beavan zum überzeugten Umweltaktivisten mit Web-Seite, Blog und vielen Fans. Das Interessanteste an seinem Selbstversuch aber ist das Fazit. Nach einem Jahr ohne all die gewohnten Annehmlichkeiten ist er sich sicher: »Unser Leben ist glücklicher und reicher – auf ungeahnte Weise.« Glück durch Verzicht auf Umweltverbrauch und durch Entschleunigung – auf seiner Internetseite www.noimpactman.com hat Beavan diese Erkenntnis in einen Appell verwandelt: »Bekämpfe den Klimawandel. Lebe ein gutes Leben!«, fordert er dort seine Leser auf und ködert sie mit der Aussicht: »Ein umweltfreundlicher Alltag schafft mehr Zeit, mehr Gesundheit, mehr Spaß und auch noch ein gutes Gewissen.«

Auch in Deutschland ist die Zeit, in denen die jungen Börsenmakler, die Banker und Spieler und all die anderen Prototypen des maßlosen Scheffelns und Konsumierens die heimlichen Idole der Republik waren, vorbei. Auch hier machen sich inzwischen gerade gut ausgebildete, junge Leute auf die Suche nach dem guten Leben – vielleicht nicht so spektakulär, skurril und so gut dokumentiert wie bei Beavan, dafür aber höchst vielfältig. »Wir kennen es alle. Wer schwanger ist, sieht nur noch Schwangere. Wir sahen plötzlich überall Menschen, die einer Gruppe zugehörig schienen, die wir der Einfachheit halber ›Neue Mitte‹ nannten, die vom Einkommen her aber eher unten anzusiedeln waren. Die so handeln, als gehöre ihnen die Zukunft, weil sie ihre eigene von traditionellen Statussymbolen unabhängige Werte- und Lebenswelt konstruieren«, schrieb Gabriele Fischer, die Chefredakteurin des Magazins »Brand Eins«, unlängst und füllte dann 2010 eines ihrer Monatshefte mit wunderbaren Geschichten, über diese Menschen: Über Lohas, Postmoderne, Sozialunternehmer und Weltverbesserer. »Wo kann ich mit meinen Fähigkeiten Nutzen schaffen«, wird da die Ausgangsfrage eines jungen Mannes zitiert, der Solarlampen in Äthiopien verteilt. Er sei im Wohlstand aufgewachsen, sagt er und setzt hinzu: Ihm ging es daher schon früh um die Sinnfrage.

Sinnsucher: Die Schriftstellerin Julie Zeh hat sie in einer kleinen Geschichte beschrieben, die Generation ihrer einstigen Freunde, aufgewachsen in guten Familien, sicherem Wohlstand und schlimmstenfalls von der Sorge getrieben, mal keine feste Arbeit zu bekommen. »Prinzip Gregor«, hat sie das Ganze genannt und beginnt so: »Früher gab es Gregor. Auf die Frage, was er an seinem Studium der Betriebswirtschaftslehre gut finde, pflegte er zu antworten: ›Ich will eine goldene Kreditkarte mit meinem Namen drauf und einen Porsche 911 mit einer blonden Frau auf dem Beifahrersitz.‹« Jahre später trifft sie Gregor wieder, der hat es geschafft, arbeitet erfolgreich bei Whoever & Whoever, hat aber weder einen Porsche, noch will er einen. Und denkt darüber nach zu kündigen, um mehr Zeit zu haben. Sie beginnt bei den anderen Freunden von früher anzurufen, mit immer der einen Frage: Braucht ihr Geld? Ihr Fazit, nach einer Reihe erstaunlicher Gespräche: »Wir sparen nicht, wir geben bloß kein Geld aus.« Durch die Shell-Jugendstudie fühlt Zeh das noch einmal bestätigt. Die bezeichnet die »pragmatischen Idealisten« als die Gewinner und die robusten »Materialisten« als Verlierer. Zeh kommt zu dem Fazit: Wir glaubten nicht mehr an die sinnstiftende Kraft von »Mars macht mobil« und dass tolle Typen auch in tollen Autos sitzen. »Kreditkarten-Gregor ist die Galionsfigur einer sinkenden Handelsflotte.«

Als sie den Text bei einer Veranstaltung der Friedrich-Ebert-Stiftung zum Thema »Glück« vorlas, erntete die Autorin viel Applaus. Doch natürlich wurde ihr vom Publikum entgegengehalten, dass das wohl nur die Haltung des typischen Mittelschichtkinds aus der Erbengeneration sein könne. »Erst kommt das Fressen, dann die Moral.« Niemand sagte den Satz von Brecht, und doch schwebte er im Raum. Es sei ja wohl eine Errungenschaft der Sozialdemokratie, dass es Berechnungen des materiellen Mindestlebensstandards gebe und jeder ein Recht auf Sozialhilfe habe, schimpfte eine Zuschauerin aus Osteuropa erregt und setzte hinzu: Und nun käme Frau Zeh daher und behaupte, das Glück hänge nicht ab vom Geld, sondern von dem Gefühl der Nützlichkeit und des Eingebundenseins. Tatsächlich hatte Zeh auch noch von ihrem Leben auf dem Lande erzählt und davon, dass dort die Lebenszufriedenheit viel stärker als von der materiellen Hilfe durch den Staat von der Gegenseitigkeit und der Gemeinschaft abhänge.

Eine Theorie des Lebens, ein Aufruf zum Umbau der Gesellschaft ist das nicht, sollte es auch nicht sein. Ein Anstoß zum Nachdenken war es aber doch, denn selbst bei der SPD-nahen Ebert-Stiftung entfaltete sich nach der Lesung eine ungewöhnlich offene Debatte darüber, wann weniger mehr sein kann und ob Sozialdemokraten nicht viel mehr über Zugehörigkeit und Werte sprechen müssten.

Auch in der Wirtschaft geht der Virus des »Weniger« um. Hannah Jones trägt ihn beispielsweise durch das Hauptquartier von Nike in Portland, Oregon. Die Britin, die einst als Journalistin und später als Aktivistin gearbeitet hat, wurde vor einigen Jahren von Nike angeheuert, nachdem der Produzent von Sportartikeln wegen der Arbeitsbedingungen in einigen seiner Zulieferfabriken massiv unter Beschuss geraten war. Sie machte dort rasant Karriere als Vizedirektorin mit dem expliziten Auftrag, den Konzern von innen zu kritisieren. Zu ihrem Job gehört es beispielsweise, bessere Kontrollen für die Arbeitsbedingungen in den Fabriken im Süden oder mehr Recycling zu fordern und an Kontrollsystemen mitzuarbeiten.

»Nike hat damals gelernt, dass diese Themen nicht mehr verschwinden«, sagt Hannah heute im Rückblick. Ein Produzieren ohne Rücksicht auf Umweltschutz und Arbeitsbedingungen könne sich heute kein großer Hersteller von Markenartikeln mehr leisten. Man stehe einfach unter Beobachtung. Das bedeutet zwar das nicht, dass Nike und andere Firmen plötzlich zu Wohltätern geworden sind, doch in den Zentralen weiß man inzwischen einfach: Für das Image ist es nicht gut, wenn man immer wieder von Umweltaktivisten kritisiert wird. Das will man einfach so gut es geht vermeiden. Gerade erst hat Greenpeace wieder einen Bericht veröffentlicht, in dem Zulieferer für Adidas und Nike beschuldigt werden, Flüsse in China zu verseuchen, und der fordert: Die Champions der Sportartikel sollten auch zu Champions im Umweltschutz werden.

Hannah würde das mit dem Champion im Umweltschutz wahrscheinlich sofort unterschreiben, auch wenn es sie manchmal schon ärgert, dass die Hersteller von No-Name-Artikeln quasi unbeobachtet arbeiten. Doch sie geht (zumindest in der Theorie) sogar noch einen Schritt weiter als die Umweltaktivisten. Sie kritisiert die aktuelle Art zu wirtschaften noch viel grundsätzlicher – und denkt damit weit in die Zukunft. »Alle Rohstoffpreise steigen rasant«, so Hannah. Schon deswegen müsste man künftig weitgehend auf das Wegwerfen und das Produzieren aus neuen Materialien verzichten und eher an Kreislaufmodellen arbeiten, an der kompletten Wiederverwertung von Turnschuhen beispielsweise. Eine Firma wie Nike würde dann im Idealfall gar keine neuen Rohstoffe mehr brauchen. Sie nimmt alte Produkte wieder an und gibt sie runderneuert in den Wirtschaftskreislauf. Sie verkauft den Kunden dann also nun noch den Service und das neueste Design.

Noch ist das Zukunftsmusik, das weiß auch Hannah. Aber dass in der Konzernzentrale des weltgrößten Sportartikelherstellers über die Kreislaufwirtschaft nachgedacht wird, zeigt wie sehr das neue Denken schon um sich greift. Dass die Realität noch nicht so rosig ist, ist dabei nicht unbedingt ein Widerspruch.

In Berlin hat die Modemacherin Elisabeth Prantner vom Label »Lisa D.« viel über die Widersprüche zwischen der Vereinbarkeit eines spannenden Jobs und dem Überleben des Planeten nachgedacht. Schließlich ist Mode ja per Definition etwas, das über Nutzen und Notwendigkeit hinausreicht. Wer sich nur gegen Kälte oder Hitze schützen will, braucht Kleidung und keine Mode. Doch schon der französische Philosoph Voltaire hat einmal gesagt: »Das Überflüssige ist das Notwendige.« Er meinte damit die Musik und die bildende Kunst, doch macht uns nicht auch die Mode zum Menschen? Durch kaum etwas anderes drücken wir so sehr unsere Zugehörigkeit, unsere Abgrenzung oder Besonderheit aus, wie durch passende oder unpassende Anzüge. Röcke sind nicht nur lang oder kurz, einfarbig oder bunt. Sie signalisieren etwas über die Trägerin, über deren Wünsche, Ängste und ihr Selbstbild.

Prantner kennt all diese Beweggründe fürs Anziehen, liebt Kleider, leidet jedoch zugleich an den Produktionsbedingungen und hat aus der Not eine Tugend gemacht: Sie arbeitet bei »Über Lebenskunst« mit, dem Projekt des Berliner Hauses der Kulturen der Welt. Dort konnten sich im Jahr 2010 Initiativen bewerben, um mit Kunst und Aktionen auf den Widerspruch von Konsum, Nachhaltigkeit und

Lebensqualität aufmerksam zu machen. Dabei sollten sich die Teilnehmer ganz banalen Fragen stellen: Wie komme ich heute zur Arbeit? Was werde ich essen? Was ziehe ich an und wo kommt meine Kleidung her? Die Alltagsentscheidungen jedes Einzelnen, so die Leitidee des Projektes, können die Welt verändern, jeder kann zugleich aus der Routine ausbrechen und den Tag anders leben. Im August 2011 wurde dann aus den Ergebnissen eine große Ausstellung.

Ein dreiviertel Jahr zuvor, an einem herbstlichen Morgen, diskutieren die Künstler, die Aktivisten und Organisatoren im Haus der Kulturen der Welt ihre Ideen. »Wir konsumieren, schmeißen weg, kaufen neu«, sagt Prantner und setzt mit einem gewissen Fatalismus hinzu: »Wir wissen, dass Rauchen schlecht ist, und doch tun wir es.« Sie erklärt, wie sie das nun zum Thema machen wird, mit »Mein Lieblingsteil«. Dafür sammelt sie ab sofort »liebste« Kleidungsstücke ganz verschiedener Menschen. Dann wird über das Herstellungsland, das Material, Alter und Zustand des Kleidungsstücks geforscht, werden die persönlichen Geschichten mit den Hintergründen über die Herstellung zusammengebracht und so ein Lebenslauf des Kleidungsstücks aufgezeichnet.

Sicher stellt sich da die berechtigte Frage, ob daraus am Ende wirklich Kunst wird, ob die wiederum zum Nachdenken über sich und dann gar zur Veränderung der Welt führen wird. Vielleicht entsteht aber zumindest ein Stolperstein, hoffen die Teilnehmer von »Über Lebenskunst«: die Stromaktivisten, die in einem Berliner Fitnessstudio auf modifizierten Fitnessgeräten durch Muskelkraft Energie erzeugen, der ins Berliner Stadtnetz eingespeist wird; die Social Seeds, die durch den Anbau alter, seltener und regionaler Kulturpflanzensorten in Berliner Gemeinschaftsgärten neue Biotope schaffen und zugleich Menschen aus unterschiedlichen Kulturen zusammenbringen; die Initiative »Berliner Wilde

Leben«, die zeigt, wie sich mehr und mehr Wildtiere den urbanen Lebensraum zurückerobern. Oder die städtischen Bienenzüchter. Alle wollen, »gewohnte Standards und Bedürfnisse hinterfragen« und »dem Perspektivwechsel« eine Chance geben. Alle wissen um die Pädagogikfalle, um die Gefahr, am Ende zwar ein paar kluge Dinge über die Endlichkeit der Welt oder das gute Leben im schlechten zu sagen, dabei aber fürchterlich langweilig zu sein.

Multikulturelles Schrebergärtnern, Imkern und Energieproduktion per Laufband als Antworten auf die große Frage nach dem besseren Umgang mit sich selbst und der Welt – das wirkt auf den ersten Blick ziemlich bemüht. Man kann sie alle naiv nennen. Die Schriftstellerin, die kein Fleisch mehr isst, weil in einer Welt voller Fleischesser immer mehr Menschen verhungern müssen. Den Unternehmer, der seine Firma nicht mehr wachsen lassen will, weil ihm Lebensqualität wichtiger ist. Die Mütter, die mitten in der Stadt eine öde Brache in einen blühenden Gemeinschaftsgarten verwandeln, auch damit ihre Kinder den Wert von Nahrung wieder schätzen lernen. Den Unternehmensberater, der sein Kindergeld für Bildungsprojekte spendet, weil er eine gerechtere Gesellschaft will. Oder die Mode-Designerin, die lieber alte Kleidung repariert als neue zu schaffen, weil ihr die Wegwerfgesellschaft stinkt.

Wie schnell vergibt man die Plakette »Gutmensch«, wenn im Einkaufskorb auf allem Bio steht, wenn Menschen versuchen, mit Slow-Food (Essen aus der Region, das selbst zubereitet wird), fairem Handel, Tauschringen, Car-Sharing oder Wertstoffbörsen, mit Demos gegen Globalisierung oder Kernkraftwerke gleichzeitig die Welt und das eigene Leben zu verändern. Doch all diese Versuche verbindet eines: Der Abschied von der Marktlogik. Immer geht es um Glück jenseits von Wachstumszwängen, um ein Miteinander, das den Regeln des Wettbewerbs entzogen ist, um andere Werte als den Preis. Es geht um Antworten auf die Frage, was eine gute Gesellschaft eigentlich ausmacht.

Die Wirtschaftsnobelpreisträgerin Elinor Ostrom sieht in ähnlichen Initiativen sogar den Beginn von etwas ganz Neuem. Sie hat lange darüber geforscht, wie Allgemeingüter am besten verwaltet und bewirtschaftet werden. Allgemeingüter, das ist die saubere Luft, das gute Leben in der Stadt, aber auch die Frage, welche Infrastrukturprojekte das Land braucht. Ostrom hat festgestellt, dass vieles weder allein durch den Markt noch durch den Staat verwaltet werden sollte, sondern dass es jede Menge »potenziell produktive Arrangements« zwischen Markt, Staat und lokalen Initiativen geben kann.

Man kann diese Menschen also auch Idealisten nennen und in ihnen sogar Vorreiter und Hoffnungsträger sehen. Denn sie alle (und viele andere mehr) eint nicht nur die Unzufriedenheit mit der Maßlosigkeit, mit der wir wirtschaften und leben, sie treibt auch das Gefühl, dass dieses Land sich nicht nur durch den Markt verändern sollte, ihn aber, wo es sinnvoll ist, klug nutzen kann. Sie alle haben den Glauben daran, dass es auch anders geht, noch nicht verloren. Sie sind Pioniere des Wandels. Und der kann, glaubt man Malcolm Gladwell dem Autor von »Tipping Point: Wie kleine Dinge großes bewirken können« manchmal ganz schnell kommen. Gute Ideen, so ist er nämlich sicher, verbreiten sich wie ein Virus. Erst sind nur ganz wenige infiziert, dann aber kann die Idee schnell wie eine Epidemie um sich greifen und alle anstecken.

Ernst Fritz-Schubert will, dass Fragen des Glücks und des guten Lebens sogar schon in der Schule diskutiert werden. Der Mann ist seit über einem Jahrzehnt Schulleiter an einem Heidelberger Wirtschaftsgymnasium und hat dort mit großem Erfolg das Fach »Glück« eingeführt. Hier sollen Kinder lernen, was sie für ein gelingendes Leben an Rüstzeug brauchen. Natürlich müssten ihnen das eigentlich die Eltern beibringen, wobei ihnen vielleicht die Religionslehrer helfen könnten, ebenso wie Vereine, Verwandte und Freunde. Doch Fritz-Schubert, der die Schule selbst eher erlitten als genossen hat, hat zu oft erlebt, dass Kinder heute nicht an den Englischvokabeln scheitern, sondern am frühen Leistungsdruck und dessen Folgen: Schulangst und Überforderung. Er sah eine wachsende Zahl von Kindern mit Depressionen und Drogenproblemen – und zog daraus seine Lehren. Heute will er seinen Schülern beweisen, dass Schule eben mehr sein kann als Stress, Mathe und Englisch. Der Schulleiter will die Kinder optimistischer, stressresistenter und selbstbewusster machen und, gemeinsam mit den Eltern, lebenswerte »Gegenmodelle zur Konsum- und Leistungsgesellschaft« entwickeln.

Ein wenig klingt das in der Wortwahl nach dem Erbe der strickenden Aussteigerbewegung. Aber warum soll man Kindern in unserer Gesellschaft, die doch scheinbar alles bietet, nicht in der Schule zum Nachdenken darüber bewegen, was sie wirklich vom Leben wollen und wer ihnen bei dieser Suche helfen könnte? Wenn ihnen das Schulfach »Glück« (so albern der Name auch klingen mag) dabei hilft, mit Frust fertig zu werden und eine optimistische Grundhaltung zu bekommen – dann ist das doch schon viel. Dass so etwas in der Schule allerdings erst neu etabliert werden muss, auch weil es die Gesellschaft vielen Jugendlichen offenbar anders nicht mehr vermitteln kann, lässt tief blicken.

Nur eines verwundert dann doch: die Politikferne all dieser vielen Enthusiasten. Das Haus der Kulturen der Welt steht beispielsweise nur einen Steinwurf vom Kanzleramt entfernt. Und doch wirken die Orte Galaxien voneinander entfernt: Denn Parteien oder gar die Regierungen kommen in diesen Welten, kommen in den Debatten über ein anderes Leben nicht vor. Groß ist die Angst vor jeder Ideologie und Vereinnahmung. »Die Regierungen – nehmen wir mal die in Berlin – handeln entweder gar nicht oder halbherzig oder zu langsam«, drückt Jochen Schildt, der Chefredakteur des »Greenpeace Magazins«, in einem Heft über Künstler und die Umweltkatastrophe die vorherrschende Stimmung aus. Der Essener Kultursoziologe Harald Welzer klagte auf der Utopia-Konferenz, auf der es stundenlang um eine bessere Gesellschaft ging, fast fatalistisch: »Parteien sind keine Arenen von Veränderung. Sie sind Arenen von Rückschritt und Stabilität.« Und die »Zeit«-Reporterin und Buchautorin Christiane Grefe, die mit ihrem Buch über den »globalen Countdown« schon häufiger auf wachstumskritischen Veranstaltungen aufgetreten ist, hat dort beobachtet, dass viele Aktivisten die Politik komplett abgeschrieben haben: »Die brechen in schallendes Lachen aus, wenn ich auf die Frage, was tun, ganz ernsthaft den Eintritt in eine Partei empfehle.«

Wenn Politik der Ort ist, an dem wir entscheiden, wie wir zusammen leben wollen, kann es dann auf Dauer ohne Berlin gehen? Nur ganz kurz, bei einer der Diskussionen der »Über Lebenskünstler« klingt diese Frage an. Da zitiert eine Teilnehmerin den guten Menschen von Sezuan aus dem Brechtschen Theaterstück mit der Frage: »Wie kommen wir vom Wissen zum richtigen Handeln?« Und dann setzt sie nachdenklich hinzu: »Vielleicht ist das aber längst die falsche Frage, und man müsste stattdessen fragen: Wie machen wir das richtige Handeln zur politisch sanktionierbaren Norm?« Durch Politik! Durch das Kämpfen um Mehrheiten, im Bundestag, in den Kommunalparlamenten, über deinen Abgeordneten – so oder ähnlich antwortet niemand. Die Frage bleibt offen im Raum.

DIE IDEALISTEN AUS DER PROVINZ:
Wie Politiker das Land im Kleinen verändern

Bremen, Dezember 2010. Der damalige Verkehrssenator Reinhard Loske zieht am Tuch, die Kameras klicken. »Fahrradfreundlicher Betrieb« steht auf dem nun frisch enthüllten Blechschild. Loske lächelt die Fotografen an, schaut hinüber zur Weser, wo rechts und links der Fahrrinne das Eis gefriert. Schnell weg, rein ins Büro der Hafengesellschaft, die er gerade ausgezeichnet hat, in der Wärme redet es sich leichter: Über das kleine Schild und dessen riesige Bedeutung für Deutschlands Zukunft.

Für Reinhard Loske, von 2007 bis 2011 in Bremen zuständig für Umwelt, Bau, Verkehr und Europa, setzt sich die Zukunft der Republik wie ein Puzzle zusammen, aus vielen tausend Teilen, an dem unzählige Leute basteln. Die Bürgerinitiativen, die Wirtschaft – aber auch die Politiker. Wenn alle fertig sind, hat Deutschland es geschafft. Dann wird es ein Land sein, das Umwelt und Klima schont, nicht mehr über seine Verhältnisse lebt und auch noch glücklicher ist.

Loske ist kein Traumtänzer. Nichts wäre ihm fremder als romantische Ökospinnerei und Blütenträume vom Paradies im Diesseits. Dafür war er lange genug Politiker. Der Mann weiß also ziemlich genau, was in der Republik möglich ist und was nötig wäre. Bevor Loske 2007 zum Bremer Senator für Umwelt, Bau, Verkehr und Europa wurde, war er grüner Bundestagsabgeordneter, hatte es bis zum stellvertretenden Fraktionsvorsitzenden gebracht und in der Zeit von Rot-

Grün wichtige Umweltgesetze mit geschrieben. Er hat als Wissenschaftler am Wuppertal Institut für Umwelt, Klima und Energie gearbeitet und in den 1990er Jahren eine Studie über das »zukunftsfähige Deutschland« mit erarbeitet, die recht bekannt wurde. Die Auftraggeber, die kirchliche Entwicklungsorganisation Misereor und die Naturschützer vom Bund für Umwelt und Naturschutz Deutschland (BUND), verbreiteten die Ergebnisse in Kirchengemeinden und Umweltgruppen. Vielen Deutschen wurde so zum ersten Mal klar, wie zerstörerisch unsere Wirtschaftsweise ist.

Im Großen propagiert Loske heute den Abschied vom Wachstum an sich. »Immer mehr. Immer schneller. Immer weiter so«, funktioniere nicht, denn es mache die Umwelt kaputt, zerstöre unsere Ressourcen und mache uns immer unglücklicher. In einem kleinen, grünen Büchlein hat er aufgeschrieben, wie es seiner Meinung nach anders funktionieren könnte. Auf 64 Seiten skizziert er seine »Politik der Mäßigung«, bei der es um mehr grünes Wirtschaften gehen soll, um Regionalisierung, Entschleunigung und weniger Konsum. Im Kleineren wirkte Loske in Bremen. Hier schaute er, was sich von seinen großen, hehren Zielen wirklich umsetzen lässt. Er probierte, was möglich war.

An einem der ersten eisigen Dezembertage 2010 lädt der Senator zur Rundfahrt durch Bremen. Er zeigt auf die vielen Fahrradfahrer (mehr als in den meisten anderen deutschen Städten), er erklärt das preisgekrönte Car-Sharing-Angebot der Region und die Verkehrsberuhigung. Er stoppt, bevor es langweilig wird, im ehemaligen Bremer Freihafen. Das Gelände, das die Stadt einst reich gemacht hat, verfiel in den vergangenen Jahrzehnten, nun aber herrscht hier wieder Aufbruchsstimmung. Designer, Fotografen und andere Freiberufler lieben die alten Backsteinhallen und wohl auch das Gefühl, zwischen den letzten übrig gebliebenen Arbeitern zu schuften. In einer alten Backsteinhalle warten zwei Architek-tinnen. Vorbei an alten Geländern, Türgriffen und einem currygelben Klo führen sie den Senator ins Büro ihrer Bau-teilebörse. Kaffee gibt es aus der Thermoskanne, dazu frische Hörnchen und erklärende Worte: »Wir nehmen alles, was beim Abbruch oder der Renovierung übrig bleibt: Fenster, Rahmen, Türen, und zwar nicht nur die schicken, antiken Teile. Alles, was wiederverwertet werden kann«, sagt Andrea Weis. Ihr großes Vorbild sind ähnliche Einrichtungen in den Niederlanden und der Schweiz. Bei den Eidgenossen ist so-gar gesetzlich geregelt, dass beim Abriss eines Hauses fast alles wieder benutzt wird. Das will sie für Deutschland auch. Und dann sagt sie etwas, was man in Bremen häufiger hören kann: »Wir müssen politisch weiterkommen.«

Politik und alte Fenster: Für Reinhard Loske ergibt das einen Sinn. Eine Gesellschaft, die ihre Ressourcen schonen wolle, müsse mehr Altes wieder benutzen. Das sei theore-tisch zwar vielen längst klar und fast banal. Nur geschehe es immer noch zu selten, teils aus Bequemlichkeit, teils aus Denkfaulheit und oft, weil die Leute Gebrauchtes eben doch zu schmuddelig fänden. Die Bauteilebörse findet trotzdem immer mehr Kunden. Manche kaufen hier aus Geldmangel ein, andere, weil sie tatsächlich über die Klimabilanz der Klo-schüssel nachdenken. Denn die Energie, die die Produktion von Badewanne, Waschbecken und Ablage verschlingt, würde in einem Singlehaushalt vier Monate lang reichen. Auch das lernt man hier.

Kann sie so banal sein, die Politik der Mäßigung? Ja und nein – lautet die Antwort von Loske: Ja, weil Politik eben auch aus vielen kleinen Initiativen bestehe. Und nein, weil es zusätzlich die großen, unterstützenden Strategien brauche. Für ihn bestehen diese aus einer »Effizienzstrategie«, also einem geringeren Verbrauch von Material, wie es heute schon jedes kluge Unternehmen und jeder Anhänger eines grünen Wachstums beherzige. Und einer »Suffizienzkultur«, also einem anderen Umgang mit den Dingen, wie es die Bremer Börse fördere. Beides gehöre zusammen: die sparsamere Produktion von Dingen und der andere Umgang mit ihnen. Letzteres sei allerdings viel komplizierter zu erreichen. Bislang nämlich bekämen die Bürger dafür zu viele widersprüchliche Signale. Da sollen sie, um die Umwelt zu schonen, dem Konsumterror entsagen, weniger wollen und nur noch Grünes besitzen. Zugleich aber signalisiere jede Fußgängerzone: Wer dazugehören will, muss kaufen, kaufen, kaufen. Möglichst oft, möglichst viel, möglichst gern. Sonst ist er eine Spaßbremse, ein Ökofreak, ein Gutmensch oder auch einfach nur unmodern angezogen.

Auf zum nächsten Lokaltermin in Bremen. Wieder im Hafen. Ganz am Rand der Hallen liegt das ehemalige Zollamt, ein Fünfziger-Jahre-Bau mit einer imposant überdachten Rampe. Hier wurde früher die Ladung der Laster inspiziert und die Papiere. In einem der Büros warten drei junge Männer in Cordhosen und dicken Pullis, einer mit schwarzer Pudelmütze. »ZZZ« oder »ZwischenZeitZentrale« nennen sie sich. Sie sind die Wohlfühl-Version des Immobilienmaklers. Denn ZZZ vermittelt im Auftrag der Stadt Räume und Flächen. Dabei geht es allerdings nicht um Rendite, die Architekten sollen eher dafür sorgen, dass Leben in die Stadt kommt und in der Stadt bleibt. Die soll ein Ort der Begegnung sein – und nicht nur des Einkaufs. ZZZ vermietet daher oft nur kurzfristig Immobilien aller Art, an Künstler, Initiativen und Projekte und hilft auch beim Suchen von Geldgebern.

Wenn ein Haus leer steht, dann tut es das oft bis zum Abriss. Für ZZZ ist das die große Chance, denn meist vergehen Monate, bis die Bagger kommen, Monate, in denen andere die Räume nutzen können. Die Idee entstand, als viele alte Gebäude des Bremer Hafens nicht mehr genutzt wurden, die Stadt aber noch nicht wusste, was sie mit ihnen tun will. Also kam man auf die Zwischennutzung. Eines der Vorzeigeprojekte von ZZZ ist die Plantage 9, eine alte Brandschutzfirma mit 30 Untermietern, zu denen eine Fahrradwerkstatt zählt und ein Caterer für Veganer. ZZZ hat die vielen Gruppen mit den unterschiedlichen Interessen zusammengebracht und dann ein Nutzungskonzept und die Mietkonditionen ausgearbeitet. 2010 haben sie ein anderes altes Haus für eine temporäre Kunstausstellung und eine große freie Fläche für Kunst-Events und Partys vermietet. Ohne ZZZ hätte beides lange leer gestanden, das Haus bis zum Abriss, die Fläche bis zur Bebauung. So kam noch einmal Leben in die Bude und auf die Wiese.

Nicht neu bauen! Altes nutzen! Gemeinsam etwas tun, statt etwas kaufen! Solche Postulate sind weder neu noch revolutionär. Interessant ist aber, wie Loske sie verbindet und in ein Konzept für eine andere Wirtschaftspolitik einbaut. Denn er hat noch viele weitere Ideen, was die Politik tun könnte: Wirtschaftsprozesse regionalisieren und den öffentlichen Mensen und Kantinen beispielsweise den Einkauf bei lokalen Bauern vorschreiben. Die Politik könnte sozial-ökologische Innovationen anregen, andere Arbeitszeitmodelle fördern oder öffentliche Güter pflegen.

Doch in Bremen, einer Stadt, die seit Jahren immer wieder am Rande der Pleite vorbeischrappt, sind die realen Grenzen für einen größeren Umbau eng. Das spürt Loske, wenn er bei der Industrie- und Handelskammer vorbeischaut. Das hört er, wenn es aus dem Transportgewerbe Proteste gegen den Rückbau von Straßen und die Verkehrsberuhigung hagelt. Immerhin ist die Stadt ein wichtiger Standort für die Logistikbranche. Kaum hatte Loske Ende 2010 sein

Thesenbuch veröffentlichte, begann daher eine wilde Debatte: Die »taz« verriss sein Werk, weil es ihr zu wenig radikal war. Doch von vielen anderen wurde Loske eher wegen seiner Radikalität angegriffen.

Der ehemalige SPD-Bürgermeister Hans Koschnik, der Bremen von 1967 bis 1985, also fast zwei Jahrzehnte lang, regierte, zeigt sich in einem Interview mit dem »Weser-Kurier« hin- und hergerissen von Loskes Ideen und spricht damit wohl vielen Bürgern der Hansestadt aus dem Herzen. Manche der Überlegungen Loskes seien zwar klug, sagte Koschnik, doch: »Es muss beides zusammengeführt werden: Die arbeitenden Menschen müssen auch an den Klimawandel, die anderen an die wirtschaftlichen Notwendigkeiten derer denken, die Arbeit brauchen.« Und er fügt hinzu: »Doch muss man das auch aus der Perspektive der Arbeitnehmer sehen: Wenn die Werftarbeiter sehen, dass Aufträge knapp werden, kann man mit ihnen schlecht über qualitatives Wachstum reden.« Erst komme immer noch »der Rock, dann das Hemd. Wie soll denn verzichten, wer nur 1500 Euro Einkommen hat? Bei den Schuhen?«

Dass auch die große Politik von vielen seiner Ideen nur wenig hält, weiß Loske indes schon länger, doch ärgert es ihn immer wieder neu. Denn bevor er 2007 in Bremen zum Senator wurde, wollte er schon von Berlin aus für mehr Wandel sorgen. Anders als viele seiner Kollegen in der grünen Bundestagsfraktion kämpfte er bereits als Abgeordneter gegen die bequeme Hoffnung, dass die Welt allein durch grünes Wachstum wieder in Ordnung komme. Doch Loske setzt sich damit nicht durch. Das lag sicher auch daran, dass er kein gewinnender Vereinfacher ist. Und auch heißes Werben mit Gefühl und Emphase liegt ihm wenig. Eher lässt der blitzgescheite Analytiker durchscheinen, dass er es einfach besser weiß. Doch er hatte als Abgeordneter wohl auch unterschätzt, wie sehr sich viele Parteifreunde fürchten, durch Grundsatzdebatten über das System erneut als Verweigerer dazustehen. Am Ende ging Loske in die rot-grüne Landesregierung nach Bremen. Und fand Verbündete, wo sie keiner erwarten würde.

In Bremerhaven im alten Fischereihafen bei der Firma Meereskost beispielsweise: Der Chef Thomas Beyer hat hier vor einem Jahr eine neue Verarbeitungshalle eröffnet. »Die erste, die hier in den letzten 20 Jahren gebaut worden ist«, sagt er und bebt fast vor Stolz. Tatsächlich ist sein Bauwerk etwas ganz Besonderes. Beyer setzt auf Umweltschutz, hält den Energieverbrauch trotz ständiger Kühlung durch kluge Technik auffallend niedrig. Es erzeugt die Energie für die Kühlhallen zu 60 Prozent selbst. In allen Arbeitsräumen scheint Tageslicht, in den Fischverarbeitungshallen wärmt die Fußbodenheizung. Die Klimaanlage wird umweltfreundlich betrieben. Und Folien auf den vielen Fenstern sorgen dafür, dass es überall hell, aber nirgends zu heiß ist. Beyer will aber mehr als ein bisschen Öko. Er will auch Lebensqualität. Deswegen strebt er nur ein begrenztes Wachstum an, weil das für ihn eng mit Zufriedenheit und Glück zusammenhängt. Ganz konkret heißt das zum Beispiel: Beyer will, dass sich alle Angestellten in seinen Hallen kennen, und wird deswegen auch nicht mehr als 50 Leute beschäftigen.

»Wachstum«, so sagt er, müsse Grenzen haben. Sonst würde es dem Unternehmen das Familiäre und damit den Spaß an der Arbeit nehmen. Beyer ist kein Theoretiker, sondern ein Macher. Deswegen sucht er immer wieder handfeste Bespiele für das gute Leben, auch bei der Arbeit: »Es ist doch schöner, bei Tageslicht zu arbeiten und die anderen zu sehen, deswegen habe ich überall Fenster eingebaut, auch wenn ich das per Gesetz gar nicht musste.« Schon wieder Fenster als Beleg für eine andere Ökonomie? Loske lächelt bei der Frage später auf der Fahrt zurück in sein Büro. Er hält dagegen: »Wäre nicht schon vieles im Lande besser, wenn alle Unternehmer sich auch an ihrem Umgang mit der Ökologie und dem Sozialen messen würden?« Und dann sagt er noch: Die Leute, die Realitätssinn mit Idealismus verbänden, die seien ihm sowieso die liebsten.

In Bremen, so könnte man nun einwenden, da kann man sich all diese Spielereien vielleicht leisten, trotz der Proteste aus der Wirtschaft und dem konservativen Teil des Bürgertums. In dem grün-roten Biotop schmückt Intellektualität und das Schreiben über die großen Fragen, über Ökoumbau und Teilhabe, Lebensqualität und Glück einen Politiker am Ende sogar. Doch geht das auch anderswo? In Süddeutschland, beispielsweise in Mannheim? Dort regiert der Sozialdemokrat Peter Kurz. Und auch er hat jede Menge große Pläne. Die klingen bei ihm weniger grün, Kurz redet lieber sozialdemokratisch, benutzt statt »Entschleunigung« eher das Lieblingswort der Sozialdemokratie »Fortschritt«. Doch auch er versucht seine Stadt neu zu denken, und Kriterien für Wohlbefinden zu entwickeln, auch er hat im Großen wie im Kleinen jede Menge Ideen, mit denen er die Lebensqualität seiner Bürger steigern will.

»Change^2« (sprich: Change im Quadrat) heißt der Mannheimer Plan für ein besseres Leben. Dabei hat er den Begriff »Change« bei keinem Geringeren als Barack Obama abgeschaut – warum tiefstapeln? Als der amerikanische Präsident in seinem ersten Wahlkampf versprach, alles anders und vieles besser machen zu wollen, vor allem aber Politik wieder in etwas zu verwandeln, das Begeisterung weckt, ließ man sich in Mannheim gern davon anstecken. Das »im Quadrat« hinter dem »Change« steht dabei für den Lokalbezug. Denn die Stadt Mannheim wurde von Kurfürst Friedrich IV. einst in Quadraten angelegt. Oberbürgermeister Kurz will mit »Change²« nichts weniger als die städtische Verwaltung von Grund auf renovieren. Denn sein Ziel ist, die Wirkung von Politik nur noch an ihren echten Ergebnissen zu messen. Und er will echte Ergebnisse: Eine saubere Stadt. Zufriedene Bürger. Gebildete Kinder.

Das klingt im ersten Moment banal, welcher Bürgermeister will das nicht? Nur bisher fragt eben keiner danach, ob seine Politik tatsächlich dabei hilft, diese Ziele zu erreichen. Wären mehr Politiker so neugierig wie Peter Kurz, würden sie mehr Fragen stellen und dann auch noch auf die Antworten hören, könnte das die traditionelle Kommunalpolitik auf den Kopf stellen. Bisher nämlich gibt es noch fast in keiner deutschen Stadt saubere und zuverlässige Wirkungsanalysen für die Politik. Bislang gilt vor allem das Prinzip: Je mehr Geld eine Behörde ausgibt, mit desto mehr Erfolg wird gerechnet. Mitteleinsatz wird mit Wirkung verwechselt. Ein großer Etat für die Stadtreinigung ist damit gleichbedeutend mit einer sauberen Stadt. So einfach ist das.

Nur, so einfach ist es eben nicht. Das begriff man in moderneren Verwaltungen schon vor einiger Zeit. Deshalb gingen einige Behörden dazu über, ihren »Output« zu messen. Damit griff ein neues, ebenso falsches Prinzip um sich. Am Beispiel der Sauberkeit lässt sich das gut zeigen: Je mehr Papierkörbe aufgestellt werden, so glaubte man nun, desto weniger Müll liegt herum. Doch wie sauber oder dreckig Bürger ihre Stadt finden, hängt mit vielem zusammen. Illegale Plakatwände stören vielleicht mehr Leute als das Kaugummipapier auf dem Bürgersteig. Auch das Wohlgefühl der Menschen spielt eine Rolle – Bürger, die sich in ihrer Nachbarschaft zu Hause und sicher fühlen, halten sie von sich aus eher sauber. Sie bücken sich, um ein Papier aufzuheben, statt eines wegzuwerfen. Ergo ist nicht nur die Stadtreinigung für Sauberkeit zuständig, die ganze Verwaltung ist es und am

Ende auch jeder Bürger. Sauberkeit ist genauso wie Fortschritt oder Chancengleichheit etwas, über das viele nachdenken und für das viele etwas tun müssen. Und für das es mehr als ein Erfolgskriterium gibt.

Man kann dieses neue Denken auch mit weniger profanen Themen als mit Sauberkeit durchspielen. Nehmen wir Lebenszufriedenheit. Um wirklich zu wissen, was Menschen dazu bringt, gern in Mannheim zu leben, muss man sie fragen. Dann muss man herausfinden, was die kommunale Politik damit zu tun hat – in welchen Bereichen sie besser werden kann und was sie anders machen muss. Am Ende stehen dann möglicherweise ganz andere Prioritäten, als sie der Stadtrat bisher setzt. Und möglicherweise entsteht auch eine ganz andere Stadtverwaltung.

Als Peter Kurz seine Idee für ein besseres Leben in Mannheim zum ersten Mal vorstellte, dachten viele Verwaltungsmitarbeiter zunächst, ihr Bürgermeister sei verrückt geworden. Man war sich sicher zu wissen, was gut für die Stadt sei. Der alte Paternalismus sitzt in deutschen Verwaltungen tief. Man verwalte Aufgaben und Geld, flüsterten aufgebrachte städtische Angestellte auf den Fluren des Rathauses, und unausgesprochen schwang mit: Je mehr, desto besser. Doch der Bürgermeister hörte nicht auf, von »Vernetzung« zu reden und von »Wirkungsanalyse« – und setzte sich durch. Er fragte die Wirtschaft, wie eine gute Politik aussehen soll, und baute die komplette Wirtschaftsförderung um. Er suchte nach den strategischen Stärken und Schwächen seiner Stadt und fand sie in der Schulpolitik. Danach steckte er viel Geld in die Bildungspolitik, als Schlüssel zur Lösung vieler Probleme. Da in Mannheim viele schlecht ausgebildete Migranten leben, sollte es schon für deren Kinder Möglichkeiten geben, außerhalb der Familie die deutsche Sprache zu lernen. Es mussten also mehr Kindergartenplätze her, gerade in den schlechteren Vierteln der Stadt. Ob das Erfolg hat? Künftig soll Kurz' Stadtverwaltung auch daran gemessen werden, ob sie »mehr Schulabgänger mit Abschluss« produziert.

Mehr Geld hier bedeutet automatisch weniger Geld anderswo – das ist in Mannheim auch nicht anders als im Rest der Republik. Doch acht Modellschulen können in diesem Jahr 10 000 kostenlose Nachhilfestunden für ihre Schüler bei der Volkshochschule und der Musikschule buchen. Neue Studien besagen, das bringe mehr, als mit demselben Geld für kleinere Schulklassen zu sorgen. Eine Schule in einem armen Stadtteil von Mannheim wurde in eine Ganztagsschule umgewandelt. Nebenan eröffnet bald ein Kindergarten in muslimischer Trägerschaft, damit Kinder aus Migrantenfamilien schon möglichst früh mit der deutschen Sprache in Kontakt kommen. Und immer wieder messen Bildungsforscher, ob diese Veränderungen wirken.

In dem *Wie* liege für alle Kommunen und für die gesamte Politik ein großes Potenzial, sagt Bürgermeister Kurz. Er würde das Wort »Glück« als Ziel für seine Politik wahrscheinlich nie in den Mund nehmen. Und doch, wenn er des Abends allein mit dem Pförtner im Rathaus von Mannheim sitzt, dann hat er natürlich so etwas wie Glück im Kopf. Denn es geht ihm schließlich darum, die Bürger in und mit ihrer Stadt zufriedener zu machen. Deswegen will er genau wissen, wie seine Politik wirklich den Alltag der Menschen bestimmt und wie sie besser werden kann. Immer wieder fragen, forschen, überprüfen – das sind für ihn die entscheidenden Bestandteile einer guten, modernen Lokalpolitik.

Kurz ist mit seinem Ansatz viel weniger normativ als Reinhard Loske. Der grüne Bremer ist durch seine einstige Arbeit als Forscher, durchs Lesen und Denken zu bestimmten Urteilen gekommen: Entschleunigung ist gut. Öffentliche

Räume sollten geschützt werden. Umweltschutz erhöht die Lebensqualität. Danach richtete er in Bremen seine Politik aus, immer auch getragen von der Überzeugung: Wenn wir so weiterwirtschaften wie bisher, wird das über kurz oder lang die Lebensqualität beeinträchtigen. Also ändern wir uns besser jetzt. Peter Kurz hingegen fragt die Menschen erst, wie und was sie ändern wollen – und entscheidet dann.

Der konservative Arnsberger Bürgermeister Hans-Josef Vogel geht noch einen anderen Weg: Er will die Einwohner nicht nur nach ihren Wünschen fragen, sondern sie zu Taten aktivieren, zu Ehrenamtlichen machen. Er beteiligt die Menschen direkt – und kann damit viele, ganz konkrete Erfolge vorweisen. Hans-Josef Vogel arbeitet seit Anfang der 1990er Jahre in der Sauerlandgemeinde Arnsberg. Erst war er Stadtdirektor, dann wurde er mit großer Mehrheit zum höchst beliebten Bürgermeister gewählt. Der Christdemokrat kennt das Geschäft. Ihn trifft das Schicksal vieler deutscher Gemeinden, er muss mit einem sogenannten Nothaushalt regieren. Das bedeutet, dass die Städte nicht mehr eigenverantwortlich »freiwillige« Ausgaben beschließen können. Fast alles, was in der Politik Spaß macht, muss damit von der übergeordneten Behörde genehmigt werden. Mehr als hundert Kommunen in Nordrhein-Westfalen geht das inzwischen so.

Vogel kann sich wortreich über die finanzielle Lage seiner Stadt aufregen. Er wünscht sich eine Reform der Kommunalfinanzen und regelmäßigere Zuflüsse, um bessere Politik zu machen und die Lebensqualität in Arnsberg zu steigern. Und doch redet der Mann mit noch viel größerer Verve und einer ansteckenden Begeisterung über neue Möglichkeiten, Ideen, Projekte. Er zitiert dafür gern zwei seiner Vordenker, den Sozialforscher Meinhard Miegel und den CDU-Politiker Kurt Biedenkopf. Die hätten klug aufgeschrieben, wie moderne Politik in Zeiten knapper Kassen trotzdem zu mehr Zufriedenheit bei den Bürgern führen könne. Man müsse die nur fragen – und mehr beteiligen. Vogel sieht in der »Bürgergesellschaft« jede Menge ungenutzten Potenzials. Das könne man erkennen, mobilisieren, sagt er – und dann in einer Stadt ungeheuer viel zum Guten bewegen.

Etwas bewegen? Eigentlich laufen gerade zwei Trends gegeneinander. Auf der einen Seite ist die finanzielle Lage vieler Kommunen desaströs, und der klassische Spielraum der Politik schwindet: Gutes tun durch teure Programme geht immer seltener. Das liegt an sinkenden Wachstumsraten, an steigenden Sozialausgaben, aber auch an dem hohen Schuldendienst, also an zu viel Ausgabenfreude in der Vergangenheit. Die Kommunalpolitiker müssen sich deswegen Gedanken darüber machen, wie sie auch mit wenig Geld noch etwas gestalten können. Die Vorreiter unter ihnen nutzen darum den anderen Trend: Plötzlich redet man in vielen Rathäusern über Gemeinsinn und Engagement, man spricht von »Bürgerhaushalten«, »Aktivierung« und von einem »anderen Verhältnis zwischen Staat und Menschen«. Davon, dass Politik interessanter und Gemeinden reicher werden können, obwohl sie weniger Geld ausgeben.

Arnsberg tut das zum Beispiel an der Ruth-Cohn-Schule. An einem Freitagmorgen sitzen dort drei Rentner in der siebten Klasse der Förderschule. Sie sind oft hier, betreuen und unterstützen einzelne Kinder. Jetzt überlegen sie mit den Schülern, wie man gemeinsam Geld für ein bolivianisches Kinderhilfswerk verdienen könnte. Die Ideen sprudeln: Konzert, Waffelverkauf, Sponsorenlauf. Auch Marita Gerwin von der Stadtverwaltung plant mit und will zum nächsten Treffen einen Event-Experten vorbeischicken. Der weiß, wer in der Stadt helfen kann. »Es braucht ein ganzes Dorf, um ein

Kind zu erziehen«, sagt sie später und setzt hinzu: »Wir wollen die ganze Stadt dazu nutzen.«

Mehr als 400 Ehrenamtliche kennt das städtische Büro für Engagementförderung. Die Stadt wirbt um die Helfer, unterstützt sie und bildet sie weiter, so dass Joblotsen den Berufseinsteigern und Integrationslotsen neuen Zuwanderern besser helfen können. Lehrerinnen aus Kasachstan, die morgens als Putzfrauen arbeiten, geben nachmittags Kindern aus ihrem Viertel Nachhilfe. An mittlerweile drei Realschulen unterrichten Schüler ältere Menschen in Englisch und zeigen ihnen, wie man mit Computern und Handys umgeht. Die Senioren lernen dabei, sich in der neuen Welt zu bewegen – schon stehen für den Herbst weitere 50 auf der Warteliste. Die Schüler üben das Lehren und die freie Rede – und bekommen am Ende dafür ein Ehrenamtszeugnis, das bei Bewerbungen hilft.

Ist Arnsberg ein Modell? So voll würde Bürgermeister Vogel den Mund nicht nehmen. Natürlich, jetzt rutschen betreute Familien seltener sozial ab. Schüler, die von Senioren unterstützt werden, bekommen leichter eine Lehrstelle. Und aktive Rentner bleiben länger gesund und eigenständig. Kurz gesagt: Mit Arnsberg geht es bergauf, denn die Stadt hat die Lebensqualität vieler Bürger gesteigert – und damit das Gemeindeleben für alle besser und sicherer gemacht.

Macht uns glücklich! Vogel würde über diesen Appell wahrscheinlich kurz lächeln und sagen: Dann sag' du uns, durch welche Politik wir das gemeinsam tun können.

DIE ENQUETE-KOMMISSION »WOHLSTAND«:
Wie sich der Bundestag einmal eine große Frage stellte

Daniela Kolbe ist keine bekannte Politikerin. Das ist nicht erstaunlich. Denn die junge Physikerin aus Leipzig sitzt erst seit 2009 im Bundestag, hat sich gerade in die Bildungs- und Forschungspolitik eingearbeitet und vor allem die Sozialdemokraten aus dem Osten verstärkt. Damit einer breiteren Öffentlichkeit aufzufallen, ist in so kurzer Zeit kaum möglich. Doch seit dem Herbst 2010 hat sich etwas verändert. Nun ruft immer mal wieder eine Redaktion an und will von der schlanken, dunkelhaarigen Frau wissen, was sie genau vorhat. Denn Daniela Kolbe ist mit gerade mal 30 Jahren Vorsitzende einer Enquete-Kommission geworden. Solche parteiübergreifenden Gremien richtet der Bundestag ein, wenn ihm ein Thema heikel, aber wichtig erscheint oder wenn er ahnt, dass etwas kommt, worauf die Parteien noch keine Antworten haben. Es gab Kommissionen, deren Ergebnisse sofort im Aktenschrank verschwanden. Andere wiederum haben die Sicht der Politiker, die Debatten in der Presse und auch die Haltung der Bürger verändert. Es gab erfolgreiche Enquete-Kommissionen zum Schutz des Menschen und der Umwelt oder zu den Folgen des demographischen Wandels, deren Berichte heute noch gelesen werden.

Auch das Thema von Daniela Kolbe birgt die Chance zur Profilierung – und die Gefahr einer großen Blamage. Denn Kolbe und ihre Mitstreiter sollen nach mehr Lebensqualität suchen. Ihre »Wohlstands-Enquete« trägt den genauen Titel »Wachstum, Wohlstand, Lebensqualität – Wege zu nachhaltigem Wirtschaften und gesellschaftlichem Fortschritt in der Sozialen Marktwirtschaft«. Sie soll sich mit »zukünftigen Lebensstilen« beschäftigen und einen neuen Indikator für Fortschritt entwickeln. Im Idealfall schreibt die Kommission Deutschlands Blaupause für die besten Wege zum Glück.

Manchmal wird Daniela Kolbe ob der Größe des neuen Jobs unwohl. Denn sie weiß sehr wohl: Die Gefahr ist enorm, dass sich die Parteien heillos in ideologische Debatten über Freiheit und Gerechtigkeit, Sozialpolitik und Umweltgefahren verstricken und am Ende mit Nichts dastehen. Wird sie darauf angesprochen, sagt Kolbe deswegen gern schnell: »Wir wollen die blinden Flecken des traditionellen Wachstumsindikators BIP aufdecken. Und wenn wir am Ende in Deutschland einen neuen Indikator für Fortschritt haben, dann ist das schon viel.« Vielleicht ist das typisch für Physiker. Wenn sie ein neues Problem definieren und messen können, ist für sie schon viel erreicht. Vielleicht ist das aber auch nur der Versuch Kolbes, die hohen Erwartungen ein wenig zu dämpfen. An einem Nachmittag, sie hat die neue Aufgabe gerade erst übernommen, sagt sie jedenfalls bei einem Kaffee, leicht seufzend: »Das ist eine große Herausforderung.«

Warum nun die junge Frau Kolbe den Vorsitz übernehmen durfte? Zunächst einmal war die SPD ganz einfach mit der Vergabe eines Postens dran. Dass sie den Chefsessel der Enquete-Kommission dann aber nicht mit einem bekannten Politiker besetzt hat, beweist den Zwiespalt, in den das Thema alle Parteien stürzt. Ein SPD-Insider sagt es so: »Den Schwergewichten der Partei war das zu viel Arbeit und zu heikel. Deswegen haben sie abgelehnt. Am Ende hat man ein junges Talent genommen. Das kann sich damit beweisen.« Die SPD steht damit nicht allein. Auch CDU, FDP, Grüne und Linke haben nicht ihre Promis in den Ring geschickt – aus ähnlichen Gründen. Alle wissen zwar, dass die Politik über diese Zukunftsthemen reden muss, neue Antworten braucht und eine solche Kommission dazu Chancen bietet. Alle wittern aber auch die Gefahr, dass ehrliche Antworten am Ende für die Politik zu heikel sein könnten und man sich durch einen Abschlussbericht voller Allgemeinplätze blamiert. So etwas überlässt man dann lieber Hinterbänklern.

Auch die CDU-Abgeordnete Stefanie Vogelsang kennt die Gefahr – und sieht die Kommission trotzdem als große Chance. Vogelsang ist ebenfalls erst 2009 in den Bundestag gekommen. Auch sie ist jenseits ihres Berliner Wahlkreises noch nicht bekannt, gilt aber wie Kolbe als Talent. Sie hat mit viel Vergnügen am neuen CDU-Grundsatzprogramm mitgearbeitet und will nun auch die Enquete nutzen, um eine echte Debatte über Werte, Würde und Lebensqualität zu führen. Die Frau weiß, wovon sie spricht: Bevor sie in den Bundestag einzog, war sie im Berliner Stadtteil Neukölln Bezirksstadträtin für Gesundheit und Soziales – und damit zuständig für eines der größten Sozialämter der Republik. Seither weiß sie, dass es Menschen gibt, für die ein Arzt in Laufnähe eine Frage der eigenen Würde ist, weil sie sich die zwei Euro für die U-Bahn nicht leisten können, darum aber auch nicht bitten wollen. Für Vogelsang sind Fortschritt, Lebensqualität und Glück seitdem etwas sehr Konkretes. Doch ob die anderen Abgeordneten das auch so sehen?

Eine Weile war sogar unsicher, ob aus dem ganzen Projekt etwas werden würde. Denn die Idee für eine solche Enquete-Kommission lag schon länger in der Luft; erfunden hatte sie der bereits erwähnte ehemalige grüne Bundestagsabgeordnete Reinhard Loske. Doch erst nach seinem Ausscheiden aus dem Bundestag griffen Grüne und Sozialdemokraten seinen Anstoß wieder auf. Die beiden Parteien treibt nun eine Reihe ähnlicher Motive. Beide spüren, dass das Thema in der Luft liegt, aber in keine traditionelle Programmatik passt. »Wir wollten darüber nicht nur in einer grünen Arbeitsgruppe debattieren, sondern das Thema breiter in die Gesellschaft tragen. Deswegen die Enquete«, sagt Fraktionschef Jürgen Trittin und schweigt dabei beredt über die anderen Motive von Rot und Grün. Beide Parteien vereint nämlich auch die heimliche Hoffnung, sich in der Opposition profilieren und auch noch ein paar Ideen für das nächste rotgrüne Regierungsprogramm entwickeln zu können.

Weil sie genau das witterten, beobachteten Union und FDP das Projekt zu Beginn höchst argwöhnisch. Um ein Haar hätten sie der Einrichtung der Kommission denn auch nicht zugestimmt. »So wird es eine Aufgabe der Politik sein, Rahmenbedingungen so zu entwickeln, dass Wachstumsquellen identifiziert und auch gefördert werden«, schreibt der CSU-Abgeordnete Georg Nüßlein kurz vor dem Einrichtungsbeschluss in seinem Blog, warnt vor »linken Ideen« und »Argumenten für Öko-Apokalyptiker«. Das ist besonders pikant, weil ausgerechnet dieser Mann dann stellvertretender Vorsitzender der Enquete-Kommission wurde. Denn die wird im letzten Augenblick, wohl auch durch den sanften Druck des Kanzleramts, dann doch von CDU/CSU, SPD, Grünen und FDP eingerichtet. Zu groß schien der Regierungskoalition am Ende die Gefahr, für ihre Zögerlichkeit bei Zukunftsfragen der Republik gescholten zu werden. Also beschließt der Bundestag Anfang Dezember 2010 die Einsetzung des Gremiums, zusammengesetzt aus 17 Bundestagsabgeordneten und 17 Sachverständigen.

Sage mir, wen du fragst und ich sage dir, was für eine Antwort du bekommst! Diese Regel gilt im Bundestag noch mehr als anderswo. Gleich zu Beginn gerät die Kommission denn auch wegen ihrer Besetzung wieder stark in die Kritik.

Weil sich die Parteien nicht abgestimmt hatten und der Vorsitzenden wohl die richtige Sensibilität fehlte, wurden als sogenannte »Sachverständige« in der ersten Runde ausschließlich Männer berufen. Unter den angeblich klügsten Beratern, die die Parteien in diesem Land finden konnten, war also in den ersten Monaten keine einzige Frau, erst später rückte die Volkswirtin Beate Jochimsen nach – und auch nur, weil ihr Vorgänger aus gesundheitlichen Gründen zurücktreten musste. Es ist auch kein Sachverständiger darunter, der sich ausführlich mit der Glücksforschung beschäftigt hat, kein Psychologe, kein Pfarrer. Die meisten der Männer sind zudem jenseits der 50, die größte Zahl von ihnen Volkswirte. Und ausgerechnet die sollen nun über Wohlstand jenseits von Wachstum reden? In der Presse hagelte es jedenfalls gehörigen Spott, und die globalisierungskritische Initiative Attac schrieb einen wütenden Protestbrief: »Die Besetzung der Kommission gibt ein ganz falsches Signal.« Dabei hatte die Ökonomin Marilyn Waring schon 1988 in ihrem Buch »If Women Counted« ein Fanal gegen das falsche Rechnen der (zumeist männlichen) Ökonomen veröffentlicht. Und nun würden wieder überwiegend Ökonomen befragt. Diese Gruppe der Sachverständigen sei ein wunderbares Beispiel dafür, wie Deutschland seine Weisheit und Vielfalt unterschätzt.

Wird also nichts Neues gedacht werden von den alten Männern? Der grüne Abgeordnete Hermann Ott fürchtet das. »Wie ein weißer Elefant steht beispielsweise die Frage nach dem Sinn und Unsinn von Wachstum im Raum. Aber keiner will ihn mit Namen nennen«, sagt Ott und steht selbst genau für das Gegenteil. Der Mann hat lange am Wuppertal Institut für Klima, Umwelt und Energie gearbeitet und sich sehr kritisch mit der Wachstumsfrage beschäftigt. Ott ergänzt sich dabei perfekt mit einem Gutachter der CDU. Die

Christdemokraten haben ihren ehemaligen Leiter der Grundsatzabteilung, den Sozialwissenschaftler Meinhard Miegel, als Experten berufen. Der arbeitet schon seit Ende der 1970er Jahre wieder in der Wissenschaft, steht heute der Stiftung Denkwerk Zukunft vor und ist einer der profiliertesten konservativen Wachstumskritiker. Miegel ist ein brillanter Denker, drückt die Zweifel der Konservativen am Status quo besser aus als die meisten anderen und repräsentiert damit das konservativ-grüne Spektrum. Viele seiner Positionen sind in der heutigen CDU nicht mehrheitsfähig, und doch steht er immer noch für die eine Frage, die zumindest in stillen Stunden auch Christen wie die Bundeskanzlerin (die ja einst Umweltministerin war) bewegt: Wie lange können wir noch so weiterwirtschaften, bis wir die Schöpfung zerstört haben?

Doch auch am Umgang mit Miegel und an der Tatsache, wie schwer sich die CDU heute mit ihm tut, lässt sich die ganze Sprengkraft des Themas ablesen. Der Professor wurde in die Kommission berufen, weil er alte Kontakte ins Kanzleramt hat. Kaum war die Enquete installiert, da brach der erste Streit um seine Person aus. Als sich die Mitglieder auf verschiedene Arbeitsgruppen aufteilen sollten, wurde Miegel ausgerechnet von seiner eigenen Fraktion der Wunsch verweigert, in der Gruppe mitzuarbeiten, die sich grundsätzlich mit Wachstum beschäftigen soll. Erst gefördert, dann stark ausgebremst: Die CDU ist in ihrem Verhalten gegenüber Miegel ganz typisch für den Rest der Gesellschaft, hin und her gerissen zwischen zwei Haltungen: Den wachsenden Zweifeln, ob es immer so weitergehen kann, und dem bequemen »Machen wir lieber weiter wie bisher, es ist ja noch immer gut gegangen und deswegen wollen wir es so genau gar nicht wissen«.

Auch bei den Sozialdemokraten lässt sich dieser Zwiespalt an der Auswahl der Sachverständigen ablesen. Für die

SPD sitzen die beiden Ökonomen Henrik Enderlein von der Hertie-School of Governance und Gert Wagner vom Deutschen Institut für Wirtschaftsforschung in der Kommission. Beide setzen darauf, durch »gutes« Wachstum die Probleme der Industriegesellschaften lösen zu können. Und die Kommissions-Vorsitzende Daniela Kolbe hält das für ganz richtig. Doch dann sitzt da für die SPD auch Michael Müller in der Enquete-Kommission. Der war 26 Jahre lang Bundestagsabgeordneter, von 2005 bis 2009 Staatsminister im Bundesumweltministerium und für ein halbes Jahrhundert eine Art grünes Gewissen der Partei. Heute ist er Bundesvorsitzender der Naturfreunde und überzeugt: »An neuen Formen einer genügsamen Lebens- und Wirtschaftsqualität jenseits materieller Maßstäbe kommen wir nicht vorbei.« Diese Worte könnten von den Grünen stammen oder auch vom Christdemokraten Miegel, und sie zeigen: Zweifler gibt es – vielleicht mit Ausnahme der Liberalen, die immer nur »Wachstum!« wollen – fast in allen Parteien.

Sogar die Grünen sind gespalten, nur ist die Gruppe der Zweifler dort vielleicht etwas größer als in anderen Parteien. Uwe Schneidewind, der Leiter des Wuppertal Institutes und ebenfalls Sachverständiger in der Enquete-Kommission, weiß, was ihn erwartet: »Jeder, der eine wissenschaftliche oder politische Diskussion über Post-Wachstum oder De-Growth erlebt hat, wird von der Emotionalität berichten könnten, mit der häufig die unterschiedlichen Positionen aufeinandertreffen. Es wird deutlich, dass es dabei um mehr als Sachkonflikte geht. Hier prallen vielmehr vielfältige implizite Wertannahmen aufeinander.«

Was also wird sie bewirken, die Enquete-Kommission »Wachstum, Wohlstand, Lebensqualität«? Wenn das Parlament der Ort ist, an dem die drängenden Probleme der Gesellschaft stellvertretend besprochen und neue Lösungen verbreitet werden, dann ist sie sicher nützlich. Beispiele aus anderen Ländern zeigen nämlich: Wenn Politiker erst einmal darüber diskutieren, was sie unter Lebensqualität verstehen und wie sie sie schützen können, ist das immerhin ein Anfang. Vielleicht ist die Enquete ja auch ein solcher, einer von vielen.

DIE DENKEN, ICH SPINNE:

Wie die Berliner Politik das Glück entdeckt

Glück? Als er das Wort hört, seufzt der Politiker tief. »Wenn ich damit bei meinen Wählern ankomme, dann lachen die mich doch aus.« Das täten die sowieso schon viel zu oft. Er müsse sehr vorsichtig sein, dürfe den Mund nicht zu voll nehmen. Würde er öffentlich darüber reden, dass er die Menschen glücklicher machen wolle, dann hielten die ihn wahrscheinlich für größenwahnsinnig. Oder für anmaßend, denn in den Lebensstil der Leute einmischen, das ginge nun wirklich nicht. In der Politik müsse man realistisch bleiben. Die allerwichtigste Regel sei: »Sie müssen wie ein Macher wirken, nicht wie ein Träumer.« Glück sei etwas für Träumer.

Der Mann ist lange dabei und weit gekommen. Und er will, dass das auch so bleibt. Deswegen redet er an diesem Abend an der Bar zwar ganz offen, doch erst nachdem klar ist, dass das Gespräch anonym bleibt. Das ist üblich so in Berlin, öffentliche Selbstreflexion und Wählerkritik sind Gift für die Karriere. Und da es in diesem Fall auch nicht wichtig ist, wer spricht, sondern was gesagt wird, belassen wir es dabei. Weil die Worte so typisch sind. Weil viele andere ähnlich reden, natürlich auch anonym. Von großen Veränderungen oder einer guten Gesellschaft träumen und davon, was Menschen von der Politik wirklich für ein erfülltes Leben brauchen – da lachen die meisten nur trocken. Die Mehrheit der Politiker hing solchen Traumtänzereien nie nach oder hat sie längst aufgegeben. Und die wenigen anderen geben sie nur widerstrebend zu und dann auch nur, wenn man sich schon länger kennt.

Als Phantast hat man in Berlin schnell verloren, und so winden sich fast alle Politiker bei der Frage, wie ihr Tun mit dem Glück der Menschen zusammenhängt. Sicher, alle können umgehend mit Sprechblasen kontern. Sie reden ohne nachzudenken über Werte und Nachhaltigkeit, Gerechtigkeit, Chancengleichheit, über Verteilung, Wohlstand, Wachstum und davon, dass sie »Rahmenbedingungen« schaffen wollen. Jede Partei hat da so ihren Setzkasten an Standardformulierungen. Doch noch lieber gehen die Befragten zur Tagesordnung über, sprechen über Konkretes: über die Energiepolitik und Steuerfragen, Afghanistan und den Euro und noch lieber über den Niedergang und die Fehler der politischen Konkurrenz. »Utopien interessieren keinen. Reden über Glück, so etwas können sich höchstens die Grünen erlauben«, sagt der Mann an der Bar. Und setzt dann mit einem Grinsen hinzu: Aber die seien nun mal eine Minderheitenpartei.

Wie man sich irren kann. Kaum zwei Wochen nach dem Gespräch bebte im März 2011 in Japan die Erde. Die Welt erlebte ihre bis dato schlimmste Atomkatastrophe und Deutschland einen politischen Tornado. Der Gau in Japan kurz vor der Wahl in Baden-Württemberg sorgte mal eben für den kompletten Schwenk der deutschen Energiepolitik. Die Bundesregierung musste ihre Beschlüsse zur Atompolitik kurzerhand auf den Müll werfen. Statt die Laufzeiten der Kernkraftwerke zu verlängern, setzt sie heute auf ein schnelles Ende der alten Meiler. Die Wahlen in Baden-Württemberg verloren CDU und FDP trotzdem. Zu deutlich schienen sie vielen Wählern ausschließlich von Angst getrieben, vor allem vor der eigenen Wahlniederlage. Zu offensichtlich war die Panik der Regierenden. Gute Politik, so die Meinung der Mehrheit, geht anders. Die Grünen und damit die Partei, die sich um die Umwelt und die Frage des anderen Wirtschaftens und Lebens in den vergangenen Jahren öffentlich die meisten Gedanken gemacht hat, wurden zum unangefochtenen Wahlsieger in Baden-Württemberg. Und die Politik in Deutschland diskutiert seither das Leben in einer vermeintlich grünen Republik, rechnet nach, was die Energiewende kosten darf und was uns ein sichereres Leben wert sein sollte. So wie die soziale Frage über Jahrzehnte der Kern der politischen Auseinandersetzung war, zu dem sich jede Partei positionieren musste, rückt nun die »grüne Frage«, der Umgang mit der Ökologie, immer stärker ins Zentrum der öffentlichen Debatte. Schaffen wir den Umbau in eine nachhaltige Wirtschaft – ohne die Unternehmen dabei zugrunde zu richten, die Gesellschaft zu spalten und die Menschen zu überfordern?

Zukunftsfragen mögen die meisten Menschen im Alltag tatsächlich nicht besonders berühren. Doch es gibt eben immer wieder Augenblicke, in denen Gesellschaften plötzlich innehalten. Dann verändert sich über Nacht der Diskurs. Die alten Denkmuster passen nicht mehr, es muss eine neue Blaupause her.

Sicher scheint: Wirtschaftswachstum und »Weiter so« lösen unsere Probleme nicht. Sicher ist auch: Die neoliberalen Jahre, in denen wir unser Heil vor allem in einem Mehr an Freiheit für die Wirtschaft sahen und alle Reden über Regulierung und Gerechtigkeit tabu waren, sind vorüber. Der Glaube an die Allheilkraft der Märkte ist erschüttert worden. Diese Ideologie hat sich genauso überlebt wie andere. Nur wurde sie bislang durch keine neue, stringente Idee ersetzt. Brisant ist das, weil eben zugleich der Konsens über den Fortschritt, über die Konsequenzen der Globalisierung und die Ökokrise, über die richtigen Werte und das richtige Wachstum brüchig geworden ist.

An einem Vormittag im Frühling 2011 sagt das ein Abgeordneter der SPD in seinem Büro neben dem Reichstag so: Bei einzelnen Themen wie der Atomkraft sind wir uns zwar noch ziemlich einig. Das gilt heute quer durch Deutschland: Abschalten ist modern. Aber wie sieht es mit der Dresdner Elbschlösschenbrücke aus oder der Autobahnbrücke über die Mosel? Stehen diese Bauprojekte für Fortschritt oder für altmodische Verkehrspolitik? Die Beispiele lassen sich beliebig fortsetzen: Ist es modern, wenn Berlin die A100 quer durch die Stadt weiterbaut? Oder sollte das Geld nicht besser in den Ausbau des Nahverkehrs gesteckt werden – was wiederum nicht geht, weil die Rechtslage das nicht zulässt. Wie viel Umweltzerstörung müssen wir zulassen, weil wir mehr, schneller und weiter wollen und wann wäre weniger eigentlich viel moderner? Wie viel Umverteilung ist richtig, damit die Leistungsträger arbeiten und uns die Innovationen von Morgen bescheren? Wann aber müssen wir unser Leben vor zu viel Wettbewerb beschützen? Wo ist langsamer und weniger vielleicht besser? Reicht es noch, immer effizienter zu sein, oder müssen wir auch genügsamer werden? Solche Fragen sind nicht nur bei den Sozialdemokraten umstrittener denn je. Die Verwirrung ist groß, weiter so keine Option mehr, nur wie soll es anders gehen?

Versuchen wir es also noch einmal mit der Frage nach dem Glück als Kompass: Kann die Politik mit den Menschen über die Zutaten für ein glückliches Leben sprechen – auch wenn das möglicherweise weniger Wachstum bedeutet?

Katrin Göring-Eckardt kann bei dieser Frage nur lächeln. Die grüne Politikerin ist nicht nur Vizepräsidentin des Bundestages, sondern auch Präses des Deutschen Kirchentages. Sie sitzt damit also gleich auf zwei Chefsesseln, im echten Parlament und in dem der Evangelischen Kirche in

Deutschland. Schon immer ist sie besonders gern vor zwei Zuschauergruppen aufgetreten: den engagierten Christen und den engagierten Grünen. Dabei erinnert sie sich noch gut, dass vor zehn Jahren, wenn sie über die Bedingungen für ein gutes Leben auf dieser Erde, über die Bewahrung der Schöpfung und über Sinn von Politik und Wachstum und Glück geredet hat, nur eine Handvoll Leute kamen. Heute füllt sie damit Säle.

»Haben Sie schon einmal in die ›Landlust‹ geschaut?«, fragt die Politikerin bei einer Tasse Tee im Berliner Café Einstein und erklärt dann gleich, warum sie den Auflagenerfolg dieser Zeitschrift für so bemerkenswert hält. »Landlust« zeigt nur schöne Bilder, von naturnahen Gärten und liebevoll gepflegten alten Häusern, gibt Tipps fürs Einmachen von Obst und die Pflege des Gemüsebeetes. Die größte Hässlichkeit des Lebens, die in dem Heft erwähnt werden darf, ist wahrscheinlich die Blattlaus. Klimakatastrophe? Vernichtung von Arten? Überdüngung? Fehlanzeige. »Das Lesen dieses Heftes soll glücklich machen«, so die Politikerin, es erfülle ein ganz natürliches Bedürfnis vieler Leute. Dann setzt sie aber gleich hinzu: »Natürlich kann Politik die Menschen nicht glücklich machen – auch wenn sie es mich manchmal macht. Aber sie sollte schon mehr als bisher dafür Worte finden, was ein gutes Leben ist. Und nicht so tun, als könne sie an den Rahmenbedingungen sowieso nicht viel ändern. Als seien die von Gott gegeben.« Und gleichzeitig gingen die Bürgersteige kaputt, fehle es an Kindergärten, und Schwimmbäder müssten schließen.

Das Reden über das gute Leben und gute Politik – ist das wirklich so einfach? Göring-Eckardt antwortet mit dem Wort: »Zerbröselungsgefahr«. Die alltäglichen Erfahrungen vieler Menschen passten einfach nicht mehr zum Diskurs der Politik, die Sorge um die Umwelt nicht zum alltäglichen

Gerede über den Konjunkturaufschwung, die Suche nach dem guten Leben nicht dazu, wie die Politik über den Fortschritt rede. Kein Wunder also, dass die Glaubwürdigkeit der etablierten Parteien stetig sinkt – übrigens nicht nur hierzulande. Ganz offensichtlich vertrauten nicht nur immer weniger Menschen darauf, dass die Parteien die richtigen Konzepte für die Finanzkrise, die soziale Ungleichheit oder die Frage nach dem verantwortungsvollen Umgang mit endlichen Ressourcen haben. Sie glauben nicht mehr, dass mit Wachstum alles gut wird und dass die große Politik einen nennenswerten Beitrag zu ihrem guten Leben leistet.

Doch weil es über die Richtung der Republik keine fruchtbare politische Debatte gibt, kommt es immer öfter bei einzelnen Anlässen zu Eruptionen, zu zornigen Bürgerprotesten und wankelmütigen Wählern. Die protestieren dann mal gegen Strommasten und gegen Biogasanlagen. Mal gegen Kohlekraftwerke, dann wieder gegen Windräder. Gegen Bahnhöfe und Autobahnen. Fortschritt reicht ihnen nicht mehr als Argument, um sich das konkrete kleine Glück, die schöne Aussicht, den unberührten Wald in der Nähe kaputt machen zu lassen. Der »Spiegel« reduzierte diese Mischung an Motiven auf das Schlagwort vom »Wutbürger« und machte so die Wählerbeschimpfung populär. Selbstzerstörerisch seien dessen Stimmungsschwankungen, widersprüchlich und unberechenbar, und sie beförderten die Erosion einer ohnehin labilen politischen Ordnung, schrieb daraufhin die »Welt«. Heute Sarrazin, morgen Stuttgart 21, übermorgen AKW-Stopp – immer schneller erregten den verunsicherten Bürger neue Themen und dann auch schon wieder nicht mehr, so die daraufhin einsetzende Kritik am wankelmütigen Wahlvolk. Sie ist ja auch so leicht und bringt bestimmt viele Leserbriefe.

Sicher, der Bürger ist Wähler, und der Wähler ist ein

undankbares Wesen. Er will keine Einmischung der Politik in sein Privatleben und zugleich guten Rat. Er will von den Regierenden einfache Erklärungen und glaubt zugleich den Vereinfachungen der Politiker immer weniger. Er erwartet von Berlin immer mehr und traut der Politik zugleich immer weniger zu. Er drängt raus aus der Atomkraft, sagt aber nicht, wie teuer der Ausstieg für ihn persönlich werden darf. Er freut sich über den Aufschwung, glaubt aber nicht mehr an den persönlichen Nutzen des Wachstums. Er verlangt, dass alles bleibt, wie es ist, und zugleich besser wird. Er fordert endlose Freiheit bei seiner individuellen Suche nach dem Glück, zugleich aber eine stützende Gesellschaft im Rücken. Er bejubelt politische Macher und will zugleich immer mehr demokratische Mitwirkung. Er will Glück in großen Dosen und für wenig Geld. Er ist nicht selten ein undankbarer, fordernder, unsteter Gesell. Man könnte ihn aber, bei aller Kritik, auch einen aufrechten Demokraten nennen, einen besorgten und zumindest an seiner näheren Umgebung höchst interessierten Bürger.

Quer durch Parteien und Strömungen fressen sich jedenfalls die Sorgen. Denn dort wissen die klügeren Strategen längst, dass die Antworten der Politik nicht überzeugen. Die Wachstumsdebatte ist da exemplarisch, weil sie alle Zweifel zusammenbindet: Wirtschaftswachstum macht die Menschen nicht glücklicher, aber ohne können wir eben auch nicht. Wir wissen, dass das Gefühl von Gerechtigkeit mit der Verteilung des Wohlstands in unserer Gesellschaft zusammenhängt, aber längst nicht nur. Wir wollen natürlich mehr Lebensqualität, aber an den alten Dogmen vom Wohle des Wettbewerbs und der Effizienz nicht rühren. Solche Dilemmata rütteln an den Grundfesten unseres Landes, weil sie die Rezepte aller Parteien in Frage stellen, egal ob bei Union oder SPD, Grünen, FDP oder der Linken. Bisher antworten alle

Parteien mit der Hohlformel von der Nachhaltigkeit – und tun so, als ob wir nur alles grün anstreichen müssen, und gut ist's. Dabei ändert sich dadurch nichts, im besten Fall ist das erst ein Anfang.

Seit ein paar Monaten lädt das »Progressive Zentrum« in Berlin eine ganze Reihe von Denkern, Politikern, Gewerkschaftlern und Strategen, die politisch irgendwo zwischen rot und grün anzusiedeln sind, zu regelmäßigen Debatten ein. Nicht alle sind Mitglieder in Parteien, aber sie sind nah dran an der Politik, und alle wollen Deutschland verändern. Doch genau damit beginnt ihr Problem. Sie alle suchen nach den notwendigen Bedingungen für eine lebenswerte Gesellschaft. Sie sehen, dass die Politik anders als bisher über die Lebensqualität der Menschen sprechen muss. Sie alle haben zugleich Angst, mit dem Stempel »dagegen« oder »utopisch« versehen und ins politische Aus geschickt zu werden.

Aber stellen wir uns nur für einen Augenblick vor, dass diese Denker öffentlich darüber sprächen, was für sie eine glückliche Gesellschaft ausmacht – über das Gefühl, dass »die da oben« nichts mehr mit »uns da unten« zu tun haben und die Gesellschaft immer mehr auseinanderbricht. Darüber, dass die Wirtschaftspolitik wenig mit der umweltgerechten Sicherung der Zukunft zu tun hat und die Sozialpolitik sich viel zu viel ums Geld und viel zu wenig um ein gutes Leben kümmert. Stellen wir uns vor, sie fragen ganz simpel: Welche Gesetze haben in den vergangenen zwei Jahren dazu geführt, dass Menschen hierzulande ein vergleichsweise glückliches Leben führen können? Welche politischen Entscheidungen haben die Chancen der kommenden Generation verbessert?

Der Politiker von der Bar grinst. »Vielleicht müsste ich den Wählern dann sagen, dass ich das selbst auch nicht so genau weiß«, sagt er und setzt hinzu: Das würde wirklich nicht zum Ritual, zu den gegenseitigen Erwartungen passen. Etwas nicht wissen, das geht nun mal gar nicht. Die Bundeskanzlerin konnte in der Eurokrise unmöglich zugeben: Was da passiert, kann ich auch nicht überblicken. Ein Umweltminister kann nicht sagen: Ich weiß nicht, ob wir das Klimaproblem allein durch technischen Fortschritt in den Griff bekommen, wenn wir so weitermachen wie bisher. Ein Wirtschaftsminister kann nicht sagen: Die Standardratschläge der Ökonomen helfen uns heute, nach der Finanzkrise, nicht mehr weiter. Wir müssen neu nachdenken. Die Forschungsministerin kann nicht sagen: Der Bahnhof in Stuttgart oder die geplante Autobahnbrücke über eine der schönsten Schleifen der Mosel wirken zwar modern, aber wir sollten erst einmal darüber diskutieren, ob es dabei um wirklichen Fortschritt oder um reine Technikverliebtheit geht. Und welcher Lokalpolitiker würde schon mit seinen Wählern offen darüber reden, was ihm der soziale Kitt in seiner Gemeinde wert ist: Soll er das neue Einkaufscenter genehmigen, weil es ein paar Arbeitsplätze bringt, oder sollte er es besser verbieten, weil es die Innenstadt zerstört?

Sicher ist: Wer das täte, darf mit viel Spott rechnen, vor allem von Seiten der Presse. »Demnächst gibt es den Porsche nur noch als Tretauto«, ulkte die »Heute Show«, die Satiresendung des ZDF, kurz nach der Wahl in Baden-Württemberg, weil mit dem Wahlsieg der Grünen ganz offensichtlich ein Konsens über das richtige Wirtschaften in Frage gestellt worden ist, ohne dass die Alternativen schon in allen Ausprägungen sichtbar sind. Das Feuilleton der »Süddeutschen Zeitung« schlug gleich noch ernsthafter zu: Da wurden unter dem Titel die »Stunde der Heuchler« all jene beschrieben, die mit ihrem Auto zur Anti-Atomdemo fahren und den Müll trennen, aber bei Bosch arbeiten und Plastikverpackungsmaschinen herstellen, mit deren Hilfe dann all die schönen Konsumgüter eingewickelt werden, und die zugleich den Indern das neue Auto und den Besuch im Steakhaus vermiesen wollen. Das unausgesprochene Fazit des Beitrags: Es gibt kein richtiges Leben im falschen. Ohne radikalen Wandel ist alles nur Heuchelei. Oder zynisch betrachtet und garniert durch die Werbebotschaften in der gleichen Zeitungs-Ausgabe: Konsumieren wir uns lieber schnell und fröhlich zu Tode!

Dieser Fatalismus ist bequem – und wohlfeil. Denn er mündet automatisch in die misanthropische Schlussfolgerung: Lebensqualität für alle geht eh nicht. Mehr Gerechtigkeit ist von gestern. Und ohne Ökodiktatur kriegen wir den Wandel sowieso nicht mehr hin. Vom Konsum lässt sich die Masse der Menschen nicht mehr heilen. Die vielen niedlichen Weltverbesserungsversuche einer netten Elite reichen nicht. Möglich, dass das stimmt. Aber auch möglich, dass der Leiter des deutschen Instituts für Entwicklungspolitik, Dirk Messner, mit der Behauptung Recht hat: »Die Menschheit hat in ihrer Geschichte schon ein paar Mal ziemlich umgedacht und ihr Verhalten radikal geändert. Hätten wir einem Leibeigenen aus der Feudalgesellschaft von Menschenrechten erzählt – er hätte es nicht verstanden. Die Anhänger der Sklaverei hätten nicht geglaubt, dass ihre Wirtschaft auch ohne Sklaven nicht zusammenbricht.« Genauso sei es heute: Warum sollen sich Menschen nicht bald ein Leben vorstellen können, in denen unter Wohlstand nicht mehr automatisch »mehr« verstanden wird?

Messner trifft sich zusammen mit einer Reihe anderer, kluger Wissenschaftler regelmäßig im »Wissenschaftlichen Beirat der Bundesregierung für globale Umweltfragen«. Das klingt erst einmal ziemlich langweilig. In Wirklichkeit ist der Rat mit dem langen Namen jedoch ein interessanter Debattierclub, leider redet er bislang meist im Verborgenen, und auch seine Berichte kennt nur die Fachwelt. Doch schon die Namen der Mitglieder bürgen für Qualität: Mit dabei sind unter anderen der Leiter des Potsdamer Institutes für Klimafolgen Hans Joachim Schellnhuber, die Schweizer Ökonomin Renate Schubert und der Kulturwissenschaftler Claus Leggewie; sie alle denken, debattieren und schreiben. Und sie fordern die Politik. Im Frühsommer 2011 haben sie mit einem Bericht nichts weniger als einen neuen »Gesellschaftsvertrag für eine große Transformation« gefordert. Um den Klimawandel zu stoppen, brauche es neue »Infrastrukturen, Produktionsprozesse, Regulierungssysteme und Lebensstile sowie ein neues Zusammenspiel von Politik, Gesellschaft, Wissenschaft und Wirtschaft«. Die Politik sehen sie dabei in einer Schlüsselrolle. Ein moderner Wohlfahrtsstaat müsse sich aktiv um »Klima-, Umwelt- und Energiepolitik« kümmern. Die Wissenschaftler belassen es allerdings nicht bei so abstrakten Forderungen. Auf 380 Seiten präsentieren sie viele sehr konkrete Vorschläge, wie das denn gehen soll. Wichtiger noch ist aber, dass auch sie sicher sind: »Jede Transformationsstrategie, die plausibel machen kann, dass sie die subjektive Lebenszufriedenheit nicht nur nicht trübt, sondern sogar erhöht, ist Erfolg versprechender als eine Strategie, die aus Zwängen Minderungen verordnet und damit Problemverdrängung und Verlustaversion auslöst.« Im Klartext: Wenn Politiker es schaffen, den Wandel positiv darzustellen, als etwas zu präsentieren, das uns und der nächsten Generation ein gutes Leben sichert, dann haben sie alle Chancen. Längst gebe es nämlich bei vielen Menschen einen Wertewandel. Postmaterielles Denken sei nicht mehr allein der Mittelschicht vorbehalten.

Dabei geht es nicht einmal um eine Revolution. Es geht nur um das Ernstnehmen der anderen Wertigkeiten. Um den Ausbau vieler kleiner Errungenschaften, mit denen das Land den Wandel längst begonnen hat. Schaut man auf die Ergebnisse der modernen Glücksforschung, auf all die Umfragen und Studien unterschiedlichster Art, blickt man nach Bhutan, nach Mannheim und Arnsberg – die Antworten ähneln sich quer durch die Kulturen. Die Wünsche der Menschen gehen nicht ins Unermessliche. Es geht ihnen um Gesundheit, einen gewissen Wohlstand, eine Familie, eine sichere und saubere Umwelt, einen Job und Teilhabe an der Demokratie. Um das glaubhafte Versprechen, das jeder in dieser Gesellschaft etwas werden kann. Um lebenswerte Städte. Um Mitbestimmung. Und das alles nicht nur für uns und heute, sondern auch für die nächste Generation. Das klingt so bekannt, dass es fast banal wirkt. Warum nur findet die große Politik dafür nicht die richtigen Worte? Warum hält sie Wachstum immer noch für einen Teil der Lösung und nicht für einen Teil des Problems?

Sicher, weil es ihr bisher an den vermeintlichen harten Fakten fehlte. Erinnern wir uns: Erst die Glücksforschung, die hierzulande noch weitgehend unbekannt ist, zeigte uns, dass die Wertigkeiten der Menschen im Konkreten eben oft anders sind als die der aktuellen Politik. Menschen beurteilen ihr Wohlergehen und viele politische Maßnahmen eben anders, als die meisten Wirtschaftspolitiker fast aller Parteien das wolkig annehmen. Daraus folgt nicht, dass Politiker künftig nur noch auf der Basis von solchen Umfragen regieren sollen, sicher nicht. Aber andere Fragen als bisher dürften sie uns schon stellen. Und dann bekämen sie auch andere Antworten. Es wüchse der Spielraum für kreative Politik, wenn wir alle weniger vom Wachstum und mehr über Glück sprächen. Dann würde die Entscheidung im Kleinen vielleicht mal gegen den neuen Einkaufspalast und für den Erhalt des Stadtzentrums (und damit für einen öffentlichen, nicht nur vom Konsum bestimmten Raum) fallen. Dann müsste häufiger und ganz anders über Ungleichheit diskutiert werden. Dann wäre mehr direkte Beteiligung der Menschen für viele Politiker nicht nur eine leider irgendwie in die Welt gekommene Mode, sondern die Chance, Bürger zufriedener mit dem Land und seinen Entscheidungen zu machen.

An Ideen und Ratgebern mangelt es nicht. Die Bundesregierung könnte ihren eigenen Beiräten zuhören, doch auch aus dem Ausland kommen Ideen. Die Wirtschaftsnobelpreisträgerin Elinor Ostrom hat beispielsweise viele neue Vorschläge gemacht, wie Politiker, Wirtschaft und Bürger die Allgemeingüter weltweit klüger und besser verwalten könnten. Hierzulande ist sie mit ihrer Forschung indes kaum bekannt. Hätte der Wirtschaftsminister Ostroms Arbeiten gelesen, würde er, statt immer nur über Wettbewerbsfähigkeit zu sprechen, auch mal die Worte »Lebensqualität« oder »Allgemeingut« in den Mund nehmen. Denn darum geht es doch beim Wirtschaften auch, oder? Die Beispiele, wie er das fördern könnte – in Ostroms Buch tauchen sie überall auf, gedacht von Idealisten, umgesetzt von Vorreitern und Machern.

Interessant für die große Politik ist: Eine echte Debatte über Glück und Wachstum läuft quer durch alle Parteien. Sie ist nicht links, nicht rechts, sie treibt ihren Keil in jede Partei. Die Glücksforschung und ihre Ergebnisse sind ideologiefrei. Wenn deren Umfragen ergeben, dass für Menschen Gesundheit, Bildung und Familie wichtig sind, sie offensichtlich durch einen Zuwachs an Materiellem nicht glücklicher werden und das Wachstum im Gegenteil ihre Lebensqualität durch die dauerhaften Umweltschäden sogar verschlechtert, dann muss man dieses Ergebnis erst einmal hinnehmen. Und man kann daraus, je nach ideologischer Ausrichtung, Rückschlüsse für die eigenen politischen Entscheidungen ziehen. Da mag die SPD die Wachstumsdebatte als Chance nutzen, über Gerechtigkeit neu zu diskutieren. Der CDU könnte sie ein neues Fenster zum ganzheitlicheren Umgang mit der Wirtschaft eröffnen. Und die FDP hätte eine Basis, um ihre so auf die Ökonomie reduzierte Debatte über die Grundbedingungen von Freiheit neu zu befruchten.

Die SPD-Abgeordnete Daniela Kolbe hofft, dass ihre Enquete-Kommission bald lauter im Land verkünden kann, was echter Fortschritt und Wohlstand sind und Deutschland so beflügelt. »Wir brauchen die Diskussion über die nachhaltige Gesellschaft«, fordert der CDU-Politiker Klaus Töpfer. Und bei den Grünen sagt Jürgen Trittin heute: »Wir müssen neu über den Zusammenhang von Wachstum, Effizienz, Suffizienz und Glück nachdenken.« All dies ist zunächst weder konservativ noch progressiv, doch die jeweiligen Maßnahmen und Entscheidungen, die sich daraus ergeben, können es sein – wenn die Politik denn zu suchen begänne. Und vielleicht würden es die Wähler ihnen sogar hoch anrechnen, gäben die Politiker mitunter auch die eigene Unsicherheit zu. Was wäre denn gewesen, wenn die Bundesregierung nach dem Unglück in Fukushima ganz offen gesagt hätte: »Wir haben einen Fehler gemacht. Wir haben erst vor kurzem die Laufzeit für die Atomkraftwerke verlängert. Das war falsch. Deswegen haben wir sie nun wieder verkürzt. Weil wir gelernt haben.« Stattdessen gebärdeten sich vor allem die Unions-Politiker, als hätten sie nie etwas anderes gewollt als den Ausstieg. Und wundern sich zugleich, dass Politik an Glaubwürdigkeit verliert.

»Demokratische Gesellschaften durchlaufen von Zeit zu Zeit einen Wandlungsprozess. Sie gehen über zu neuen Geschichten, die davon erzählen, wer sie sind und wer sie sein sollten. In diesen Übergangszeiten ändern sich auch die Geschichten, die davon erzählen, wie die Wirtschaft funktioniert«, schreiben die beiden Ökonomen George Akerlof und

Robert Shiller in ihrem Buch über die Absurditäten der Finanzmärkte. Man kann es auch anders sagen: Jede Zeit hatte ihre eigenen Verrücktheiten und Verrückte, an die man im Nachhinein nur mit Schaudern zurückdenkt. Und jede Zeit hat ihre Vordenker, die zunächst verlacht wurden, aber an die man sich später gern erinnert.

NACHWORT

»Die Erde ist wie ein Apfel. Und wir sind wie Schimmelpilze, die ihn versauen.« Mein zehnjähriger Sohn Jakob überraschte mich eines Abends mit diesem Satz. Er und sein Freund Alexandre hatten in der Schulpause über die Umwelt geredet. Die Nachrichten über den Klimawandel waren bis ins Kinderfernsehen gedrungen und machten den beiden Sorgen. Also hatten sie über den richtigen Vergleich nachgedacht, sie wollten beschreiben, was ihnen am Lauf der Welt missfällt. Mein Sohn biss in einen Apfel, und schon war die Analogie geboren. Jakob mag Äpfel sehr gern, besonders die ohne Macken.

Sich nach so einem Satz mit seinem Sohn darauf zu einigen, dass Umweltschutz nötig ist, ist leicht. Mit ihm über Glück zu reden, ist sogar sehr leicht und zugleich unendlich schwer: Die Schule erhöht seine gefühlte Lebensqualität nicht immer, aber oft. Schließlich hat er dort Lesen gelernt, das ist ihm ziemlich wichtig, und seine Freunde trifft er dort auch. Klar gehört gutes Essen dazu (wobei seine Definition da durchaus von meiner abweicht), ab und zu ein Malzbier und ein eigenes Zimmer. Inzwischen aber auch die Demokratie. Seit er die Bilder der Revolution in Tunesien gesehen und gelernt hat, dass es in manchen Ländern lebensgefährlich sein kann, seine Meinung zu sagen, findet er Diktaturen ungeheuer blöd.

Was er braucht, um glücklich zu sein, und vor allem wie

viele Dinge? Mit dieser Frage kämpft er wie wir alle. »Familie ist wichtig«, sagt er, schweigt und grinst dann: »Ein Handy wäre schon toll.«

Als wir dann beim Abendessen noch einmal über alles reden (für Zehnjährige hängt alles noch viel offensichtlicher mit allem zusammen) – über sein eigenes Glück, das der Welt, über Klima und Gerechtigkeit –, bekommt die Unterhaltung eine überraschende Wendung. In Nu macht Jakob die Zusammenhänge sehr konkret. Er findet es »klar«, dass wir seiner Generation und den Menschen im Süden etwas abgeben sollten. Deswegen müssen wir unseren CO_2-Verbrauch reduzieren, sonst geht schließlich alles kaputt. Und plötzlich steht er mitten im Gespräch auf und macht das Licht im Flur aus. Das brauche er nicht für sein Glück, sagt er. Für ihn ist der Lichtschalter ein logischer Schritt auf dem richtigen Weg, er verbindet das Große mit dem Kleinen und das persönliche Verhalten mit der Welt. Trotz der lächerlich geringen Menge eingesparten Stroms erscheint ihm die Handlung nicht nutzlos.

Es ist spät geworden, doch Jakob fällt noch etwas ein. Was mit dem Nachtisch sei, will er wissen. Und als sein Vater dann grinsend sagt, es sei Bettzeit, und es stehe in der Erklärung der Menschenrechte auch nichts von einem Recht auf Nachtisch, stutzt er kurz, grinst zurück und antwortet: »Dann gib mir mal die Erklärung der Menschenrechte. Ich schreib das da rein!« Über die Erwiderung, das könne ein einzelnes Kind nicht einfach so, dem müssten erst viele andere Menschen und Länder zustimmen, denkt er eine Weile nach und sagt schließlich feixend: »Dann gründe ich eben eine Partei, die dafür kämpft.«

Er bekam an jenem Abend den Nachtisch. Und ich musste beim Schreiben dieses Buches an seine Worte denken. An die Naivität, aber auch an die Haltung. Denn ebenso wenig wie ein Menschenrecht auf Nachtisch gibt es ein Menschenrecht auf Glück. Bei wem wollten wir es denn auch einklagen? Trotzdem existiert sie seit Menschengedenken, die Suche nach dem Glück, und in jüngerer Zeit auch der moralische Konsens, dass jeder ein Recht auf die ganz eigene Suche danach haben sollte. »Wie reich wurde allzeit davon geträumt, vom besseren Leben geträumt, das möglich wäre«, schrieb schon der deutsche Philosoph Ernst Bloch und formulierte auf 1086 Seiten ungeheuer überzeugend das »Prinzip Hoffnung«, seine dringende Bitte an die Menschen, doch auch weiter auf die Machbarkeit des Unmöglichen zu hoffen und etwas dafür zu tun.

Und tun wir das nicht auch? Natürlich hoffen wir auf das gute Leben, ernüchterter zwar als ein Kind, doch durchaus in einem umfassenden Sinn und längst nicht nur für uns selbst. Nur, dass wir das gute Leben wollen, und zwar für alle, halten wir wiederum oft für so banal und zugleich so unrealisierbar, dass wir es eigentlich nicht der Erwähnung wert finden. Zu sehr klingt für uns die Suche nach dem Glück für alle nach dem Paradies auf Erden, nach einem Traum vom süßen Sommernachmittag im Liegestuhl, an dem die Sonne scheint, die Vögel zwitschern und die Kinder fröhlich im Wasser plantschen. Ein Idyll. Das träumt sich schön, aber ist irgendwie nichts für die ernste Politik, die alltägliche Welt, die harte Wirtschaft. Für die Tagesschau.

Nur, warum nicht? Warum hören wir immer noch ohne Protest bei den Nachrichten jeden Abend den Berichten über die Börsenkurse zu und freuen uns, wenn dort von »Optimismus« die Rede ist, wo wir doch längst die Mär nicht mehr glauben, dass immer mehr auch immer gut ist. Warum scheint uns allzu großer Idealismus, der Umbau der Wirtschaft, der Abschied vom Wachstum, weniger Menschen mit Depressionen oder die Rettung des Klimas schon wieder fast naiv und unerreichbar und damit ein bisschen peinlich zu sein? Sicher, schon in den 1980er Jahren hat der Soziologe Ulrich Beck in seiner Erzählung von der Risikogesellschaft eine Antwort gegeben. 1986, im Jahr der Tschernobyl-Katastrophe schrieb er: In der modernen Industriegesellschaft bedrohten immer mehr Risiken die Menschen, und zwar quer durch alle Schichten hinweg. So seien beispielsweise die Gefahren der Atomkraft nachgerade demokratisch, sie machten keinen Halt vor Status oder Macht. Doch das führe nicht etwa zu einem Aufwachen, sondern eher zum Gegenteil: »Wo sich alles in Gefährdungen verwandelt, ist irgendwie auch nichts mehr gefährlich.« Paradoxerweise sorge gerade die Inflation »gefühlter Risiken« insgesamt zu mehr Gleichgültigkeit.

In den vergangenen Monaten ist genau das Gegenteil passiert. Die Menschen gingen in Massen auf die Straße, um gegen die Atomkraft zu protestieren. Und die Regierung schaltete die Meiler ab. Viele Bürger engagieren sich heute in allen möglichen Gruppen, Vereinen und Bündnissen für oder auch gegen ganz konkrete Ziele. Die Zahl der Initiativen wächst. Man mag über diese »Wutbürger« lästern, man könnte aber auch von Demokraten, von engagierten Kämpfern für Fortschritt und Lebensqualität sprechen. Wir streiten mehr denn je, und das ist gut so, auch wenn es dabei scheinbar nur um Bahnhöfe, mehr Lehrer oder den besten Weg in eine grüne Energieversorgung geht. Im Hintergrund läuft sie immer mit: die große Suche nach der richtigen Idee vom Fortschritt.

Dabei stehen die Chancen, dass Deutschland auf diese Weise zu einem anderen Land mit einer besseren Politik und anderen Kriterien für Fortschritt und Erfolg wird, gar nicht so schlecht. Es muss hierzulande nicht beim spontanen Engagement bleiben oder dabei, dass jeder die Lösung am Ende nur für sich und seine Familie sucht. Denn wir erlauben uns, ganz anders als beispielsweise die Menschen in den USA, immer noch ein vergleichsweise starkes Vertrauen in Politik und Gesellschaft. Wir wollen (trotz allem Zynismus und trotz der Entfremdung von den Parteien) immer noch daran glauben, dass wir durch Politik etwas verändern können und dass es eine aktive Gesellschaft gibt. Das klingt banal, doch ist das schon viel und hat sehr konkrete Folgen.

Eine Freundin, die zwischen den Welten beiderseits des Atlantiks lebt, formulierte es unlängst so: Wenn sie in den USA sei, wo sie eine nette Wohnung und einen interessanten Job hat, funktioniert alles gut. Doch beim Lebensgefühl nach Feierabend fehle ihr viel. Das beginne schon bei der Möglichkeit, einfach in die Stadt zu fahren und mal zu schauen, was so los sei. Ersten gebe es kein Stadtzentrum, nur die Shopping Mall. Und zweitens drehe sich dort eben alles fast immer ums Einkaufen. Öffentlichkeit und Freizeitgestaltung, die nicht mit Konsum zu tun haben, müsse man kompliziert organisieren: In Clubs, bei der Kirchengemeinde oder den Freunden, und auch da spiele oft Geld eine Rolle. Denn nur mit dem entsprechenden Verdienst könne man im richtigen Viertel leben oder die Mitgliedschaft im richtigen Club kaufen. Dass das Leben durch große Politik geändert oder gar verbessert werden könne, daran glaubten in den USA trotz Obama immer weniger Leute.

Natürlich hängt auch hierzulande für jeden Einzelnen im Privaten vieles am Geld, am Status. Und doch ist diese Tatsache bei uns weniger brutal, zählt anderes noch mehr. Eine Britin beschrieb das unlängst so wunderschön in einem Zeitungsartikel: Welch ungläubiges Staunen sie bei ihren Freunden aus London erntete, als sie erzählte, wie sie mit 40 Jahren nun in Berlin lebt und Zeit und Lust hat, Blockflöte zu lernen. All ihre Freunde arbeiten in London bis zum

Umfallen, um die Hypotheken für das Haus in einem guten Viertel zu zahlen, die Versicherungen und die Schulgebühren für die Kinder. Alle sind gefangen in der Tretmühle von Status und Konsum, auf der Jagd nach dem vermeintlichen Glück.

Verstehen Sie mich nicht falsch. Natürlich wird das Glück der Menschheit oder der Deutschen nicht dadurch größer, dass nun jeder den Job hinwirft und Blockflöte lernt. Meines jedenfalls würde wahrscheinlich schrumpfen, zumindest wenn das in meiner Nachbarschaft geschähe. Ich hasse schiefe Flötentöne. Aber umweltfreundlicher als Porsche fahren ist das Flöten als Hobby schon, auch wenn der Geräuschpegel derselbe ist, und deswegen wäre es auch ein kleiner Schritt auf dem gemeinsamen Weg ins »Mehr tun statt mehr haben«.

Einen großen Schritt weiter wären wir, wenn wir endlich mit der ehrlichen, öffentlichen Debatte über das begännen, was wir wirklich brauchen, was uns zufriedener macht und zugleich die Umwelt erhält, und wenn wir solche Themen nicht automatisch mit dem Reflex »das geht keinen was an, das ist Ökodiktatur« wegwischen würden. Wenn wir dann noch lernten, den Gedanken ans materielle Weniger nicht sofort panisch von uns zu weisen, könnten wir endlich auch anders über uns und unsere Maßstäbe für eine Politik der Lebensqualität reden, über gerechte Steuerreformen, Stadtplanung, Wirtschaftspolitik.

Auch für die da in Berlin könnte das übrigens mehr Glaubwürdigkeit bringen, ließen sie mehr Raum für solches Querdenken. Den Grünen, die Wirtschaftspolitik noch am ehesten mit Fragen von Lebensqualität und Umweltschutz kombinieren, fallen solche Debatten sicher noch am leichtesten. Doch auch der SPD könnte sie nützen, weil sie so endlich wieder zu einer modernen, glaubhafteren Idee von Fortschritt finden könnte. Die CDU könnte anders von der Bewahrung der Schöpfung sprechen und die FDP ihren Begriff von Freiheit wieder erweitern.

Das sind die Politiker und wir uns schuldig, alleine schon aus Respekt vor den Armen, und zwar nicht nur denen in Indien. Auch hierzulande ist es unwürdig, Menschen mit mehr oder weniger Sozialhilfe abzuspeisen und uns ansonsten damit abzufinden, dass wir eben auch eine Unterschicht haben. Das können wir besser: Wir könnten die Forderung nach mehr Lebensqualität für alle in der Gesellschaft wirklich ernst nehmen und sie eben nicht nur am Besitz festmachen. Dass wir inzwischen arme Kinder durch Schulessen und Nachhilfe, durch die Finanzierung ihres Fußballvereins und des Musikunterrichts fördern, weist endlich in die richtige Richtung.

Eines habe ich im Journalismus gelernt: Die interessantesten Antworten bekommt man auf naive Fragen. Was macht uns glücklicher? Die Antworten darauf sind mitnichten klar. Es gibt erste Hinweise, es existieren viele kleine Ideen, aber natürlich kein fertiges Rezept. Es ist ziemlich eindeutig, dass uns immer mehr Wohlstand nicht automatisch glücklicher macht, vielleicht stimmt sogar das Gegenteil. Dass uns die ökologischen Nebenwirkungen des maßlosen Wachstums sehr wahrscheinlich unglücklicher machen werden, wird leider immer wahrscheinlicher. Es ist unsicher, wie unsere Gesellschaft reagiert, wenn die Wirtschaft aus ökologischen oder demographischen Gründen tatsächlich eines Tages weniger wächst. Dass das passieren wird, ist hingegen sehr wahrscheinlich. Die entscheidende Frage lautet daher: Wie gut sind wir darauf vorbereitet? Wie sehr lassen wir uns auf den Gedanken vom Weniger ein: ökonomisch, kulturell, privat. Wann wagen wir es, ihn auch politisch zu diskutieren? Wann reden wir über die wirklich notwendigen Grundbedingungen für ein gutes Leben nicht mehr nur in stillen Stunden bei einem Glas Wein, sondern auch im Job, im Ratssaal, im Bundestag?

Bei der Suche nach dem Glück für alle ist es ein bisschen so wie mit dem Kölner Dom. Der muss ständig renoviert werden, damit er nicht zusammenbricht. Deswegen heißt es auch, wenn der Dom einmal fertig sei, gehe die Welt unter. Solange aber an ihm gebaut wird, ist er ziemlich prächtig.

DANK

Bei der Arbeit an diesem Buch haben mich zahlreiche Menschen unterstützt, sei es durch Gespräche, Diskussionen und Ermutigung; viele auch, ohne dass sie es wussten. Stellvertretend, aber nicht nur, danken möchte ich besonders meinen Eltern, dann Franziska und Jakob sowie Günther und, für die Unterstützung, der Stiftung Mercator (www.stiftung-mercator.de), die das Thema weiter verfolgen wird.

PERSONENREGISTER

JOSEPH STIGLITZ

Im freien Fall

Vom Versagen der Märkte zur Neuordnung der Weltwirtschaft

PANTHEON

ISBN 978-3-570-55165-3, 512 Seiten, € 14,99 [D]

»Joseph Stiglitz gehört zu dem kleinen Kreis an Ökonomen, die den Zusammenbruch der amerikanischenWirtschaft und dessen weltweiten Folgen voraussagten; seine messerscharfe Analyse der Ursachen der Finanzkrise ist deswegen umso überzeugender.«
New York Times

»Ein Muss in der Krisendebatte«
Die Zeit

www.pantheon-verlag.de

SUSANNE GASCHKE

Die verkaufte Kindheit

Wie Kinderwünsche
vermarktet werden und
was Eltern dagegen
tun können

PANTHEON

ISBN 978-3-570-55172-1, 272 Seiten, € 14,99 [D]

Immer dreister greifen Konsumindustrie und
Werbung nach unseren Kindern. Vom Kleinkind
bis zum Teenager werden sie zu Kunden gemacht –
und dadurch ihrer Kindheit beraubt. Susanne
Gaschke ermutigt in ihrem neuen Buch dazu,
die Erziehungsverantwortung ernst zu nehmen,
und zeigt Strategien für die Rückeroberung der
Kindheit.

www.pantheon-verlag.de